本书为2020年国家语言文字推广基地建设项目（项目编号：20JDYB02）
"中小学汉字教育实践范式与培训策略研究"成果之一

汉字学理与汉字教学丛书

汉字学理与小学汉字教学

潘杰　赵倩　杜汶宣　任幸　著

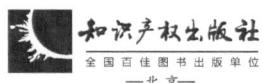

知识产权出版社
全国百佳图书出版单位
—北京—

图书在版编目（CIP）数据

汉字学理与小学汉字教学／潘杰等著．—北京：知识产权出版社，2025.1

（汉字学理与汉字教学丛书／潘杰主编）

ISBN 978-7-5130-9331-6

Ⅰ．①汉… Ⅱ．①潘… Ⅲ．①汉字-教学研究-小学 Ⅳ．①G623.202

中国国家版本馆 CIP 数据核字（2024）第 061032 号

内容提要

本书依据汉字学理论，按照课标要求，结合教育部颁布的语文课程标准的具体内容，确定小学汉字教学材料，梳理探究其汉字学理知识和特点，依照汉字形义关系及构形特点，归纳总结各种汉字的形义关系类型及不同的构形模式。据此制定汉字教学内容、目标和方法，从而展示汉字教学实践案例，为小学语文教师汉字教学提供参考。

本书价值：第一，理论价值，为小学汉字教学提供一定的理论依据；第二，实践价值，从汉字学理论知识方面为小学语文教师提供具体且可直接运用的知识内容，同时结合小学语文教材，按照课标的要求为小学语文教师提供汉字教学的实操案例。

责任编辑：李　婧　　　　　　　　　责任印制：孙婷婷

汉字学理与汉字教学丛书

汉字学理与小学汉字教学

HANZI XUELI YU XIAOXUE HANZI JIAOXUE

潘杰　赵倩　杜汶宣　任幸　著

出版发行：	知识产权出版社有限责任公司	网　　址：	http://www.ipph.cn
电　　话：	010-82004826		http://www.laichushu.com
社　　址：	北京市海淀区气象路 50 号院	邮　　编：	100081
责编电话：	010-82000860 转 8594	责编邮箱：	laichushu@cnipr.com
发行电话：	010-82000860 转 8101	发行传真：	010-82000893
印　　刷：	北京中献拓方科技发展有限公司	经　　销：	新华书店、各大网上书店及相关专业书店
开　　本：	720mm×1000mm　1/16	印　　张：	18
版　　次：	2025 年 1 月第 1 版	印　　次：	2025 年 1 月第 1 次印刷
字　　数：	300 千字	定　　价：	80.00 元
ISBN 978-7-5130-9331-6			

出版权专有　侵权必究

如有印装质量问题，本社负责调换。

绪 论 / 001

一、小学汉字教学的"课标"要求 / 001
二、汉字教育科学性的内涵 / 003
三、汉字"学理"与"字理"的关系 / 005
四、小学汉字教学存在的问题 / 007
五、汉字学理与小学汉字教学研究的目的 / 007

第一章 汉字学理与小学低段汉字教学 / 009

第一节 小学低段汉字教学材料的梳理 / 012

一、小学低段汉字教学材料的确定 / 012
二、小学低段汉字教学材料的梳理 / 019

第二节 小学低段汉字教学材料的探究 / 072

一、小学低段汉字学理相关知识点归纳 / 073
二、小学低段汉字教学内容的确定 / 074
三、小学低段汉字教学目标的制定 / 088

第三节　小学低段汉字教学的实践与策略 / 090

　　一、小学低段汉字教学实践的理论原则 / 090

　　二、小学低段汉字教学的实践过程 / 102

　　三、小学低段汉字教学策略 / 119

第四节　小学低段汉字教学建议 / 122

　　一、低段语文教师要充分认识突破零的重要意义 / 122

　　二、低段语文教师要在汉字学理知识方面达到精透和丰富的要求 / 122

　　三、低段教师要重视教学过程字的积累 / 123

　　四、低段教师要特别关注传承式全功能零合成字的表意特点 / 123

第二章　汉字学理与小学中段汉字教学 / 125

第一节　小学中段汉字教学材料的梳理 / 127

　　一、小学中段汉字教学材料的确定及梳理 / 127

　　二、小学中段1543个生字构形模式的分类与归纳 / 135

第二节　小学中段汉字教学材料的探究 / 136

　　一、小学中段汉字学理相关知识点归纳 / 137

　　二、小学中段汉字教学内容的确定 / 140

第三节　小学中段汉字教学的实践与策略 / 158

　　一、小学中段汉字教学实践 / 159

　　二、小学中段汉字教学策略 / 182

第四节　小学中段汉字教学建议 / 186

　　一、全面了解小学汉字教学体系 / 186

　　二、重视全功能零合成字的构形基础作用 / 187

三、注重体现汉字构形系统性的展示 / 187

四、在"学理"基础上挖掘汉字教学的趣味性 / 187

五、教学检测方式的多元与丰富 / 188

六、提高教师自身的文字学素养 / 188

第三章 汉字学理与小学高段汉字教学 / 189

第一节 小学高段汉字教学材料的梳理 / 193

一、小学高段汉字教学材料的确定 / 193

二、小学高段汉字教学材料的梳理 / 197

第二节 小学高段汉字教学材料的探究 / 227

一、小学高段汉字学理相关知识点归纳 / 228

二、小学高段汉字教学内容的确定 / 229

三、小学高段汉字教学目标的制定 / 233

第三节 小学高段汉字教学的实践与策略 / 234

一、小学高段汉字教学实践的理论原则 / 234

二、小学高段的汉字教学实践 / 260

三、小学高段的汉字教学策略 / 275

第四节 小学高段汉字教学建议 / 277

一、树立"汉字育人"的观念 / 277

二、树立汉字教学的"全局"观念 / 278

三、提高教师的汉字学素养 / 278

绪　论

一、小学汉字教学的"课标"要求

《义务教育语文课程标准（2022年版）》（以下简称《课标》）在第一部分课程性质中明确指出："语文课程是一门学习国家通用语言文字运用的综合性、实践性课程。""国家通用语言文字"根据《中华人民共和国国家通用语言文字法》第二条"本法所称的国家通用语言文字是普通话和规范汉字"，可以明确，国家通用语言文字是指"普通话和规范汉字"。可见《课标》明确了语文课程的主要任务是学习并运用"国家通用语言文字"，即普通话和规范汉字。众所周知，汉字是记录汉语的书写符号体系，故此，规范汉字既是语文课程的基础，又是语文教学的重要内容。《课标》在第四部分课程内容（关于"语言文字积累与梳理"的"教学提示"）中提到："识字、写字是阅读和写作的基础，是第一学段的教学重点，也是贯串整个义务教育阶段的重要教学内容"。《课标》对小学六年及初中三年进行整体一贯的设计，将九年分为四个学段，第一学段是指小学 1~2 年级，第二学段是指小学 3~4 年级，第三学段是指小学 5~6 年级，第四学段是指初中 7~9 年级。这四个学段相互联系，螺旋上升，最终全面达成总目标。

由此可见，不管是课程性质还是课程内容，《课标》都十分明确地表达了汉字教学的重要性，特别强调了第一学段即低段汉字教学在整个义务教育阶段语文教学中的基础作用。为了更好地发挥"低段"汉字教学的基础作用，教师必须从汉字的性质出发，利用汉字本身的规律使汉字教学科学化。

小学"低段"即第一学段对应着 1~2 年级，在"课程目标"方面，

《课标》对此学段学生提出的"识字与写字"的具体要求是喜欢学习汉字，有主动识字、写字的愿望；认识常用汉字 1600 个左右，其中 800 个左右会写。掌握汉字基本笔画和常用的偏旁部首。学习独立识字。

第一学段主要考察学生认清字形、读准字音、掌握汉字基本意义的情况，在具体语言环境中运用汉字的能力，借助字典、词典等工具书查检字词的能力；第一学段关注的重点是学生主动识字的兴趣。

小学"中段"是指第二学段即 3~4 年级，《课标》关于"中段"的汉字教学在"学习目标与内容"方面的具体要求是："对学习汉字有浓厚的兴趣，养成主动识字的习惯"。第二学段主要考察学生对汉字形、音、义的掌握情况。第二学段关注的重点仍然是在学生主动识字的兴趣方面。综合以上内容，可以清楚地知道《课标》对小学"中段"汉字教学的要求，主要体现在目标的阶段性和整体性的统一、识写分流及学生识字习惯、识字兴趣、识字能力等方面的培养。

小学"高段"即第三学段对应着 5~6 年级，在"学习目标与内容"方面，《课标》对此学段学生提出的具体要求："有较强的独立识字能力；累计认识常用汉字 3000 个左右，其中 2500 个会写"。第三学段主要考察学生认清字形、读准字音、掌握汉字基本意义的情况，在具体语境中运用汉字的能力，借助字典、词典等工具书检查词的能力；第三学段考察的重点是学生独立识字的能力"。

初中即第四学段对应着 7~9 年级，在"学习目标与内容"方面，《课标》对此学段学生提出的具体要求："能熟练地使用字典、词典独立识字，会用多种检字方法。累计认识常用汉字 3500 个左右"。第四学段考察的重点同样是学生独立识字的能力。

《课标》识字与写字教学的具体要求见表 0-1。

表 0-1　《课标》识字与写字教学的具体要求

要求	1~2 年级	3~4 年级	5~6 年级	7~9 年级
态度与能力	喜欢、有愿望	有兴趣、养成主动识字习惯	有独立识字能力	熟练使用工具书、检字法
识字/个	1600	2500	3000	3500

续表

要求	1~2年级	3~4年级	5~6年级	7~9年级
写字/个	800	1600	2500	
书写	硬笔（形体、间架）	硬笔（楷书：规范、端正、整洁）；毛笔（临摹）	硬笔（楷书：行款整齐，力求美观，有一定的速度）；毛笔（汉字优美）	硬笔（楷书、行楷）；毛笔（临摹名家，审美价值）；提高速度
姿势与习惯	正确	正确，有良好的书写习惯	正确，有良好的书写习惯	正确，有良好的书写习惯
识字方法	借助汉语拼音认读汉字，学会用音序检字法和部首检字法查字典	会运用音序检字法和部首检字法查字典、词典。		能熟练地使用字典、词典独立识字

二、汉字教育科学性的内涵

1998年，顾黄初先生在指出语文教育十大问题时，最早运用了"汉字教育"这个概念。顾黄初先生将"汉字教育问题"放在十大问题的首位，并且认为"汉字教育问题被严重忽视了"。[1] 不仅如此，顾黄初先生还明确提出"汉字教育"而非"识字教育"与"写字教育"，可见他所说的"汉字教育"不仅仅是会认会写汉字，而是包含着更高的境界。尽管顾黄初先生使用了这个概念，指出了汉字教育存在的问题，但是在文中，他却没有为"汉字教育"的内涵作出明确而具体的界定，故此无法知道他的"汉字教育"具体内涵是什么，也不清楚他所说的汉字教育被严重忽视了是在哪些方面，语文教育究竟需要在哪些方面重视汉字教育的相关问题。

---

[1] 顾黄初.语文学科教育的百年步履[J].中学语文教学参考,1998(1-2).

2011年，教育部正式印发《课标》，为了便于广大教师群体准确理解新版课程标准的突出特点，义务教育语文课程标准修订组负责人巢宗祺先生接受了采访。在谈到识字写字教学问题时，巢宗祺先生明确提出："加强汉字教育"是语文课程标准修订的一个重要着力点❶，语文课程标准为此进行了五个方面的修订，其中第一个方面就是提出"汉字教育的新理念"。❷这个理念要求不能以纯粹的工具观来看待汉字学习和教学，不能简单地把识字、写字的学习当作阅读、写作的附庸。也就是说在过去的汉字学习和教学中，汉字教育过于强调它的工具性，而忽视了它的人文性内涵。巢宗祺先生进一步指出，语文教师应该切实转变汉字教育理念，应该认识到学习汉字不仅在于使学生掌握阅读的工具和书写的技能，而且在于使学生能够增强对祖国语言文字的热爱，增强语言文字的规范意识，养成良好的习惯；从而加深对中华文化的理解，提高审美感受力，实现工具性和人文性的统一。虽然巢宗祺先生仍然没有明确指出"汉字教育"的内涵是什么，但是他为"汉字教育"注入的新的理念，有助于解决"汉字教育被严重忽视"的问题，使"汉字教育"朝向正确的方向发展。

2015年，北京师范大学王宁教授在一次访谈中进一步明确指出："汉字教育包括学校教育、社会教育与专业教育，其中尤其重要的是小学的汉字教育。汉字教育重要是因为汉字本身重要。"❸这意味着"汉字教育"就是汉字本身的教育，而且明确了"汉字教育"的重要发展阶段是在小学。王宁教授还进一步指出汉字教育的目的是"使学生通过教学过程产生对表意汉字构造特点和使用规则的感受"❹，识字教学的最终目标是使学生产生对汉字的正确认识，强化民族文化意识，增进爱国主义情操。也就是说，在汉字教育中汉字本身是指汉字构造特点和使用规则，学生学习汉字并对

---

❶ 施久铭.语文:聚焦"语言文字运用"——《义务教育语文课程标准(2011年版)》热点问题访谈[J].人民教育,2012(6).

❷ 施久铭.语文:聚焦"语言文字运用"——《义务教育语文课程标准(2011年版)》热点问题访谈[J].人民教育,2012(6).

❸ 李节.再谈汉字教育的科学性——北京师范大学教授王宁访谈[J].语文学习,2015(3).

❹ 李节.再谈汉字教育的科学性——北京师范大学教授王宁访谈[J].语文学习,2015(3).

表意汉字构造特点和使用规则产生感受是至关重要的，这也是汉字教育科学化必须遵循的学理。王宁先生认为汉字教学要科学化，必须以科学汉字学理论为指导，遵循汉字自身的特点和规律，这需要一批有思想境界的教育者明确认识，行动上力行。

在经历长达二十年的探索中，关于汉字教学学界在以下三个方面逐渐达成了共识。

第一，明确了汉字教学是以汉字本身为研究对象，使学生对表意汉字构造特点和使用规则产生感观印象，并能够发展学生人文精神的教育，汉字教育并非阅读、写作教学的附属品，应把汉字教学提高到汉字教育的高度。

第二，明确汉字教育的重要发展阶段在小学，小学阶段的汉字教育在人一生的教育中起着至关重要的作用，因此中小学语文教师尤其是小学语文教师必须重视汉字教学，通过汉字教学呈现汉字教育的理念，实现"汉字育人"的目的。

第三，汉字教育要"科学化"，不仅仅是教法问题，更重要的是"学理"问题，教师在学理上的精透和丰富是更为重要的。

因此，自20世纪90年代以来在小学汉字教学方面，随着对汉字教学理念及内涵认识的不断深入，"汉字教学"从纯粹作为阅读、写作辅助性教学内容的境地中释放出来，发展成语文教学中独立且重要的内容，在学生拥有汉字学理知识的同时发挥着培养学生人文精神的作用，实现了从"汉字教学"到"汉字教育"的巨大变革。

三、汉字"学理"与"字理"的关系

关于"学理"，在《现代汉语词典》（第六版）中被解释为"科学上的原理与法则"。❶ 传统语言文字学的奠基人黄侃先生是较早提及"学理"的人，他在《文字声韵训诂笔记·小学》中这样说道："夫所谓学者，有系统条理，而可以因简驭繁之法也。明其理而得其法，虽字不能遍识，义

---

❶ 中国社会科学院语言研究所.《现代汉语词典》第六版[Z].北京:商务印书馆，2012:1479.

不能遍晓，亦得谓之学，不得其理与法，虽字书罗胸，亦不得名学。"❶ 可见，能被称为"学"的，必然是有系统、有条理、有方法的，是据其原理对研究对象可以因简驭繁的，故"理"与"法"是"学"之核心要义。

"学理"是汉字教学的主要问题。至于汉字"学理"，王宁先生对此有明确的界定："学理指的是在对汉字的科学认识基础上必须把握的规律。汉字教学的科学性就是要尊重汉字的规律。所谓规律，最重要的是两条：第一，汉字是表意文字，字形的构件是可以讲的；第二，汉字是一个系统，字跟字之间是具备有序关系的。"❷ 在此不仅对汉字"学理"的内涵进行了说明，而且还对汉字学理的核心内容——汉字规律作清晰的阐述，使汉字教学的科学性具体落实到尊重汉字的"表意性"及构形的"系统性"上，给"汉字教育的科学性"指明了方向。

汉字"学理"不等同于汉字"字理"，其与"字理"的区别在于："字理"是指汉字的造字意图，即通过对构形分析所得出的构形理据，也称之为"构意"，可以作为一种教学方法即"字理识字"法。对于这种识字方法，王宁先生指出："字理识字是利用汉字形义统一的原则，加强对字理的讲解，使识字教学逐步理性化，字理识字易于培养归纳和演绎的思维能力。但它适用于中后期积累阶段，在初期积累阶段难以使用。"❸ 并不是所有的现代汉字都有字理，生硬地、编造地讲解汉字字理会扰乱汉字构形的系统性。

"学理"是科学的汉字教学理念或者原则，具有普遍性，适用于所有阶段的汉字教学，更能指导"字理识字法"在汉字教学中的使用。汉字学理是汉字教育需要遵循的原则，是汉字教学理念的体现，反映了汉字的规律和特点；字理是汉字构形所体现出的理据，是汉字教学的重要依据。

汉字教学要想收到理想的效果，其前提是要实现教学的科学性，实现汉字教学科学性的基础是掌握"汉字学理"。

---

❶ 黄侃.文字声韵训诂笔记[M].武汉:武汉大学出版社,2013:12.
❷ 王宁.汉字构形学导论[M].北京:商务印书馆,2016.
❸ 王宁.汉字教学的原理与各类教学方法的科学运用(下)[J].课程.教材.教法,2002(10).

四、小学汉字教学存在的问题

第一,小学汉字教学存在的主要问题是汉字研究最新学术成果未能及时而有效地转化为社会化的实践性成果。为此,汉字学理与小学汉字教学努力将汉字宏观理论研究方面的最新学术成果作为表意文字的汉字所具有的规律,全面渗透在汉字教学的应用层面以指导汉字教学。

第二,小学汉字教学各种问题产生的根本原因是只重视经验不重视学术,于是导致知识碎片化,层级目标不明确,上下学段的衔接缺乏统筹规划和合理安排,教学体系没有建立,汉字规律和特点无法在汉字教学过程中进行有效渗透和展示等诸多问题的出现。这些问题皆因教师在引入新的研究成果解决教学实际问题方面缺乏自觉意识,过多依靠个人经验而非学理指导所致。

第三,小学教师的文字学素养有待提高。教师汉字学理观念缺乏、学理知识不足,在教学中讲什么,怎么讲,往往凭个人经验随机且任意,亟须理论与实践有机结合的可行性强的培训措施。

五、汉字学理与小学汉字教学研究的目的

第一,将汉字研究最新学术成果引入小学汉字教学,完成学术成果应用性实践性的社会化转换。

第二,用先进的学术资源以极具可行性的实证训练,解决小学汉字教学碎片化、随意性、违学理的种种问题。

第三,以理论与实践有机结合的方式,有效提升小学教师的文字理论水平与实际教学能力。

第一章

汉字学理与小学低段汉字教学

《课标》对小学六年及初中三年进行整体一贯的设计，将九年义务教育按四个学段进行划分：第一学段（1~2年级）、第二学段（3~4年级）、第三学段（5~6年级）、第四学段（7~9年级）。这四个学段相互联系，螺旋上升，最终全面达成义务教育阶段语文课程的总目标。

《课标》在第一部分课程性质中明确指出"语文课程是一门学习国家通用语言文字运用的综合性、实践性课程"。主要任务是"培养语言文字运用能力"。[1]《课标》在第四部分"课程内容"的"教学提示"中提到"识字、写字是阅读和写作的基础，是第一学段的教学重点，也是贯串整个义务教育阶段的重要教学内容"。[2] 第一学段即小学低段对应小学1~2年级，《课标》在此学段规定"语言文字积累与梳

---

[1] 中华人民共和国教育部. 义务教育语文课程标准(2022年版)[S]. 北京:北京师范大学出版社,2022:1.

[2] 中华人民共和国教育部. 义务教育语文课程标准(2022年版)[S]. 北京:北京师范大学出版社,2022:22.

理"的"学习内容"是"①认识有关人的身体与行为、天地四方、自然万物等方面的常用字;认识家庭生活、学校生活、社会生活中的常用字;学习书写笔画简单的字,初步体会汉字结构的主要特点。②先认先写基本字,学习部首检字法,尝试发现汉字的一些规律,初步学习分类整理课内外认识的字;在生活中主动识字,发展独立识字能力"❶。在第五部分"学业质量"中,《课标》对此学段的学业质量描述是"留心公共场所等真实社会场景中的文字,尝试认识标牌、图示、简单的说明性文字中的常用汉字;借助汉语拼音认读汉字,借助学过的偏旁部首推测字音字义,愿意向他人说出自己的猜想;遇到不认识的字,主动向他人请教。要在学习与生活中,累计认识 1619 个左右常用汉字,能正确书写 800 个左右常用汉字。喜欢识字,有意识地梳理在日常生活中学习的汉字、语语,并尝试进行分类;愿意整理自己的学习成果,并向他人展示"❷。综合以上内容,可以知道《课标》对小学"低段"汉字教学提出的要求,主要体现在目标阶段性与整体性的统一、识写分流以及识字兴趣三个方面。据此,关于小学低段汉字教学的目标,在认识上必须明确三点:第一,小学低段的阶段性汉字教学目标与义务教育阶段汉字教学的整体目标是统一的,要发挥好低段汉字教学的基础作用,以实现汉字教学的总目标;第二,小学汉字教学识写分流,先识后写,识字教学是写字教学的基础,是汉字教学的重要内容;第三,小学低段汉字教学的重点是培养学生良好的"识字"习惯,激发学生对汉字产生浓厚的学习兴趣。由上可见,小学低段汉字教学是义务教育阶段汉字教学的开端,发挥着"突破零"的基础作用。

  在小学低段,对于学生来说要学习的汉字知识不多,但对于教师来说,所需要的汉字学理知识并不简单。所以教师要讲好汉字,自身需要阅读大量的汉字学著作,储备充足的汉字学理论知识。当前学者

---

 ❶ 中华人民共和国教育部.义务教育语文课程标准(2022 年版)[S].北京:北京师范大学出版社,2022:20.

 ❷ 中华人民共和国教育部.义务教育语文课程标准(2022 年版)[S].北京:北京师范大学出版社,2022:38.

们对于汉字的研究成果很丰富，形成了一定的体系，但这些研究大都是理论研究，较少关注到义务教育阶段的汉字教学问题。而一线教师在将汉字理论转换成汉字知识，进行汉字教学时依旧是困难重重，未能将汉字学理论和汉字教学实践很好地结合。我们所做的工作是在汉字学理论和汉字教学之间搭建一座桥梁，让汉字研究成果能够有效地解决小学低段汉字教学的实际问题。

  在科学的汉字学理论指导下，明确小学低段汉字教学的目标，明晰小学低段汉字教学的内容，使小学低段汉字教学实践有理可依、有法可循，提升小学低段汉字教学效率和质量，促进小学低段汉字教学科学化的实现。

  汉字教学是汉字本身的教学，小学低段汉字教学教哪些字，不教哪些字，如何教字，这些都是由小学低段汉字自身的特点和规律所决定的。因此，小学低段汉字教学的主要研究内容即其识字表与写字表中的 1619 个不重复生字。具体做法是对小学低段 1619 个汉字进行文字学属性测查和构形模式的分析归纳，以此了解小学低段 1619 个汉字所蕴含的学理知识，在对小学低段汉字整体把握的基础上，科学地确定小学低段汉字教学的内容。

第一节　小学低段汉字教学材料的梳理

小学低段的汉字教学离不开该学段应学的汉字材料，确定小学低段汉字教学材料并对其内容进行梳理，是探究和有效实施低段汉字教学的基础。

一、小学低段汉字教学材料的确定

小学低段汉字教学依据小学低段语文教材（见表 1-1），即统编本一年级、二年级四册语文教材中"识字表"与"写字表"中的所有汉字。

表 1-1　小学低段汉字教学材料

一年级上册识字表与写字表不重复字表（299 个字）	
识字 1	天 地 人 你 我 他
识字 2	一 二 三 四 五 上 下
识字 3	口 耳 目 手 足 站 坐
识字 4	日 月 水 火 山 石 田 禾
识字 5	对 云 雨 风 花 鸟 虫
语文园地一	六 七 八 九 十
汉语拼音 3	爸 妈
汉语拼音 4	马 土 不
汉语拼音 5	画 打
汉语拼音 6	棋 鸡
汉语拼音 7	字 词 语 句 子
汉语拼音 8	桌 纸
语文园地二	文 数 学 音 乐
汉语拼音 9	妹 奶 白 皮
汉语拼音 10	小 桥 台
汉语拼音 11	雪 儿

续表

汉语拼音12	草 家 是
汉语拼音13	车 羊 走 也
课文1	秋 气 了 树 叶 片 大 飞 会 个
课文2	的 船 两 头 在 里 看 见 闪 星
课文3	江 南 可 采 莲 鱼 东 西 北
课文4	尖 说 春 青 蛙 夏 弯 就 冬
语文园地四	男 女 开 关 正 反
识字6	远 有 色 近 听 无 声 去 还 来
识字7	多 少 黄 牛 只 猫 边 鸭 苹 果 杏 桃
识字8	书 包 尺 作 业 本 笔 刀 课 早 校
识字9	明 力 尘 从 众 双 木 林 森 条 心
识字10	升 国 旗 中 红 歌 起 么 美 丽 立
语文园地五	午 晚 昨 今 年
课文5	影 前 后 黑 狗 左 右 它 好 朋 友
课文6	比 尾 巴 谁 短 把 伞 兔 最 公
课文7	写 诗 点 要 过 给 当 串 们 以 成
课文8	彩 半 空 问 到 方 没 绿 出 长
课文9	睡 那 海 真 老 师 吗 同 什 才 亮
课文10	时 候 觉 得 自 己 很 穿 衣 服 快
课文11	蓝 又 笑 着 向 和 贝 娃 挂 活 金
语文园地七	哥 姐 弟 叔 爷
课文12	群 竹 牙 用 几 步 为 参 加 洞
课文13	乌 鸦 处 找 办 旁 许 法 放 进 高
课文14	住 孩 玩 吧 发 芽 爬 呀 久 回 全 变
语文园地八	工 厂 医 院 生
一年级下册识字表与写字表不重复字表（403个字）	
识字1	霜 吹 落 降 飘 游 池 入
识字2	姓 氏 李 张 古 吴 赵 钱 孙 周 王 官
识字3	清 晴 眼 睛 保 护 害 事 情 请 让 病
识字4	相 遇 喜 欢 怕 言 互 令 动 万 纯 净

续表

语文园地一	阴 雷 电 阵 冰 冻 夹
课文1	吃 忘 井 村 叫 毛 主 席 乡 亲 战 士 面 江 住 以 没
课文2	想 告 诉 京 安 门 广 非 常 壮 观
课文3	接 再 做 各 种 样 伙 伴 却 趣 这 过
课文4	太 阳 道 送 忙 尝 香 甜 温 暖 该 颜 因
语文园地二	辆 匹 册 支 铅 棵 架
课文5	块 捉 急 直 河 行 死 信 跟 忽 喊 身
课文6	窝 孤 单 种 都 邻 居 招 呼 静
课文7	怎 独 跳 绳 讲 羽 球 戏 排 篮 连 运
课文8	夜 思 床 光 疑 举 望 低 故
课文9	胆 敢 往 外 勇 窗 乱 偏 散 原 像 微
课文10	端 粽 节 总 米 间 分 豆 肉 带 知 据 念
课文11	虹 座 浇 提 洒 挑 兴 镜 拿 照 千 裙
语文园地四	眉 鼻 嘴 脖 臂 肚 腿 脚
识字5	蜻 蜓 迷 藏 造 蚂 蚁 食 粮 蜘 蛛 网
识字6	圆 严 寒 酷 暑 凉 细 朝 霞 夕 杨 语
识字7	操 场 拔 拍 跑 踢 铃 热 闹 锻 炼 体
识字8	之 初 性 善 习 教 迁 贵 专 幼 玉 器
语文园地五	饭 能 饱 茶 泡 轻 鞭 炮
课文12	首 踪 迹 浮 萍 泉 流 爱 柔 荷 露 角
课文13	珠 摇 晶 停 机 展 透 翅 膀 唱 朵
课文14	腰 坡 沉 伸 潮 湿 呢 闷 消 息 搬 响
语文园地六	棍 汤 扇 椅 萤 牵 织 斗
课文15	具 次 丢 哪 新 每 平 她 些 仔 检 查 所 文
课文16	钟 丁 元 迟 洗 背 刚 共 汽 决 定 已 经
课文17	物 虎 熊 通 注 意 遍 百 舌 鬼 脸 准 第
课文18	猴 结 掰 扛 满 扔 摘 捧 瓜 抱 蹦 追
语文园地七	吵 胖 岁 现 票 交 弓 甘
课文19	棉 娘 治 燕 别 干 然 奇 颗 瓢 碧 吐 啦
课文20	咕 咚 熟 掉 吓 鹿 逃 命 象 野 拦 领

续表

课文 21	壁 墙 蚊 咬 断 您 拨 甩 赶 房 傻 转	
语文园地八	卫 巾 擦 刷 皂 澡 梳 盆	
二年级上册识字表与写字表不重复字表（472 个字）		
课文 1	塘 脑 袋 灰 捕 迎 阿 姨 宽 龟 顶 披 鼓	
课文 2	晒 极 傍 管 越 滴 溪 奔 坏 淹 毁 屋 猜	
课文 3	植 如 旅 靠 备 纷 刺 底 炸 离 察 识 粗 得	
语文园地一	套 帽 登 鞋 裤 图 壶 指 针	
识字 1	滩 艘 军 舰 帆 稻 园 孔 翠 队 铜 号	
识字 2	梧 桐 枫 松 柏 装 桦 耐 守 疆 银 杉 化 桂	
识字 3	牢 记 雀 锦 雄 鹰 翔 雁 丛 深 猛 灵 休	
识字 4	季 蝴 蝶 麦 苗 嫩 桑 肥 农 归 谷 粒 虽 辛 苦 洋 戴	
语文园地二	葡 萄 紫 狐 狸 笨 酸	
课文 4	曹 称 员 柱 议 论 重 杆 秤 砍 倒 割 线 止 量	
课文 5	级 术 由 挥 粉 板 妙 瓶 合 盛 丑 奋 标 补 认 幅 评 奖 报 及 并	
课文 6	封 削 锅 叠 刮 胡 灯 修 肩 团 完 期 束 鲜	
课文 7	哄 先 闭 紧 润 蛋 等 吸 粘 汗 额 沙 乏	
语文园地三	弹 钢 琴 泥 滚 铁 环 荡 滑 梯	
课文 8	楼 依 尽 欲 穷 层 瀑 布 炉 烟 遥 川	
课文 9	闻 名 景 区 省 部 秀 神 尤 其 仙 巨 位 著 形 状	
课文 10	湖 绕 围 胜 央 岛 华 隐 约 纱 童 境 引 客	
课文 11	沟 产 梨 份 搭 棚 淡 够 收 城 市 留 钉 利 味 枝	
语文园地四	昌 铺 调 硬 卧 限 乘	
课文 12	沿 答 渴 喝 话 弄 错 际 抬	
课文 13	号 堵 缝 朗 衔 枯 劝 趁 将 且 腊 狂 吼 复 哀	
课文 14	葫 芦 藤 谢 哇 蚜 盯 赛 感 怪 慢	
语文园地五	锋 蜜 蜂 幕 扫 慕 墓 抄 炒	
课文 15	洪 毒 蛇 兽 伤 灾 难 继 续 退 被 耕 恢	
课文 16	朱 德 扁 担 志 伍 敌 抽 陡 仗 疼 根 料 敬	
课文 17	泼 度 敲 龙 驶 容 踩 铺 盛 碗 祝 福 健 康 寿	
语文园地六	轿 救 摩 托 防 渔 货 科 考	

续表

课文18	宿 寺 危 辰 恐 惊 似 庐 笼 苍 茫	
课文19	雾 淘 顽 于 暗 岸 街 梁 甚 至 躲 切	
课文20	悄 试 衬 衫 制 彼 模 喘 哎 哟 帕	
课文21	累 添 柴 旺 渐 冒 奔 冲 烫 终 浑 淋 激	
语文园地七	椰 壳 漠 骆 驼 骏 悬 崖	
课文22	假 威 寻 扑 扯 嗓 派 抗 爪 趟 猪 纳 受 骗 借	
课文23	捡 酪 俩 始 拌 帮 嚷 瞧 便 轮 剩 整 折 扎 但 哭	
课文24	养 偷 盘 算 突 破 何 乎 挤 抖 伟 改 秧 拥 挨 而 路	
课文25	特 冠 漂 恨 训 练 嚷 抓 败 冲 凶 另 般 圈 即 使 简	
语文园地八	厅 厨 厢 厦 穴 窑 帘	
二年级下册识字表与写字表不重复字表（445个字）		
课文1	莺 拂 堤 柳 醉 咏 妆 丝 绦 裁 剪	
课文2	脱 袄 羞 姑 遮 掩 探 嫩 符 解 触 杜 鹃	
课文3	邮 递 裹 寄 局 堆 破 漏 懊 丧 啊 狠 绚 籽 礼	
课文4	邓 坛 龄 格 握 致 勃 挖 选 苗 移 挥 填 扶	
语文园地一	亭 询 剧 管 理 宝 塔 餐 厅	
课文5	曾 蒙 汀 顺 迈 踏 荆 棘 瓣 莹 觅 需 献	
课文6	糕 特 嘛 买 粉 糖 蔗 汁 菜 熬 算 销 售 劳 确 应	
课文7	效 泛 波 纹 葱 软 毯 异 恋 求 株 拾 骑 跨	
语文园地二	程 魔 术 建 筑 演 营 务 判 饲 养	
识字1	州 涌 峰 耸 华 隔 峡 与 陆 谊 浓 齐 奋 繁 荣 湾 民 族	
识字2	传 统 贴 宵 祭 舟 艾 堂 乞 巧 郎 饼 赏 菊	
识字3	甲 骨 类 漂 珍 饰 品 随 易 损 币 财 赚 赔 够 贫	
识字4	菠 煎 腐 烧 茄 烤 煮 爆 炖 蘑 菇 饺 炸 酱 粥	
语文园地三	津 溜 辣 乎 喷 腻 绵 脆 邦	
课文8	盒 聊 坪 郁 卤 般 精 叮 咛 拉 梦	
课文9	渡 荫 蔽 撑 拼 母 懂 案	
课文10	堡 插 凶 狠 补 充 攻 商 驾 轰 驳 药 赞 记	
课文11	屁 股 昏 泡 尿 茸 醒 免 费 列 屎 撞 贪 脾 婶 幸 劲	
语文园地四	陀 螺 毽 瓮 枪 橡 控 坦 克 板	

课文 12	寓 则 焦 筋 疲 截 亡 钻 叼 坊 此 悔
课文 13	而 班 哈 审 视 页 肃 晌 抢 嘻 悦 诲 室 摆
课文 14	驮 磨 坊 挡 伯 浅 刻 叹 唉 啼 既 愿
语文园地五	厕 厦 窟 窿 窄
课文 15	晓 慈 毕 竟 映 绝 鹂 鸣 含 岭 泊
课文 16	压 蝉 垂 户
课文 17	慌 辩 忠 实 导 盏 永 闯 碰 稠 稀 渠 积 助
课文 18	航 宇 宙 稳 固 杯 饮 舱 件 题 浴 密 失
语文园地六	博 馆 览 育 研 究 哨 诊 技
课文 19	夺 咦 竖 竿 舞 痛 烦
课文 20	店 蹲 寂 寞 罩 编 顾 夫 换 颈 袜 匆 蜈 蚣
课文 21	卖 烂 牌 坑 挺 舒 集 播 撒 茵 灌 缺 泳 愣
课文 22	昆 伶 挪 仿 佛 任 纺 竭 规 律 待 挣 愉 绒
语文园地七	帚 抹 拖 簸 箕 玻 璃 垃 圾
课文 23	祖 荫 掏 逗 蔷 薇 逮 忆
课文 24	纪 必 须 功 譬 糙 敏 式 眸 秩 序 哦 世 界
课文 25	射 值 熔 艰 箭 裂 窜 炎 庄 稼 滋 茂 腾
语文园地八	钩 铲 梅 柿 源 涨 炬 灿 垮 坟

从表 1-2 可知，统编小学语文低段识字表、写字表共计 2200 个汉字。❶ 经整理四册语文教材中同册的识字表与写字表有重复出现的汉字，不同册的识字表与写字表之间也有重复出现的汉字。具体的重复情况有三种：第一种，同一课中"识字表"与"写字表"汉字的重复。例如，一年级上册课文第 3 课"识字表"中的"江南可采莲鱼东西北"与"写字表"中"可东西"重复。第二种，同一册书不同课中"识字表"与"写字表"汉字的重复。例如，一年级上册汉语拼音第 12 课"识字表"中的"是"与同册书课文第 4 课"写字表"中的"是"重复。第三种，不同册之间"识字表"与"写字表"汉字的重复。例如，一年级上册识字第 15 课"识字表"中的"地"，出现在一年级下册课文第 5 课的"写字表"中。一年

---

❶ 识字表与写字表中的生字数未排除多音字数。

级上册课文第 13 课识字表中的"也",出现在一年级下册课文第 5 课的"写字表"中。这样重复出现的汉字体现出《课标》"识写分流、先识后写"的原则,对儿童识字提出了"会写"和"会认"两种不同的要求,体现了认写分开,多认少写的特点,这有利于学生尽快尽多地识字,为尽早进行阅读提供了条件。

表 1-2 统编小学一、二年级识字表与写字表汉字统计

年级	册数	识字表汉字数/个	写字表汉字数/个	识字表写字表汉字总数/个
一年级	上册	300	100	400
	下册	400	200	600
二年级	上册	250	250	500
	下册	450	250	700
总计/个			2200	

统编教材小学语文低段汉字教学材料——"识字表"与"写字表"中的 2200 汉字去重处理的具体做法:首先,去掉同一课内识字表和写字表中的重复之字。其次,去掉同一册不同课中重复的汉字。最后,去掉不同册中重复的汉字,从而确定小学低段汉字教学的实际识字量为 1619 个。各年级不重复汉字数量的统计情况见表 1-3。

表 1-3 统编小学语文低段不重复汉字年级分布统计

年级	册数	识字表与写字表中的不重复字量/个
一年级	上册	299
	下册	403
二年级	上册	472
	下册	445
总计/个		1619

教学材料的确定是进行材料梳理和探究的前提,通过对 1619 个单字的梳理与探究,总结提炼其中的文字学知识,为低段汉字教学内容和目标的制定提供材料基础。

二、小学低段汉字教学材料的梳理

对小学低段教学材料的梳理是小学低段汉字教学研究工作中不可或缺的重要环节。脚踏实地从材料出发，挖掘汉字教学材料的价值，为有效探究做充分准备。我们将从以下三个方面对低段的教学材料进行梳理。

（一）汉字属性的测查与整理

在《再谈汉字教育的科学性——北京师范大学教授王宁访谈》一文中，王宁先生提到"汉字教育重要是因为汉字本身重要"[1]。也就是说小学低段汉字教学的研究必须重视小学低段的汉字材料，始于对低段汉字材料的梳理。故此，对低段1619个汉字进行了逐一的文字学属性测查（见表1-4）。所测查的参数项包括汉字形音义三个方面，涉及相关汉字基本知识点10个。

形：文字学部首（依据《说文解字》）、检字法部首（依据《现代汉字词典》）、笔画、部首、字体演变（甲骨文—金文—小篆—繁体—楷书）、造字法（依据《说文解字》小篆字形）、构形模式（依据现代字形）。

音：汉语拼音。

义：《说文解字》释义，为了了解本义及形义关系；语境义（依据教材）。

为确保1619个汉字文字学属性测查结果的权威性和准确性，本书所列参数内容的测查均以北京师范大学汉字研究与现代应用实验室研发的"汉字全息资源应用系统"为依据。

通过对1619个汉字的文字学属性测查，对1619个汉字有了更加准确而清晰的认识，利用此表帮助归纳1619个汉字所包含的文字学知识，从中发现低段汉字的总体特点，为小学低段的汉字教学实践提供了扎实的学理基础，同时为进一步梳理汉字构形模式打下了基础。

---

[1] 李节.再谈汉字教育的科学性——北京师范大学教授王宁访谈[J].语文学习，2015(3):7-11.

表 1-4 文字学属性测查表

序号	生字(简体)	文字学部首(依据《说文解字》)	检字法部首(依据《现代汉语词典》)	笔画	结构类型	形 历代字形演变					造字法(依据《说文解字小篆字形》)	构形模式(依据现代字形)	音 汉语拼音	义 《说文解字》释义；了解本义，了解形义关系。	语境
						甲骨文	金文	小篆	楷书	繁体					
1	天	大	一	4	上下	(图)	(图)	(图)	(图)		指事	标义合成	tiān	颠也。至高无上，从一、大。下面是个正面的人形(大)，上面指出是人头，小篆变成一横。本义：人的头顶	天地人

(二) 汉字构形模式的分类与归纳

汉字三要素是形音义，音和义都是汉字作为汉语的载体从汉语中承袭而来，只有字形才是汉字的本体。"汉字本体的研究必须以形为中心，而且必须在个体考证的基础之上探讨其总体规律"。❶ "汉代许慎编著了以形为纲的《说文解字》，提出的'六书'是传统文字学分析汉字构形模式的凡例和法则。但是'六书'中前四书无法涵盖其他字体，特别是古文字体"。❷ 为此王宁先生利用结构—功能分析法来对应"六书"，并据此把汉字构形划分为 11 种构形模式。这 11 种构形模式可以囊括各个时代的汉字，体现了"六书"的基本原理，避免了"六书"的局限，为分析汉字提供了科学的理论依据。为此，汉字学理与小学低段汉字教学将从汉字构形的角度，对 1619 个汉字的构形模式进行分析归纳和统计。

1. 汉字构形模式的基础分类

汉字构形模式是王宁先生根据不同时代、不同形制的所有汉字的构形情况总结归纳出来的。依据汉字构形元素和构件构意功能，把汉字构形的诸多样式归纳总结为 11 种模式，这 11 种构形模式为：全功能零合成字、标形合成字、标义合成字、标音合成字、形音合成字、义音合成字、有音综合合成字、会形合成字、形义合成字、会义合成字、无音综合合成字，见表 1-5。

王宁先生将汉字划分为 11 种构形模式，除此以外还包括一部分构意半存字与无构意字。依据汉字构形模式对 1619 个汉字形体❸进行归纳，共整理出 8 种构形模式，除此之外还有一些无法纳入构形模式中的"理据丧失"字，具体见表 1-6。

---

❶ 王宁.汉字构形学导论[M].北京:商务印书馆,2016:123-124.

❷ 王宁.汉字构形学导论[M].北京:商务印书馆,2016:123-124.

❸ 需要说明的是表 1-6 所依据的汉字是楷书简体字形，其构形模式以北京师范大学研制出的《汉字全息资源应用系统》中的归类为准。(《汉字全息资源应用系统》是在王宁创建的汉字构形学理论指导下，充分运用当前的数据库技术信息挖掘技术可视化技术等现代化手段，从形音义用码五大维度，较全面地呈现古今汉字的属性体系，构建了一个科学系统实用的汉字全息资源应用平台，有效满足不同领域汉字应用的多元化需求。

表 1-5　汉字构形模式

构件	模式	形式	
全功能构件+0	零合成字	独体字	象形
			指事
表形构件+标示构件	标形合成字	准独体字	指事 （采用标示构件的字）
表义构件+标示构件	标义合成字		
示音构件+标示构件	标音合成字		
表形构件+示音构件	形音合成字	合体字	形声 （有示音构件的字）
表义构件+示音构件	义音合成字		
各类构件+示音构件	有音综合合成字		
表形构件+表形构件	会形合成字		会意 （没有示音构件的字）
表形构件+表义构件	形义合成字		
表义构件+表义构件	会义合成字		
各类构件（无表音）	无音综合合成字		

资料来源：王宁. 汉字构形学导论 [M]. 北京：商务印书馆，2016：123-124.

表 1-6　1619 个汉字构形模式归类

	小学低段汉字构形模式总计（1619）
传承式全功能 零合成字（144）	人我四五口耳手目日月水火山田禾云雨鸟虫六八九马土不子文白小儿车羊也气了片大飞南鱼西女来黄牛刀力木心升么午它朋巴长伞兔要方自己衣又弟竹牙几鸟高久回工厂生入王互电井毛主士面京门广非册身单羽米豆肉夕之能首角斗丁已瓜弓燕干鹿象巾龟壶辛止术由丑川其巨且龙辰乎而穴求齐民舟乞甲易卤母克页勿户一二三七十
义音合成字（1066）	地你他站花爸妈打棋字词语句桌纸数妹奶台草秋的船两在江可莲说青蛙远有近听猫鸭苹杏桃课校旗红歌起晚昨影前狗谁短把诗给们成彩空问到没绿那睡海吗什亮时候觉得很服快蓝笑和娃挂活姐叔群参洞鸦找许放进住孩玩吧芽爬呀院霜落降飘游池姓李张钱清晴眼睛护害情请让病相怕纯净冻吃忘村叫战江住没想诉常壮接做

续表

义音合成字（1066）	种样伙伴却趣忙甜温暖该颜辆匹铅棵架块捉急 河跟忽喊窝孤种都邻招呼静跳怎绳讲球排篮运 思疑望低故胆往勇窗偏散像微端粽节据念虹座 浇提洒挑镜照裙鼻嘴脖臂腿脚蜻蜓迷藏造蚂蚁 食粮蜘蛛圆酷暑凉晨细朝霞杨语操场拔拍跑踢 铃热锻炼性教迁饭饱茶泡轻鞭炮踪迹浮萍柔荷 露珠摇躺停机展透翅膀唱朵腰坡沉伸潮湿呢闷 消息搬响棍汤扇椅萤织次哪新她仔检查所钟迟 洗背刚汽决定经物虎熊通注遍脸准第猴结掰扛 满扔摘捧抱蹦追吵胖棉娘治然颗瓢碧吐啦咕咚 熟掉吓逃野拦领壁蚊咬您拨赶房傻转擦刷澡梳 盆现塘脑袋灰捕迎阿姨宽顶披晒极傍管越滴溪 奔坏淹毁屋猜植靠纷刺底炸离察识粗得帽鞋裤 指滩艘舰帆稻园翠铜梧桐枫松柏装桦耐疆银杉 化桂记锦雄鹰翔雁深猛季蝴蝶嫩戴粒苦洋葡萄 紫狐狸笨酸称员柱议论杆秤砍倒割线级挥粉板 妙瓶盛标补认幅评奖削锅刮胡灯修完期哄润吸 粘汗额沙弹钢琴泥滚铁荡滑梯楼依欲瀑布炉烟 遥景部秀神著形状湖绕围胜岛华约纱境客沟梨 份搭棚淡够收城留钉味枝铺调硬限沿答渴喝错 抬堵缝朗衔枯趁将腊狂吼哀葫芦藤谢哇蚜盯赛 感怪慢锋蜜蜂幕扫慕墓抄炒洪蛇继续被耕恢德 担志抽陡疼根敬泼度敲驶踩铺盛碗福健康轿 救摩托防渔货科考宿寺恐惊似庐笼苍茫雾淘顽 暗岸街梁躲切悄试衬衫彼模喘哎哟帕添柴旺渐 奔冲烫终浑淋激椰漠骆驼骏悬崖假威扑扯嗓派 抗趟猪纳受骗借捡酪俩始拌帮嚷瞧轮剩整扎但 偷破何挤抖伟改秋拥挨路特冠漂恨训练嚷抓冲 圈即使简厅厨厢厦爪莺拂堤柳醉咏妆绦裁剪脱 袄羞姑遮掩探嫩符触杜鹃邮递裹寄堆破漏懊啊 狠绚籽礼龄格握致勃挖选苗移挥填扶亭咨询剧 管理塔餐厅曾蒙泞踏荆瓣莹需糕特嘛粉糖蔗汁 菜熬销售确效泛波纹葱软毯异株拾骑跨程魔筑 演营务判饲涌峰耸华隔峡谊浓繁荣湾传统贴宵 艾堂巧郎饼赏菊漂珍饰损财赚赔够贫菠煎腐烧 茄烤煮爆炖蘑菇蒸饺炸酱津溜辣喷腻绵脆邦盒 聊坪郁精叮咛拉渡荫蔽撑拼懂案堡插狠补充攻 驾驳药记屁股泡茸醒费列屎撞贪脾婶劲陀螺键 瓮枪橡控坦板寓焦疲截钻叼坊悔哈审视响抢嘻

续表

类型	字例
义音合成字（1066）	悦海室摆驮磨坊挡伯浅刻唉啼愿厕厦窟窿窄晓慈映鹏含岭泊蝉慌辩忠盏碰稠稀渠积助航宇宙固杯饮舱题浴密馆览研究哨诊技夺咦竿舞痛烦店蹲寂寞罩编换颈袜蜈蚣卖烂牌坑挺舒播撒茵灌缺泳愣怜挪仿佛任纺竭律待挣愉绒抹拖簸箕玻璃垃圾祖荫掏逗蔷薇逮忆纪功譬糙敏式睁秩序哦界射值熔箭裂窜稼滋茂腾钩铲梅柿源涨炬灿垮坟作保告
会义合成字（195）	坐家是走叶里看闪采北尖夏就男反色多包笔明尘从众双林森国美后左右好友比尾最公串以半同穿哥步加法全医画开吹吴古孙周官相喜阴阵冰席安各阳道香行死信居连床光外原间分知拿闹体初幼流晶具丢些元意别奇命墙断皂平泉鼓如旅套登针军号守牢雀灵休苗肥谷量合报封肩鲜紧蛋等穷名省仙位央利昌话弄号灾扁伍料容祝危甚制冒寻便折哭算突败凶般窑帘另解局宝顺棘觅算劳舍建与族祭骨品般轰赞昏尿则筋此班既竟绝鸣闯件博竖集昆规帚蛋须炎
形义合成字（14）	足石正只果向因器鬼朵网交束引
标义合成字（8）	天少本太玉甘百夫
形音合成字（2）	星点
无理据字（191）	风声条写当尝总义爱岁票虎壳备归尽毒寿兽冈庄丧买应（24个）
	黏合式（46）：上下音去尺中立今年更出真才着金用氏事言令再直千善共离重及并尤童市乘朱于至州商免亡肃垂永失必世
	不确定式（26）：乐个关无书业东贝为发丽万夹乡亲兴严习专用卫农乏产丝幸
	义记合成（88）：对鸡学皮雪树会头见春弯冬还边早黑老师爷处办变赵欢动雷观这过送支独戏夜举敢乱带眉寒贵牵舌图孔队麦桑虽曹奋叠团先闭环层区隐卧际劝复伤难退敌累盘邓坛迈献恋陆巷类随币粥梦叹压实导稳育顾
	音记合成（6）：旁每养丛艰毕

具体数量统计见表1-7。

表1-7 小学低段汉字构形模式统计

构形模式	汉字数量/个	占汉字构形总字数的比例/%
全功能零合成	216	13.3
会义合成	196	12.3
义音合成	1065	65.6
形义合成	14	0.9
标义合成	8	0.5
形音合成	2	0.1
义记合成	88	5.4
音记合成	6	0.4
无理据字	24	1.5

由表1-7可知，1619个汉字分为两种类型，有理据字和无理据字。而有理据字可涵盖8种构形模式，其中义音合成字（1065个）、会义合成字（196个）和全功能零合成字（216个）的数量较多，这三类构形模式的汉字占小学低段汉字总数的91.2%；形义合成字（14个）、标义合成字（8个）、形音合成字（2个）、义记合成字（88个）、音记合成字（6个），分别占比0.9%、0.5%、0.1%、5.4%、0.4%。无理据字有24个。

小学低段包括一、二两个年级，两个年级1619个汉字分布在四册书，为了更清晰地掌握不同年级汉字构形模式的情况，故按年级对1619个汉字的构形模式进行了数字统计见表1-8。

表1-8 1619个汉字构形模式年级分布统计（按年级顺序）

年级	册数	有理据字								无理据字/个	总数/个
		全功能零合成字/个	会义合成字/个	义音合成字/个	形义合成字/个	标义合成字/个	形音合成字/个	义记合成字/个	音记合成字/个		
一年级	上册	107	3	102	6	50	2	23	1	5	299
	下册	54	4	262	6	49	0	20	1	7	403

续表

年级	册数	有理据字								无理据字/个	总数/个
		全功能零合成字/个	会义合成字/个	义音合成字/个	形义合成字/个	标义合成字/个	形音合成字/个	义记合成字/个	音记合成字/个		
二年级	上册	30	0	347	2	58	0	26	2	7	472
	下册	25	1	354	0	39	0	19	2	5	444
数量		216		1065	4	96		8	6	24	1619

从表 1-8 中可知，每种汉字构形模式在每个年级的分布情况各异，其中一年级的全功能零合成字比二年级多，尤其一年级上册出现得最多；一年级上册出现的义音合成字最少，并随年级不断增长，年级越高，义音合成字越多；会义合成字、无理据字分布均匀。标义合成字在二年级上册未出现，形音合成字仅在一年级上册出现。

2. 汉字构形模式的细化分类

由上文可知，小学低段汉字字料有 1619 个，涵盖 8 种汉字构形模式，还有一部分无理据字，且每种汉字构形模式汉字的数量较多，在各个年级的分布参差不齐。为了更好地感受汉字特点和规律，分辨同类汉字间的不同特征，笔者根据各种构形模式的不同特点进行了细化分类。

（1）零合成字的归纳与统计。

根据零合成字的字形变化，可将其再细化为三种类型：传承式全功能零合成字，黏合式零合成字，不确定式零合成字，见表 1-9。

表 1-9　零合成字分类表

类型	例字	数量/个
传承式	口 耳 手 目 日 月 水 火 山 田 禾 云 雨 鸟 虫 六 八 九 马 土 不 子 文 白 小 儿 车 羊 也 气 了 片 大 飞 南 鱼 西 女 来 黄 牛 刀 力 木 心 升 了 午 它 朋 巴 长 伞 兔 要 方 自 己 衣 又 弟 竹 牙 几 鸟 高 久 回 工 厂 生 入	144

续表

类型	例字	数量/个
传承式	王 互 电 井 毛 主 士 面 京 门 广 非 册 身 单 羽 米 豆 肉 夕 之 能 首 角 斗 丁 已 瓜 弓 燕 干 鹿 象 巾 龟 壶 辛 止 术 由 丑 川 其 巨 且 龙 辰 乎 而 穴 求 齐 民 舟 乞 甲 易 卤 母 克 页 匆 户 一 二 三 七 十	144
黏合式	上 下 音 去 尺 中 立 今 年 更 出 真 才 着 金 用 氏 事 言 令 再 直 千 善 共 离 重 及 并 尤 童 市 乘 朱 于 至 州 商 免 亡 肃 垂 永 失 必 世	46
不确定	乐 个 关 无 书 业 东 贝 为 发 丽 万 夹 乡 亲 兴 严 习 专 甩 卫 农 乏 产 丝 幸	26

黏合式零合成字是"古文字阶段的合体字，是经过隶变楷化发生变异，构件黏合而无法再分析的字"❶。黏合式零合成字因构件黏合而无法分析构形理据，要想弄清楚其形义关系，必须对古文字形进行溯源。不确定式零合成字是在字形简化过程中出现的，而简化的方式途径是多种多样的，没有统一的规则和标准。因此，这部分字无法从现代字形上解释构形理据，需要溯源其古文字形才能确定其构形理据。以上两种构形模式的构形理据均需要通过溯源古文字形来确定，归入无理据或半理据字。

传承式全功能零合成字由古文字形的独体象形字或指事字直接演变而来，且大部分没有发生结构模式的变化。❷ 没有发生结构模式变化意味着可以直接从汉字的现代字形分析其构形理据，且由古文字形直接演变，象形意味十足，利用汉字的象形性进行讲解，正符合小学低段学生形象思维强的特点。故将传承式零合成字作为低段汉字教学的内容之一。为了更清晰地掌握不同年级传承式全功能零合成字的情况，故按年级对144个传承式全功能零合成字进行了数字统计，见表1-10。

---

❶ 王宁.汉字构形学导论[M].北京:商务印书馆,2016:123-124.
❷ 王宁.汉字构形学导论[M].北京:商务印书馆,2016:123-124.

表 1-10　传承式全功能零合成字

年级册数	传承式全功能零合成字	数量/个
一年级上册	一 二 三 七 十 人 我 四 五 口 耳 手 目 日 月 水 火 山 田 禾 云 雨 鸟 虫 六 八 九 马 土 不 子 文 白 小 儿 车 羊 也 气 了 片 大 飞 南 鱼 西 女 来 黄 牛 刀 力 木 心 升 么 午 它 朋 巴 长 伞 兔 要 方 自 己 衣 又 弟 竹 牙 几 乌 高 久 回 工 厂 生	80
一年级下册	入 王 互 电 井 毛 主 士 面 京 门 广 非 册 身 单 羽 米 豆 肉 夕 之 能 首 角 斗 丁 已 瓜 弓 燕 干 鹿 象 巾	35
二年级上册	龟 壶 辛 止 术 由 丑 川 其 巨 且 龙 辰 乎 而 穴	16
二年级下册	求 齐 民 舟 乞 甲 易 囱 母 克 页 匆 户	13

统计发现，一年级上册的传承式全功能零合成字有 80 个字，在四册书中数量最多。小学低段不宜对学理进行知识讲解，提倡从重复出现的汉字现象中直接感受，故一年级上册是教授传承式全功能零合成字的最佳时期。

通过上述梳理可知，零合成字在小学低段的数量较多，包含三种类型：传承式、黏合式、不确定式。在这之中，传承式全功能零合成字的数量最多，且符合低段学生的心理认知，故确定传承式全功能零合成字为小学低段汉字教学的内容之一。

（2）会义合成字的归纳与统计。

会义合成字是"用两个以上的表义构件组合在一起，表示一个新的意义"❶，其构意是"由表义构件所提供的诸多意义信息共同表示的"❷。会义合成字是合体字，在构形上可以拆分成两个表义构件，其表义构件可由全功能零合成字来充当。但这并不表示会义合成字的构意像全功能零合成字那么直接，它需要通过确定多个构件的意义及分析构件之间所体现出的逻辑关系，最后通过推理判断其组合之后表现出的综合抽象的意义。例如，会义合成字"明"，需要分别确定"日"与"月"的构意，分析"日"与"月"构意上的逻辑联系，以日月并出来表现"明亮"的意义。

---

❶ 王宁.汉字构形学导论[M].北京:商务印书馆,2016:123-124.
❷ 王宁.汉字构形学导论[M].北京:商务印书馆,2016:123-124.

所以，在小学低段，会义合成字的教学存在一定的困难，对于学理知识不能进行过多的讲解。要结合小学低段的学生注意力不集中但想象力丰富的特点，在教学上调动学生联想的能力，通过对会义合成字进行拆分、以全功能零合成字进行组合的方式来感受会义合成字的组合表意。组合表意是通过充当表义构件的几个全功能零合成字组合字义来表现汉字的构意。低段会义合成字的教学要利用全功能零合成字是会义合成字构形基础的特点，在不断拆分、组合汉字的过程中，感受会义合成字与全功零合成字的区别，并且为中高段会义合成字的字理讲授奠定基础。

小学低段1619个生字中会义合成字共计196个，其数量在8种构形模式中仅次于"义音合成字"，是数量第二多的构形模式类型，故确定会义合成字为小学低段汉字教学的内容之一。

（3）义音合成字的归纳与统计。

义音合成字是"由表义构件与示音构件组合而成。它以表义构件来体现义类，又以示音构件来提示读音，形成了同类字以音别，近音字以义别的格局"❶。我们将从表义构件与示音构件的角度对低段的义音合成字进行材料梳理。

小学低段有1065个义音合成字，是低段数量最多的构形模式。从1065个义音合成字中可拆分出87个表义构件和529个示音构件。其中87个表义构件可关联两个及以上的汉字，共计关联1002个汉字，占小学低段义音合成字的94.2%。163个示音构件可关联两个及以上的汉字，共计关联511个汉字，占小学低段义音合成字48.1%。义音合成字中示音构件的作用是提示读音，随着时空的变化，汉字的读音人为地发生改变，导致示音构件在义音合成字中的示音作用降低，即示音构件的读音与义音合成字的读音多有不同。故小学低段将以义音合成字中表义构件的联系来展示汉字的系统性，对示音构件所展现的系统性不作教学展示。

义音合成字中的表义构件是由传承式全功能零合成字来充当，所以我们不仅要关注义音合成字系统性强的特点，还应关注义音合成字在表意性上的特征。义音合成字中表义构件的表意性更多地体现在类别表意方面，在教学中可利用学过的传承式全功能零合成字，将传承式全功能零合成字

---

❶ 王宁.汉字构形学导论[M].北京:商务印书馆,2016:123-124.

的表意性带入义音合成字的学习中去理解表义构件的含义。充分借助传承式全功能零合成字是义音合成字的构形基础这一特点，以一个相同的表义构件来带动一批义音合成字的学习，逐步地感受义音合成字所表现的表意性与系统性，为学生在中高学段义音合成字的归纳演绎供材料积累。

（4）形义合成字标义合成字形音合成字的统计与归纳。

形义合成字是"用表形构件与表义构件组合在一起，表示一个新的意义"。❶ 小学低段1619个生字中共计出现14个形义合成字，占比0.9%。这14个生字分别是："足""石""正""只""果""向"（一年级上册出现），"因""器""鬼""朵""网""交"（一年级下册出现），"束""引"（二年级上册出现）。

标义合成字是由"一个表义成字构件加上标示构件组成，使用简单的符号来标示语言意义相关的新字与旧字"。❷ 小学低段1619个生字中共计出现8个标义合成字，占比0.5%。这8个生字分别是："天""少""本"（一年级上册出现），"太""玉""甘""百"（一年级下册出现），"夫"（二年级下册出现）。

形音合成字由"表形构件和表音构件组合。甲骨文中的一些象形字，处于区别或便于识别的原因，加上一个示音构件，以增加字音的信息"。❸ 小学低段1619个生字中共计出现2个标义合成字，占比0.1%。这2个生字是"星"和"点"，均在一年级上册出现。

以上三种构形模式的生字在小学低段出现的数量很少，无法通过成批系统的汉字讲解来展现其特征，故不作为代表性的教学内容来讲解。

（5）无理据与半理据字的统计与归纳。

低段有195个无理据与半无理据字，具体统计情况见表1-11。

表1-11 低段汉字教学材料中的无理据字

类型	相关汉字	数量/个
无理据字	风 声 条 写 当 尝 总 义 爱 岁 票 虎 壳 备 归 尽 毒 寿 兽 冈 庄 丧 买 应	24

---

❶ 王宁.汉字构形学导论[M].北京:商务印书馆,2016:123-124.
❷ 王宁.汉字构形学导论[M].北京:商务印书馆,2016:123-124.
❸ 王宁.汉字构形学导论[M].北京:商务印书馆,2016:123-124.

续表

类型		相关汉字	数量/个
半理据或无理据字	黏合式零合成字	上 下 音 去 尺 中 立 今 年 更 出 真 才 着 金 用 氏 事 言 令 再 直 千 善 共 离 重 及 并 尤 童 市 乘 朱 于 至 州 商 免 亡 肃 垂 永 失 必 世	46
	不确定零合成字	乐 个 关 无 书 业 东 贝 为 发 丽 万 夹 乡 亲 兴 严 习 专 甩 卫 农 乏 产 丝 幸	26
	音记合成字	旁 每 养 丛 艰 毕	6
	义记合成字	对 鸡 学 皮 雪 树 会 头 见 春 弯 冬 还 边 早 黑 老 师 爷 处 办 变 赵 欢 动 雷 观 这 过 送 支 独 戏 夜 举 敢 乱 带 眉 寒 贵 牵 舌 图 孔 队 麦 桑 虽 曹 奋 叠 团 先 闭 环 层 区 隐 卧 际 劝 复 伤 难 退 敌 累 盘 邓 坛 迈 献 恋 陆 巷 类 随 币 粥 梦 叹 压 实 导 稳 育 顾	88

音记合成字由示音构件和记号构件组成，义记合成字由表义构件和记号构件组成。这两类构形模式中都有记号构件的参与，记号构件是"汉字发展过程中丧失构意功能，变得无法解释的一部分构件。只有构形功能，它的构意如果不经过溯源也无法解释"❶。因此，7个音记合成字和88个义记合成字要归入半理据或者无理据字。

除此之外，在对汉字构形模式进行学理归纳时发现：在零合成字中，黏合式零合成字因构件黏合变化使字形理据丧失无法分析，不确定式零合成字因字体简化使字形理据无法分析。❷ 这两类字都无法从现代字形上解释构形理据，需要溯源其古文字形才能确定其构形理据。故将46个黏合式零合成字和31个不确定式零合成字归入半理据或无理据字中。

---

❶ 王宁.汉字构形学导论[M].北京：商务印书馆，2016：123-124.
❷ 详见全功能零合成字的归纳与统计。

1. 黏合式零合成字古文字形构形模式溯源表

黏合式零合成字古文字形构形模式见表1-12。

表1-12　黏合式零合成字古文字形构形模式

古文字形构形模式	例字	古文字形	数量/个
标形合成字	上	（甲骨文）	6
	下	（甲骨文）	
	中	（甲骨文）	
	立	（甲骨文）	
	今	（甲骨文）	
	至	（甲骨文）	
标义合成字	氏	（甲骨文）	2
	免	（篆文）	

续表

古文字形构形模式	例字	古文字形	数量/个
形音合成字	市	（金文）	1
义音合成字	金	（金文）	10
	千	（甲骨文）	
	再		
	离	（战国文字）	
	重	（甲骨文）	
	世	（金文）	
	尤	（篆文）	
	朱	（甲骨文）	
	垂	（篆文）	

续表

古文字形构形模式	例字	古文字形	数量/个
义音合成字	必	（篆文）	10
会形合成字	音	（金文）	5
	才	（甲骨文）	
	言	（甲骨文）	
	州	（篆文）	
	永	（甲骨文）	
形义合成字	去	（甲骨文）	6
	出	（甲骨文）	
	事	（甲骨文）	
	令	（甲骨文）	

续表

古文字形构形模式	例字	古文字形	数量/个
形义合成字	共	（甲骨文）	6
	并	（甲骨文）	
会义合成字	年	（甲骨文）	8
	真	（金文）	
	直	（篆文）	
	善	（说文）	
	及	（甲骨文）	
	童	（甲骨文）	
	乘	（甲骨文）	
	商	（篆文）	

续表

古文字形构形模式	例字	古文字形	数量/个
会义合成字	免	（篆文）	8
形义关系不明：尺更着用于之肃失			8

2. 不确定式零合成字古文字形构形模式溯源

不确定式零合成字古文字形构形模式见表1-13。

表1-13　不确定式零合成字古文字形构形模式

古文字形构形模式	例字	古文字形	数量/个
会义合成字	二	（甲骨文）	11
	业	（篆文）	
	丝	（甲骨文）	
	幸	（篆文）	
	卫	（甲骨文）	
	为	（篆文）	
	农	（甲骨文）	

续表

古文字形构形模式	例字	古文字形	数量/个
会义合成字	发	（甲骨文）	11
	丽	（篆文）	
	东	（篆文）	
	三	（甲骨文）	
标形合成字	七	（甲骨文）	3
	贝	（篆文）	
	十	（金文）	
会形合成字	严	（金文）	2
	乡	（甲骨文）	
义音合成字	书	（篆文）	7

续表

古文字形构形模式	例字	古文字形	数量/个
义音合成字	习	（篆文）	7
	产	（篆文）	
	专	（篆文）	
	亲	（篆文）	
	关	（篆文）	
无音综合合成字	无	（篆文）	1
形义合成字	夹	（甲骨文）	3
	乐	（篆文）	
	兴	（甲骨文）	
形义不明：一、个、万、甩、乏			5

3. 义记合成字古文字形构形模式溯源表

义记合成字古文字形构形模式见表 1-14。

表 1-14　义记合成字古文字形构形模式

古文字形构形模式	例字	古文字形	数量/个
义音合成字	旁	（篆文）	6
	母	（篆文）	
	养	（篆文）	
	丛	（篆文）	
	艰	（篆文）	
	毕	（篆文）	
形义不明：无			0

4. 音记合成字古文字形构形模式溯源表

音记合成字古文字形构形模式见表 1-15。

表 1-15　音记合成字古文字形构形模式

古文字形构形模式	例字	古文字形	数量/个
会义合成字	奋	（金文）	26

续表

古文字形构形模式	例字	古文字形	数量/个
会义合成字	学	(篆文)	26
	区	(篆文)	
	巷	(篆文)	
	老	(篆文)	
	曹	(篆文)	
	实	(篆文)	
	随	(篆文)	
	寒	(金文)	
	陆	(篆文)	

续表

古文字形构形模式	例字	古文字形	数量/个
会义合成字	舌	（甲骨文）	26
	黑	（篆文）	
	见	（甲骨文）	
	卧	（篆文）	
	桑	（甲骨文）	
	冬	（战国文字）	
	会	（篆文）	
	乱	（金文）	
	师	（篆文）	

续表

古文字形构形模式	例字	古文字形	数量/个
会义合成字	支	（篆文）	26
	先	（甲骨文）	
	图	（金文）	
	队	（甲骨文）	
	献	（甲骨文）	
	退	（篆文）	
	处	（篆文）	
	对	（甲骨文）	
义音合成字	鸡	（篆文）	51

续表

古文字形构形模式	例字	古文字形	数量/个
义音合成字	欢	(图形)	51
	导	(篆文)	
	变	(篆文)	
	送	(篆文)	
	赵	(篆文)	
	类	(篆文)	
	粥	(篆文)	
	币	(篆文)	
	皮	(甲骨文)	

续表

古文字形构形模式	例字	古文字形	数量/个
义音合成字	雪	（甲骨文）	51
	敢	（甲骨文）	
	梦	（篆文）	
	压	（篆文）	
	叹	（篆文）	
	难	（篆文）	
	复	（甲骨文）	
	累	（隶书）	
	树	（甲骨文）	

续表

古文字形构形模式	例字	古文字形	数量/个
义音合成字	隐	（篆文）	51
	育		
	敌	（篆文）	
	恋	（隶书）	
	盘	（隶书）	
	伤	（战国文字）	
	迈	（隶书）	
	顾	（篆文）	
	坛	（篆文）	

续表

古文字形构形模式	例字	古文字形	数量/个
义音合成字	邓	（篆文）	51
	层	（楷书）	
	际	（篆文）	
	劝	（篆文）	
	牵	（篆文）	
	环	（金文）	
	团	（金文）	
	麦	（篆文）	
	独	（篆文）	

续表

古文字形构形模式	例字	古文字形	数量/个
义音合成字	贵	（篆文）	51
	头	（金文）	
	春	（甲骨文）	
	弯	（篆文）	
	还	（甲骨文）	
	边	（篆文）	
	早	（战国文字）	
	过	（篆文）	
	戏	（金文）	

续表

古文字形构形模式	例字	古文字形	数量/个
义音合成字	举	（篆文）	51
	观	（篆文）	
	动	（隶书）	
	夜	（甲骨文）	
	办	（篆文）	
标义合成字	孔	（金文）	2
	闭	（金文）	
形义合成字	雷	（甲骨文）	3
	带	（篆文）	

续表

古文字形构形模式	例字	古文字形	数量/个
形义合成字	眉	（甲骨文）	3
形义不明：爷、这、虽、叠			4

5. 无理据字古文字形构形模式溯源表

无理据字古文字形构形模式见表1-16。

表1-16　无理据字古文字形构形模式溯源

古文字形构形模式	例字	古文字形	数量/个
义音合成字	虫	（篆文）	16
	声	（篆文）	
	写	（篆文）	
	尝	（篆文）	
	当	（篆文）	
	备	（篆文）	

续表

古文字形构形模式	例字	古文字形	数量/个
义音合成字	归	(篆文)	16
	爱	(篆文)	
	应	(篆文)	
	尽	(篆文)	
	毒	(篆文)	
	条	(篆文)	
	寿	(篆文)	
	风	(篆文)	
	冈	(篆文)	

续表

古文字形构形模式	例字	古文字形	数量/个
义音合成字	总	（篆文）	16
形义合成字	票	（篆文）	1
会形合成字	虎	（篆文）	1
会义合成字	庄	（篆文）	3
	丧	（篆文）	
	买	（篆文）	
形义不明：壳、义、岁			3

经上述分析可得，小学低段中的无理据字有 195 个。王宁在《汉字教学的原理与各类教学方法的科学运用（下）》中阐述了汉字讲解应遵循的普遍原理，其中第五点谈到"对黏合、省简、变形、错讹而变得无理据的字不可乱编理据"，即对无理据字采取的做法是不编造理据，不胡乱分析。再结合小学低段学生的心理认知特点——理解复杂概念理论的能力有限，故对小学低段 195 个半理据或无理据字不进行讲解。❶

---

❶ 不讲解的意思是不进行学理知识的讲解，但是汉字的形音义还是要明确的。

(三) 小学低段汉字教学材料与中高段的关系

王宁先生在《汉字教学的原理与各类教学方法的科学运用（上）》一文中将小学的汉字学习划分为初期积累阶段、中期积累阶段与后期积累阶段。小学低段即汉字学习的初期积累阶段，"这一阶段直接影响下两个阶段教学的进展"，也就是说小学低段的汉字教学对中高段的汉字教学有重要的作用，故利用低段的汉字教学材料与中高段汉字材料的关系，探究小学低段汉字教学对中高段汉字教学的影响。

1. 一年级上册汉字材料与中高段汉字材料的关联

通过一年级上册生字与小学中高段汉字材料的关联关系，即一年级上册299[1]个生字在小学中高段生字中作为构件的字形关联数量，以此做出一年级上册299生字的构字量表并做出数字统计。具体做法是将不重复计算的一年级上册的299个生字分为充当表义功能构件和示音功能构件与中高段汉字字形进行关联。

经整理，一年级上册299个生字共涉及56个表义构件和69个示音构件，表义构件的关联度更高。其中69个示音构件能关联145个中段生字，关联度达9.5%；56个表义构件能关联1012个中段生字，统编语文教材小学中段不重复生字共计1543[2]个，关联度达65.6%（见表1-17）。也就是说仅仅一年级上册299个生字就能关联一半以上的中段生字，那么小学低段所有的汉字材料能关联的中段生字量就更多了，这体现了小学低段的汉字教学对中段而言发挥着重要的基础作用。

表1-17 一年级上册299个生字与中段生字系联量统计

构件功能	构件数量/个	系联的中段生字量/个	在中段生字中的占比/%
表义构件	56	1012	65.6
示音构件	69	145	9.4

---

[1] 299为去重后的生字量。
[2] 数据来源于杜汶宣同系列论文《渗透汉字学理知识于小学中段汉字教学的实践研究》。

从表 1-18 可知，一年级上册 299 个生字共涉及 59 个表义构件和 77 个示音构件，表义构件的关联度更高。其中 77 个示音构件能关联 115 个高段生字，关联度达 12.8%；59 个表义构件能关联 587 个中段生字，统编语文教材小学高段不重复生字共计 896 个❶，关联度达 65.5%。同理，一年级上册 299 个生字能关联一半以上的高段生字，则小学低段所有的汉字材料能关联的高段生字量就更多，这说明小学低段的汉字教学对高段而言同样发挥着重要的基础作用。

表 1-18　一年级上册 299 个生字与高段生字系联量统计

构件功能	构件数量/个	系联的中段生字量/个	在高段生字中的占比/%
表义构件	59	587	65.5
示音构件	77	115	12.8

除此我们还能发现，不管是与中段的系联还是与高段的系联，表义构件系联的生字量远远高于示音构件系联的生字量，表明表义构件所体现的系统性更强，学习效率更高。通过汉字构形模式的梳理发现，传承式全功能零合成字可在其他构形模式中充当表义构件，故在小学低段中要把传承式全功能零合成字的教学作为重点，为中高段的传承式全功能零合字的学习奠定感性认识，为理解其他构形模式的构意提供帮助。

综上所述，小学低段的生字与中高段的关联度很高，是小学汉字教学的基础，教学上要发挥低段汉字在构形上的系统性来带动整个小学阶段的汉字学习。

2. 一年级上册的汉字材料与低段汉字材料的关联

王宁先生在《科学地选择识字教学中的初期积累字》一文中提到一个"汉字零起点"的概念，即"不论孩子在学前阶段学了多少字，就正规的系统学习而言，都应当看做是零起点——汉字的零起点，书面语阅读的零起点，词汇积累的零起点"❷。在整个汉字学习过程中，小学低段是零起点

---

❶　数据来源于任幸同系列论文《渗透汉字学理知识于小学高段汉字教学的实践研究》。

❷　王宁.科学地选择识字教学中的初期积累字——谈小学识字教学的科学性之一[J].江苏教育,2010(2):9.

的汉字教育，而相对于小学低段来讲，这个零起点指的是小学一年级的第一个学期。所以我们还将一年级上册的汉字材料与低段剩余的汉字材料进行了梳理，由此去探究一年级上册的汉字教学对小学低段的汉字教学的重要作用。

一年级上册与小学低段的关联还是利用一年级上册的 299 个生字分为充当表义功能构件和示音功能构件关联的生字量来体现，统计见表 1-19。

表 1-19　一年级上册 299 个生字与低段其剩余生字的系联统计

构件功能	构件数量/个	系联的低段生字量/个	总关联量/个
表义构件	57	794	929
示音构件	66	135	

如表 1-19 可知，一年级上册 299 个生字共涉及 57 个表义构件和 66 个示音构件。其中 66 个示音构件能关联 135 个生字，57 个表义构件能关联 794 个生字，共计关联总字数为 929 个。统编语文教材小学高段不重复生字共计 1619 个，除去一年级上册的 299 个汉字，剩余生字量为 1320 个，关联度达 70%。一年级上册 299 个生字与中段的关联度为 66.6%，与高段的关联度为 65.5%，相较之下可得，一年级上册的汉字教学对于低段的基础作用更大。结合零起点学生的学情和心理认知特点，一年级上册的汉字教学不适用理性分析，须以重复出现的汉字现象来加强对汉字性质的感受。又因刚上一年级的学生汉字的积累量较少，没有可依托的汉字系统，故一年级上册汉字教学的重点放在对汉字表意性的感受上，对汉字系统性的感受从一年级下册开始。由此将低段的汉字教学分为两个阶段：第一个阶段为一年级上册的汉字教学；第二个阶段为一年级下册至二年级下册的汉字教学。

王宁先生认为识字教学应"根据汉字属性确定初期积累字的字表"❶，选择初期积累字的条件是"构字频度高，构形简单，构意明显，与儿童生活关系密切"。❷ 而《义务教育语文课程标准（2022 年版）》"附录 4 识

---

❶ 王宁.科学地选择识字教学中的初期积累字——谈小学识字教学的科学性之一[J].江苏教育,2010(2):9.

❷ 王宁.汉字构形学导论[M].北京:商务印书馆,2016:123.

字、写字教学基本字表"中300基础字就是上述条件下,"利用汉字多元参数数据库,综合优选产生的"。且《课标》还对此表进行了说明:"本字表是识字、写字教学的基本字表。这些字构形简单,重现率高,其中的大多数能成为其他字的结构成分。先学这些字,有利于为识字、写字打好基础,有利于发展识字、写字能力,提高学习效率。这些字应作为第一学段教科书中识字、写字教学的重要内容。"❶ 故应将300个基础字作为第一学段识字教学的重要内容,即小学低段识字教学的重要内容。

1. 一年级上册与低段的系联情况统计

(1) 表义构件系联表。

表义功能构件系联汉字见表1-20。

表1-20 表义功能构件系联汉字

表义功能构件	系联之字	数量/个
口	吹 周 吴 喜 告 喊 只 嘴 圆 器 唱 响 哪 吵 吐 啦 咕 命 咬 图 员 合 团 吸 围 味 昌 吼 哀 哇 喘 哎 呀 嗓 嚷 圈 向 哭 咏 咨 嘛 售 品 喷 咛 圈 叼 喘 叹 唉 固 哨 咦 喝 哦 台 叶 听 吧 呀	60
手(扌)	护 接 排 据 提 挑 操 拔 摇 搬 扛 扔 摘 捧 抱 掉 拦 拨 擦 捕 指 挥 搭 抬 抄 抽 托 扑 扯 抗 捡 拌 挤 抖 拥 挨 报 挂 折 扎 扫 拂 掩 探 握 挖 挥 扶 拾 损 撑 拼 插 抢 撞 控 挡 技 挺 播 撒 挪 挣 抹 拖 打 把 挂 找	69
水(氵)	游 温 浇 洒 泡 浮 流 沉 潮 湿 消 汤 洗 汽 注 满 治 澡 滴 溪 淹 没 滩 润 沙 泥 滚 滑 瀑 湖 沟 淡 渔 淘 添 渐 淋 激 漠 派 漂 海 洋 法 治 活 漏 泞 汁 泛 演 营 涌 漂 津 溜 油 渡 泡 浅 泊 渠 灌 泳 江 没 海 活 洞 法	70
人(亻)	闪 保 做 信 偏 像 停 伸 仔 傻 休 倒 修 仙 仗 健 康 假 借 俩 便 偷 何 伟 使 候 信 仔 传 倒 件 似 仿 佛 任 何 你 他 坐 作 们 什 候 住	44

---

❶ 中华人民共和国教育部.义务教育语文课程标准(2022年版)[S].北京:北京师范大学出版社,2022:66.

续表

表义功能构件	系联之字	数量/个
木	棵 架 杨 柔 棍 椅 检 查 棉 梳 植 梧 桦 桑 板 标 束 梯 梨 棚 根 梁 模 柴 椰 桥 枝 杜 棘 株 案 枪 橡 板 棚 棋 桌 桥 树 苹 果 杏 桃 本 林 森	46
草（艹）	落 藏 茶 萍 荷 萤 葡 萄 荡 著 葫 芦 莺 苗 蒙 荆 莹 蔗 葱 荣 菊 菠 蘑 菇 蒸 荫 蔽 茸 茵 荫 蔷 薇 草 莲 蓝	35
走（辶）	赵 趣 道 送 迟 通 赶 遇 迁 迹 透 遍 追 逃 越 趁 趋 起 道 迎 遥 退 迹 遮 迈 逗 逮 选 是 远 近 还 边 起 过 进	36
土	场 坡 壁 墙 塘 境 堵 墓 堤 坛 填 塔 堂 坪 堡 坦 坊 坑 垃 圾 肚 吐 寺 杜 地	25
丝（纟）	绿 给 纯 绳 织 结 线 级 绕 约 纱 缝 继 续 终 纳 练 给 纸 绚 统 绵 绒 纪 纸 红	26
宀	官 害 安 寒 定 察 守 牢 完 容 宿 寄 宝 审 室 实 宇 密 寂 寞 寓 字 家	23
邑（阝）	那 降 阿 限 陡 防 阵 邻 阴 隐 郊 隔 陆 邦 郁 陀 郎 随 院	19
肉（月）	服 望 胆 腰 背 脸 胖 脑 朝 肩 期 腊 脚 脱 腻 脆 脾 育 胡 脖 臂 肚 腿 脚 膀	25
竹	笑 篮 第 管 笨 等 笼 算 简 笔 符 算 筑 竿 簸 箕	16
日	暖 暑 晨 晶 晒 曹 景 暗 曾 昏 晃 晓 映 昆 阳 晚 昨 时	18
心（忄）	忙 性 慢 恢 悄 恨 懊 懂 悔 悦 慌 愣 怜 愉 快	15
虫	虹 蜘 蛛 蚊 蝴 蝶 蚜 蜜 蜂 蛇 螺 蝉 蜈 蚣 蛙	15
言（讠）	诉 该 记 议 调 试 训 评 谁 询 诲 试 诊 词 语 说 谁 诗 许	19
贝	贵 赛 货 败 赏 赚 赔 购 贫 赞 费 贪 员 则	14
巾	席 带 帽 帆 布 帕 帮 帘 带 幅 师 帚	12
穴	窗 窝 突 穿 穷 窑 窟 窿 窑 窄 究 空 穿	13
王（玉）	球 珠 琴 环 理 珍 班 玻 望 狂	10
隹	雀 雄 雁 集 准 鹰 谁 售 焦 截	10
火	炼 炮 灵 炒 烫 爆 炖 炸 烦 烂	10

续表

表义功能构件	系联之字	数量/个
马	驶 骆 驼 骏 骗 骑 驾 驳 蚂 闯	10
舟	艘 舰 般 船 航 舱 受 盘	8
女	娘 嫩 好 威 娃 奶 嫩 婶 妈 妹 娃 姐	12
犭	猫 狗 独 猜 狐 狸 狂 猥	8
立	粒 垃 端 站 竟 竖 竭	7
车	辆 转 轻 轿 轮 软 轰	7
见	观 觉 觅 视 览 规	6
目	眉 眼 省 瞧 睛 睁 睡	7
雨	雷 霞 霜 露 雾 需 雪	6
鸟	鹰 鹃 鹂 鸣 岛 莺 鸡 鸭 鸦	9
舌	敌 舒 甜 活 刮	5
攵	敢 教 复 数 散	5
工	巧 攻	2
欠	欲 歌 砍 软	4
又	叠 受 变 友 对	5
弓	张 弹 引 驮	4
力	勇 劝 勃 务	4
门	闹 闷 闻 闯 问	5
毛	毯 毽 笔	3
子	孙 孤 孩	3
斤	新 断 所 折	4
八	具 公 兽	3
方	旅 旗 愣	3
彡	形 衫 须 影 彩	5
止	步	1
尸	展 屎	2
矢	知 疑 短	2
耂	考 老	2
田	疆 留	2

续表

表义功能构件	系联之字	数量/个
攵	败	1
父	爷	1
一	两 画	2
采	踩	1
小	慕	1
刂	刷 到	1
亠	亭	1
鱼	鲜	1
风	飘	1
片	牌	1
彳	微 得 很	1
匚	匹 医	1
禾	秋	1

注：57个表义构件；57个表义功能构件系联794个汉字。

（2）示音构件系联表。

示音功能构件系联汉字见表1-21。

表1-21　示音功能构件系联汉字

示音功能构件	系联之字	数量/个
艮	食 餐 眼 根 恨 银 限 即 狠	9
寸	寺 寻 耐 守 衬	5
圭	鞋 哇 街 崖 娃	5
占	站 粘 站 战	4
子	仔	3
工	虹 扛	2
青	静 睛 蜻 猜	4
斤	新 断 所 折	4
力	勇 劝 勃 务	4
每	海 敏 悔 诲	4

续表

示音功能构件	系联之字	数量/个
戈	戏 战 截	4
参	趁 珍 诊	3
合	给 拾 盒	3
至	致 致 室	3
乍	怎 炸 窄	3
果	棵 颗 裹	3
交	咬 饺 郊	3
兆	跳 挑 逃	3
乃	扔 奶 秀	3
其	期 旗 箕	3
兑	脱 悦	2
丁	钉 厅	2
元	顽 完	2
平	评 坪	2
君	裙 群	2
牙	蚜 呀	2
亥	该 孩	2
句	够 狗	2
寺	特 待	2
十	博 汁	2
化	货	1
司	伺	1
吾	梧	1
氏	纸	1
娄	数	1
未	味	1
乔	桥	1
鉛	船	1
哥	歌	1

续表

示音功能构件	系联之字	数量/个
豆	逗	1
采	踩	1
夬	决	1
夭	袄	1
且	粗	1
主	注	1
方	防 旁 坊 仿	4
羊	群 翔 洋	3
它	蛇 驼 陀	3
更	硬 便	2
鱼	渔	1
七	切	1
九	究	1
文	蚊	1
音	暗	1
也	她	1
气	汽	1
丽	鹂	1
朋	棚	1
要	腰	1
当	挡	1
长	张	1
真	填	1
弟	梯	1
高	敲	1
发	拨	1
巴	爸	1

注：66个示音功能构件；66个示音功能构件系联135个汉字。

2. 一年级上册与中段的系联情况统计表

（1）表义构件系联表。

表义功能构件系联汉字见表1-22。

表1-22　表义功能构件系联汉字

表义功能构件	系联之字	数量/个
土	壁 增 基 墙 楚 塘 型 墨 埋 塌 埂 坠 均 址 坚 坊 堂 塞 堤 填 抢 垢 圣 垫 埋 增 坤 坝 均 牡 杜	31
人	停 假 优 伸 偷 众 仙 仰 偶 倦 仿 佛 傲 代 价 传 借 何 佳 伟 修 仇 伶 俐 储 保 付 倍 件 偏 俱 僵 倾 候 亿 任 侧 佩 俩 仍 催 俗 侧 俯 仅 仲 侮 侈 伺 俊 俏 倔 仪 例 佥 倘 健 促 供 仅 伦 介 伏 侍	64
口	扣 咱 啦 响 嘴 吞 哦 喊 吸 喇 吱 嚼 咽 召 喵 叽 唐 喃 喧 命 喜 鸣 君 咳 嗽 呕 唠 叨 嘀 哎 骂 咖 啡 呈 吻 喂 兄 哲 喧 哑 吊 嗅 否 品 唯 唤 善 吟 启 哲 喧 嗡 吉 啄 哼 吭 哺 呜 唇 嘱 咐 嚎 吼 吨 咕 啼 吠 咸 器 嘶 啸	71
耳	院 除 郊 险 随 陶 阿 阻 陌 险 障 隆 障 降 隙 陈 防 隧 郁 附 阶	21
目	睁 睡 盲 眯 瞬 眨 瞪 瞅 眶 睹 瞭 睛 省 盼 瞧 睫 眠	17
手	摔 挨 拆 批 搞 撤 接 拼 撞 搭 挺 挡 持 掌 摇 捕 拢 挺 抖 投 挑 扮 扬 援 掷 捞 携 拱 摊 掀 揉 扣 拂 掠 捧 擦 括 提 抬 拨 扯 抑 推 抱 拯 拳 撒 拙 扰 拒 拴 授 据 按 探 技 操 择 撑 抗 拔 托 撼 掩 护 摸 捶 握 摔 抬 搂 挖 撼 拄 捐 搜 抛 拜 振 捣 揽 抢 扭 捆 拥 挤 搓 搂 挽 抚 挣 挥 掘 捷 扩 损 催 挽 拭 描 抹 扒 措	103
立	章 竭 竞 竖 端	5
日	晨 晒 显 暗 晃 晾 显 晶 旭 映 智 昆 普 昧 旦 暮 昏 晰 旱 曾 晖 曝 晕 晌 昂 替	26
月	臂 脑 膀 腰 腿 脯 朝 肠 胖 膜 胆 脊 肌 胡 胶 腾 肤 脖 脱 胸 肿 肝 脉 膛 脾 肩 臀 胳 腹 脂 膨 肢 胞 膝 腔 朦 胧 胳 膊	39

续表

表义功能构件	系联之字	数量/个
水	洁洼汉泥淡冷漂沙浅滨渔浩滴沟冻浸油况 准演激湿洞谷渣凝泛减凑沾酒泡沫凌浪染 润汪滔淮济泄漾溅溪冰漏滚潮淘液浊派淹 浮溢淌溉沸浩潜污滋溺沉溃渐渗测涂决汤 浙添澎湃浏渊凄沦涣沮泣汹港洵涉浦沧漆 冲滩漫涛潇源洛混溜	99
火	煤灰烈燃烧燥灼燕烦烛灿耀炊熄熟炫焕焚 烫烁灶灭烂炕	24
田	男累	2
雨	霜雾露零雯電霉震雹霸需霞	12
鸟	鹦鹅鸥鸳莺鹅鹰鸽鹃	9
虫	触蜜蜂虽蜡强虽蛀蜗蚊蝇蝴蝶蜿蜒蜓蝙蝠 蛇	19
八	典羡兵	3
马	骄验骑驴驻骚骤驾驶驱	10
子	存孤孝存孟	5
女	妙姿娇婴婆妻威妄媚嫩娶媳妇娟娲婚妖妨 婧姥	20
车	库载软轮辈输较	7
羊	养	1
片	牌	1
鱼	鲤鲫鲨鳄鲍	5
力	历勇勤务势勃努劫	8
木	橙棕梨柴栽材柔橘枚榕棒梅株检查核椅棒 栅架栏档檀橱染模框檐棠椒桓标枪横柄梢 概坠朴栖械檜桦杜栓柜梭构	48
方	旅旋施	3
又	受叠	2
竹	笛管等算竿筒符签筝笼篱簇笨箱笋	15

续表

表义功能构件	系联之字	数量/个
工	攻 项 巧	3
言	读 诵 访 讶 诉 调 诚 谚 诫 谦 设 计 误 诱 辩 谓 订 谱 证 词 训 诸 谜 讯 详 谈 讨 警 譬 谐	30
王	琴 班 呈	3
宀	察 富 宣 宝 宫 宁 官 密 宁 守 宋 宗 宅 宴 宰 宛 宾 宿 寄 寂	20
门	阅 闲 阀 阔 阁 闻 闷	7
纟	绒 线 缤 缩 紧 纤 约 继 续 缚 缭 络 缆 纵 组 绢 纠 缠 绅 纲 综 绕 绳 纪 缘 缓 累 级 练 索 绮 绽 絮 绑 绪 缕 绘 纳 繁 绣 绩 紫 绸 维 绍	45
艹	落 荒 菊 蒲 英 蒙 芦 芽 蓬 芬 芳 苏 葫 蘑 菇 芒 蔡 藻 薄 蕉 董 若 莫 蓄 芋 薯 藕 蒜 芹 芥 莉 茉 蕊 苞 获 荧 苔 荚 苇 蓄 萄 葡 获 茂 萎 茎 卉 芜 著 荦 藉 蔬 藤 萝 茸 苟 范 芙 蓉 萤 葵 荫 茅 菌 蔼	65
舟	服 舶 受	3
禾	税 秒 稼 稻 科 程 租 秆 稀 穗 稿 移	12
巾	帆 帘 希 帐 帅 帜 帐 帅	8
辶	超 趁 徒 迟 趣 遥 遍 追 辽 述 途 透 越 迅 速 巡 遵 逆 通 避 迫 邀 返 违 逃 逐 适 达 逊 选 逼 遗 逢 遣 遭	35
贝	贡 贷 贸 贩 负 贼 贯 费 赞 败 贤 贫 贪 赖	14
金	铺 钓 镜 银 错 钥 锚 铁 镇 键 锐 铛 钳 锯 锁 锅 镀 锄 锡 镶 铅 钝 钢	23
忄	怜 悄 恍 悟 惜 惯 懦 性 恼 慎 楞 憧 憬 怖 愉 惨 愤 恨 懈 怯 慌 憾 忧 慷 慨 惧	26
犭	狂 猜 猎 默 犯 狮 狐 狸 狼 独 猛 狀 犹 狠 获	15
彡	影 形 彤 修 衫 参	6
尸	屠 属 屈 屑 屡 屏	6
黑	默	1
厶	勾 参	2
父	爹 斧	2
弓	弥	1

续表

表义功能构件	系联之字	数量/个
黑	默	1
毛	毫	1
矢	疑	1
戌	茂	1
匚	匠	1
匕	匙	1
夂	夏 致 务	1
穴	窃 窥 究 窟 窿 窄	6

注：56 个表义功能构件；56 个表义功能构件系联 1012 个汉字。

（2）示音构件系联表

示音构件系联汉字见表 1-23。

表 1-23　示音构件系联汉字

示音功能构件	系联之字	数量/个
艮	银 痕 狠 恨	4
圭	洼 佳	2
佳	准 推 淮 唯 维 雀 雅 雕 集	9
真	颠 镇 慎	3
工	贡 缸 攻	3
今	琴 吟 念 贪	4
当	挡 档 铛	3
九	旭 仇	2
方	访 仿 芳 坊 妨 防	6
占	沾 粘	2
斤	芹 欣	2
交	跤 郊 胶 较 效	5
且	粗 阻 组 租 沮	5
娄	数 屡 缕 搂	4
采	睬 踩 释	3
每	梅 侮 敏	3

续表

示音功能构件	系联之字	数量/个
牙	讶 雅 芽	3
主	驻 蛀 拄	3
其	基 斯 欺	3
青	猜 婧 静	3
苗	喵 锚 描	3
兆	挑 逃 乖	3
音	暗 韵	2
高	豪 毫	2
发	废 拨	2
生	牲 性	2
更	埂 硬	2
乐	烁	1
文	蚊	1
片	牌	1
南	喃	1
无	抚	1
黄	横	1
业	显	1
它	蛇	1
朋	崩	1
要	腰	1
弟	剃	2
乌	鸣	2
长	帐	2
乔	骄 娇	2
兑	税 阅	2
圭	洼 佳	2
夭	跃 妖	2
亥	核 咳	2
完	院	1

续表

示音功能构件	系联之字	数量/个
同	洞 筒	2
十	博 卑	2
寸	衬 尊	2
录	碌 剥	2
垂	睡 捶	2
豆	短 豌	2
寺	持 待	2
合	盒 鸽	2
景	影 憬	2
句	够 苟	1
未	昧	1
乃	仍	1
元	顽	1
㠯（小篆）《说文解字》：用也。从反已。贾侍中说：已，意已实也。象形。	允（小篆）《说文解字》：信也。从儿㠯声。	1
果	颗	1
至	致	1
尗	戚	1
参	掺	1
井	耕	1
夬	决	1
矦	候	1
免	挽	1
乍	窄	1

注：69 个示音功能构件；69 个示音功能构件系联 145 个汉字。

3. 一年级上册与高段的系联情况统计表

（1）表义构件系联表。

表义功能构件系联汉字见表1-24。

表1-24 表义功能构件系联汉字

表义功能构件	系联之字	数量/个
人	便 俯 侵 任 俭 偎 估 僻 传 偿 供 倭 侨 倚 俺 仍 俘 企 仗 傅 傻 仪 伊 倾 伶 俐 侯	27
口	嗜 吩 咐 哟 召 喷 叮 嘱 哀 哉 唐 哼 喉 咙 噪 哇 嘲 呻 喻 啃 嘟 啰 嗡 呐 呵 咆 哮 喇 吭 吓 嘎 吾 唬 咧 哗 噜 吆 哞 嘿 嗓 唉 喧 嚷 唇 咽 叨 吻 啪	48
耳	耽 聒 耻 耶 聊	5
目	睑 眸 瞌 朦 眉 瞎 眷 督 瞑 瞄 眺 盲 瞬 眨 瞪 瞅	16
手	播 捡 挽 抵 擅 抄 拒 搁 拐 扶 拘 托 挨 拗 撒 拘 奉 拱 搅 摄 拾 抑 抛 拴 拔 撩 擂 插 擒 拖 挈 挠 摩 拟 损 搞 揪 扳 措 搂 捏 拳 撕 扭 拇 撤 摇 拧 扣 拙 抢 揭 抵 掀 拜 撒 搁 掷 摊 拌 控 挪 揉 搓 执 批 援 搜	68
足	趴 跷 跟 跄 蹄 蹋 跤 踢 蹄 距 跺 趴 蹦 骤	14
日	暑 旷 晕 暇 昼 晓 晃 晦 曝 鲁	10
月	间𦨴（小篆）《说文解字》：隙也。从门从月。	1
水	浇 浸 汛 瀚 泳 泰 泻 潜 澜 滑 泊 漆 涨 浒 津 沥 漓 渺 澄 澈 涧 涕 沃 浆 滥 淤 湛 梁 渡 沸 汇 沮 漠 淌 汹 涌 澎 湃 淋 瀑 涯 萍 藻 漾 泣 溅	46
火	赤 焦 煌 烬 辉 炊 炭 炼 熠 爆 燥 熄 焰 燃 熬 蒸 焚 炊 煮	19
山	嵌 幽 岔 峨 岳 崭 屹 巍 峻 崖	10
石	礁 碌 碟 磁 矿 砖	6
田	亩 略 疆 畔 甸 畜	6
禾	稳 秀 委 稚 秽 稍 租 稠 秉	9
鸟	鹭 鹤 鸵 鸥 鹊 莺 鸦	7
虫	强 茧 蚕 蚱 蝴 蚂 虬 蚌 螺 虹 蝉 蚁 蚯 蚓 蟋 蟀	16

续表

表义功能构件	系联之字	数量/个
马	驯 驰 骏 骆 驼 闯 袤	7
土	垒 堡 塌 毁 境 域 塔 垠 坠 墩 堪 坞 垫 埃 坦 培 坪 增 基	19
草	茶 蔓 蔺 荆 蔽 落 菌 藓 葛 萌 莱 葬 芝 蓟 蘸 荐 薄 蕾 苔 蔗 蔼 茵 萍 藻 蒜 藏 蒸 蕊	28
车	辆 辇 斩 轰 轧 轴 轿	7
羊	羞	1
走	趟 赴	2
鱼	鳞 鲁	2
男	舅	1
女	嫌 婆 妨 嫂 妻 婚 嫁 嫦 娥 嫉 妒 委 嫣 姆 愧 娜 媚 懒	18
牛	牺 犊 牲	3
木	框 榨 榴 杭 柜 枚 束 梭 权 梳 权 栈 柩 榜 枕 榆 桨 桩 榕 梢 栩 某 朴 桑 樱 杖 楷 荣 桶 桅 梁 案 榴 棋 栏 棍 橡 困 棚 梯 栖 栅 标	43
心	恩 慕 懂 悉 惰 怯 悔 恳 恃 惶 怠 忍 惚 愁 怡 愈 悄 恒 忌 恰 慈 怔 恢 憎 患 恍 怨 悦 慷 慨 惧 惯 恶 怖	34
衣	袍 襄 褐 袋 袭 裳 襄 衷 裆 裙 袄 襟 裁 袖 裹 裸	16
贝	赢 贾 赋 贯 资 贡 贩 贺 贷	9
金	销 锥 钉 鉴 铲 锄 锤 镁 钗 锻 镯 铸 钩 铃 铛 键	16
竹	笋 箭 筒 筑 筛 筐 篇 簿 箸 签 筹 策 簇 笼 篷 篮 籍	17
十	协 章	2
刀	划 削 剔 刊 割 剂 剃 副 制 刑	10
自	皇皇（小篆）《说文解字》：大也。从自。自，始也。始皇者，三皇，大君也。自，读若鼻，今俗以始生子为鼻子。	1
黑	黛 熏 黯	3
见	览	1
力	勉 励 劣 抛	4
音	韵 竟 章	3
兔	冤 逸	2

续表

表义功能构件	系联之字	数量/个
片	版	1
子	孙	1
白	皎	1
又	妻 秉 祭	3
风	飕	1
雨	霹 雳 雯 雹 霉	5
大	夫 赤 奔	3
正	政	1
生	隆	1
气	氧	1
文	斑	1
皮	皱	1
林	焚	1
更	便	1
办	协	1
儿	党 兜 竟 貌	4
比	皆	1
几	凯	1
用	庸	1

注：59个表义功能构件；59个表义功能构件系联587个汉字。

（2）示音构件系联表。

示音功能构件系联汉字见表1-25。

表1-25 示音功能构件系联汉字

示音功能构件	系联之字	数量/个
牙	雅 鸦	2
回	徊	1
皮	彼 玻	2
台	胎 苔 怡	3

续表

示音功能构件	系联之字	数量/个
白	魄 泊 迫	3
羊	祥 氧 痒	3
云	耘	1
来	莱	1
我	峨 娥	2
马	码 蚂	2
力	肋	1
包	袍 咆 雹	3
几	饥	1
文	雯	1
弟	涕 梯 剃	3
音	黯	1
中	衷 肿	2
今	矜	1
当	挡 铛	2
半	绊 拌 畔	3
秋	揪 瞅 愁	3
反	版 扳 贩	3
巴	疤	1
正	怔 政	2
从	纵	1
也	驰	1
生	牲	1
用	庸	1
羊	痒	1
口	扣	1
不	胚	1
黑	嘿	1
那	娜 挪	2

续表

示音功能构件	系联之字	数量/个
工	虹 贡 缸	3
出	拙 屈	2
只	帜 识	2
八	趴	1
发	废	1
林	淋	1
朋	棚 绷	2
风	疯	1
果	裹 裸	2
以	矣 拟	2
走	陡	1
加	贺	1
是	匙	1
觉	搅	1
立	泣	1
西	栖 牺	2
空	控	1
比	毙 批	2
刀	召 叨	2
开	刑	1
方	妨 访	2
少	抄 纱	2
去	怯	1
前	箭	1
同	筒	1
师	筛	1
句	拘	1
两	辆	1
衣	哀	1

续表

示音功能构件	系联之字	数量/个
写	泻	1
了	疗 辽	2
家	嫁	1
旁	榜	1
冬	疼	1
许	浒	1
全	拴	1
明	萌	1
己	忌	1
可	呵	1
高	搞	1
下	吓	1
乌	坞	1
五	吾	1
金	锦	1
发	废	1

注：77 个示音功能构件；77 个示音功能构件系联 115 个汉字。

第二节　小学低段汉字教学材料的探究

对小学低段汉字教学材料的探究是在小学低段汉字教学材料梳理的基础上进行的。通过梳理低段 1619 个汉字材料及这些材料与中高段汉字材料的关系，我们获得了丰富的数据，例如 1619 个汉字涵盖 8 种构形模式，一年级上册的汉字与中高段的关联度达 50% 以上。这些数据使低段汉字教学材料的探究有理可依、有据可循。为了有效地指导小学低段的汉字教学实践，我们需要对这些数据作进一步的探究以确定小学低段汉字教学的内容与目标。基于此本节主要从三个方面对低段汉字教学材料进行探究：

第一,小学低段汉字学理相关知识点归纳。小学低段的汉字学理知识来源于 1619 个汉字材料。通过汉字属性的测查及汉字构形模式的归纳,总结出小学低段汉字教学所依据的汉字学理知识点。

第二,小学低段汉字教学内容的确定。首先,从低段的汉字材料出发,明确 1619 个汉字的形音义讲解即汉字教学内容。其次,从低段汉字材料与中高段汉字材料的关系出发,探究低段汉字教学材料与中高段的衔接性,明确小学低段汉字教学的重点是为中高段汉字教学甚至为整个汉字教学打下坚实基础。最后,确定讲解低段 1619 个生字所需渗透的汉字构形特点和规律。

第三,小学低段汉字教学目标的制定。小学低段汉字教学目标的制定以低段的汉字教学内容为依据。首先是小学低段汉字教学的总目标,其次是体现小学低段汉字教学层级特点的分目标。

一、小学低段汉字学理相关知识点归纳

王宁先生说:"教学的科学性,不仅仅是教法问题,更重要的是学理问题。教师在学理上的精透和丰富应当是更为重要的。"❶ 小学低段汉字教学的科学性就体现在教师是否有丰富的汉字学理知识,能否在低段教学中合理渗透汉字学理知识。汉字学理知识是语文教师进行汉字教学的重要依据,所以在进行汉字教学之前首先应明确低段的汉字学理知识点是什么,需要进行渗透的有哪些。为此我们对 1619 个汉字教学材料进行了两个方面的梳理:汉字属性的测查与整理和汉字构形模式的归纳。据此归纳出相关的学理知识点,作为确定教学内容和目标的学理依据。

(一) 汉字学基本知识

从"汉字属性的测查与整理"中,归纳的汉字学理知识点包括:汉字的起源与发展、汉字的形体发展演变过程、汉字的表意性和构形的系统

---

❶ 李节.再谈汉字教育的科学性——北京师范大学教授王宁访谈[J].语文学习,2015(3).

性。以上四点均属于汉字基本的学理知识，即汉字学基本知识。

（二）汉字构形学相关知识

从"汉字构形模式的归纳"中，归纳的汉字学理知识点包括：构件、构形、构意、构形模式。这四个知识点属于汉字构形学方面的相关知识，即汉字构形特点和规律所体现的学理知识。

二、小学低段汉字教学内容的确定

小学低段汉字教学的内容来源于对汉字教学材料的梳理。故依据对1619个汉字教学材料的汉字属性分析、构形模式分类以及汉字学理知识点的归纳结果，小学低段汉字教学的内容主要包括两部分：一是低段1619个汉字；二是低段1619个汉字所涉及的汉字学理知识。

（一）小学低段1619个汉字

通过对统编小学语文一、二年级识字表与写字表所列2200生字进行去重处理，得到小学低段的实际生字量为1619个，故小学低段汉字教学的内容就是1619个汉字的讲解。具体"讲什么"来源于1619个汉字的材料梳理。梳理结果包含两方面：一方面为低段汉字材料本身的层级性特点，另一方面为低段汉字材料与中高段汉字的衔接性特点。故教学内容也从这两方面来确定。

从低段汉字材料本身的层级性特点出发，我们已经确定"传承式全功能零合成字""会义合成字""义音合成字"为教学的主要内容。"近取诸身，远取诸物"是古人造字的基本方法，传承式全功能零合成字是由古文字的独体象形字演变而来，这些独体象形字来源于生活最常见的事物，所以传承式全功能零合成字与日常生活紧密相连，象形性鲜明，构意明显，结构简单。再结合低段学生的思维特点和学情，传承式全功能零合成字相较于会义合成字和义音合成字而言更容易理解，更适合作为零起点汉字教学的重点。再者，低段的传承式全功能零合成字有 144 个，相较中段的 51 个[1]高段的 14 个[2]，数量最多。从汉字教学的量变角度来看，传承式全功能零合成字在小学低段的教学效果更佳。故确定 144 个传承式全功能零合成字是小学低段的教学重点。

把小学低段汉字材料与小学中段汉字数学材料从其衔接性方面进行考量，通过对小学低段汉字材料与小学中高学段汉字材料的比较，将不重复计算的一年级上册的 299 个生字分为充当表义功能构件和示音功能构件与中高段汉字字形进行关联，发现表义构件系联的汉字量更多，关联度更高。56 个表义构件可关联 1012 个中段汉字，这 56 个表义构件有 39 个在低段是以"传承式全功能零合成字"出现的；59 个示音构件可关联 587 个高段汉字，这 59 个示音构件有 47 个在低段是以"传承式全功能零合成字"出现的。由此可见，这些传承式全功能零合成字充当表义功能构件时构字能力很强，所体现出汉字的系统性也很强。故在小学低段要把传承式全功能零合成字作为重要的教学内容，为中高段的全功能零合成字的深度学习奠定基础，为理解其他构形模式的构意提供帮助。换句话说，低段传承式全功能零合成字的教学要为中高段深化汉字表意性的感受、了解汉字构形的系统性打下坚实的基础。

综上所述，依据低段汉字本身的层级性和与中高段汉字的衔接性，我们将低段的汉字教学的重点确定为 144 个传承式全功能零合成字及相关表意性、系统性特征。

（二）讲解 1619 个生字所需渗透的汉字学理知识

虽然我们归纳出了汉字教学所依据的汉字学理知识点，但具体在教学中要渗透哪些汉字学理知识，还应结合低段的汉字教学内容和低段学生的心理认知特点进行分析。汉字学理知识包括两类，第一类是汉字学基本知

---

[1] 杜汶宣.渗透汉字学理知识于小学中段的汉字教学实践[D].晋中:太原师范学院,2020.
[2] 杜汶宣.渗透汉字学理知识于小学中段的汉字教学实践[D].晋中:太原师范学院,2020.

识，所需要渗透的具体的学理知识如下。

（1）汉字的起源。这个学理知识点主要通过观察甲骨文字形与实物在形象上的相似性，说明古人通过描绘事物特征来造字，让学生明白汉字起源于图画。

（2）汉字的形体发展演变过程。通过图片展示同一汉字的不同字体，让学生感受汉字形体的变化，感受汉字历史的悠久，知道汉字有不同的字体即可。

（3）汉字的表意性。小学低段要充分利用传承式全功能零合成字古文形的形象性特点进行教学，以增强学生对汉字构形表意性的感受和理解。

（4）汉字构形的系统性。汉字系统性的讲解对学生识字量有要求，学生在学习一年级上册汉字时识字量并不多，不适宜在此阶段去渗透汉字的系统性。我们选择从一年级下册开始，利用全功能零合成字可充当其他构形模式的构件这一特点去带动其他汉字的学习，让学生在此过程中初步感受汉字的系统性。

第二类是汉字构形学相关知识，所需要渗透的具体的学理知识如下：

（1）构件。低段的汉字教学需明确表义构件和示音构件的功能不同。例如，义音合成字中的表义构件表示类别义，而示音构件的作用是提示读音。

（2）构形与构意。教学上明确汉字构形反映构意和汉字构形可拆分。"汉字构形反映构意"是指汉字形体总是携带着可供分析的意义信息，通过分析汉字的形体可以去解释字义，加深对字义的理解。"汉字构形可拆分"在教学上主要让学生感受全功能零合成字是独体字不可拆分，而义音合成字和会义合成字是合体字可拆分。

（3）不同的汉字构形模式及其特点。要明确小学低段汉字教学的重点是全功能零合成字、会义合成字、义音合成字及其特点。在讲解中要把握三种构形模式自身的特点及其与其他两类构形模式的区别。这三类构形模式在汉字构形模式的细化分类中进行了详细说明，在此处进行归纳：

传承式全功能零合成字是"由古文字的独体象形字（还有一些是指事字）直接演变而来"❶。象形性鲜明，此外还可充当其他构形模式的构件。

---

❶ 王宁.汉字构形学导论[M].北京:商务印书馆,2016:134.

在教学时可充分利用传承式全功能零合成字的古文字形,多采用形象性强的教学方法让学生感受汉字形体和字义之间的联系,充分感受汉字的表意性。

会义合成字是"用两个以上的表义构件组合在一起,表示一个新的意义。会义合成字的构意,是由表义构件所提供的诸多意义信息共同表示的"。❶ 教学上要利用全功能零合成字的构意基础去理解会义合成字的组合表意。

义音合成字是"用表义构件与示音构件组合。它以表义构件来体现义类,又以示音构件来提示语音,形成了同类字以音别,近音字以义别的格局"❷。义音合成字的表意性体现在以类别表意方面,区别于全功能零合成字通过所表现具体事物形象的直接表意方式,也不同于会义合成字通过构件组合之间的关系进行表意。对于义音合成字的系统性主要让学生感受相同表义构件的义音合成字之间的关联。义音合成字表义构件系联汉字见表1-26,义音合成字示意构件系联汉字见表1-27。

表1-26 义音合成字表义构件系联汉字

表义功能构件	系联之汉字	数量/个	总计/个
土	地 块 场 坡 壁 塘 坏 疆 境 城 堵 堤 堆 填 塔 堂 坪 堡 坦 坊 坑 垃 圾 垮 坟	25	1002
亻	你 们 什 候 住 做 伙 伴 低 偏 像 停 伸 仔 傻 傍 化 倒 修 依 份 仗 健 似 假 借 俩 但 偷 何 伟 使 传 伯 仿 佛 任 值	38	
立	站 端 竭	3	
艹	花 草 莲 苹 蓝 芽 落 节 藏 茶 萍 荷 萤 苦 葡 萄 荡 著 葫 芦 藤 幕 慕 墓 苍 茫 莺 苗 蒙 莹 蔗 菜 葱 营 荣 艾 菊 菠 茄 蘑 菇 蒸 荫 蔽 药 茸 茵 荫 蔷 薇 茂	51	

---

❶ 王宁.汉字构形学导论[M].北京:商务印书馆,2016:134.
❷ 王宁.汉字构形学导论[M].北京:商务印书馆,2016:134.

续表

表义功能构件	系联之汉字	数量/个	总计/个
女	妈 妹 奶 娃 姐 找 姓 她 娘 姨 嫩 妙 始 妆 姑 嫩 婶	17	
手（扌）	打 把 挂 护 接 捉 招 排 据 提 挑 操 拔 拍 摇 搬 抗 扔 摘 捧 抱 掉 拦 拨 擦 捕 披 指 挥 搭 抬 扫 抄 担 抽 托 柴 扑 扯 抗 捡 拌 扎 挤 抖 拥 挨 抓 拂 掩 探 握 挖 挥 扶 拾 损 拉 撑 拼 插 撞 控 抢 摆 挡 技 换 挺 播 撒 挪 挣 抹 拖 掏	76	
木	棋 桌 杏 桃 校 李 相 村 样 棵 架 杨 柔 机 朵 棍 椅 检 查 棉 梳 极 植 梧 桐 枫 松 柏 桦 杉 桂 柱 杆 板 标 梯 楼 梨 棚 枝 枯 根 梁 模 椰 柳 杜 格 株 案 枪 橡 板 渠 杯 梅 柿	57	
宀	字 害 定 宽 察 完 客 赛 宿 寄 宵 寓 审 室 寂 寞	16	1002
言（讠）	词 语 说 课 谁 诗 许 请 让 诉 该 讲 识 记 议 论 认 评 调 谢 试 训 询 谊 诲 辩 诊	27	
口	句 台 可 听 吗 吧 呀 吃 叫 喊 呼 嘴 圆 唱 呢 响 哪 吵 吐 啦 咕 咚 吓 咬 园 哄 吸 围 味 喝 吼 哇 喘 哎 哟 嗓 嚷 圈 咏 啊 咨 嘛 售 喷 叮 咛 叼 哈 嘻 唉 啼 含 固 哨 咦 哦	56	
丝（纟）	纸 红 给 绿 纯 绳 细 织 经 结 纷 线 级 绕 约 纱 缝 继 续 终 纳 练 绦 绚 纹 统 绵 编 纺 绒 纪	32	
攵	数 放 故 散 教 收 敬 救 改 致 效 敏	12	
禾	秋 和 种 稻 季 称 秤 秀 科 秧 移 程 稠 稀 积 秩 稼	17	
白	的	1	
舟	船 艘 舰 航 舱	5	
一	两 在	2	
水（氵）	江 没 海 活 洞 游 池 清 温 河 浇 洒 泡 浮 沉 汽 潮 湿 消 汤 洗 注 满 治 澡 滴 溪 淹 滩 深 洋 润 汗 沙 泥 滚 滑 瀑 湖 沟 淡 沿 渴 洪 泼 渔 淘 添 渐 浑 淋 激 漠 派 漂 漏 泞 汁 泛 波 演 涌 浓 湾 津 溜 渡 泡 浅 泊 浴 灌 泳 滋 源 涨	76	

续表

表义功能构件	系联之汉字	数量/个	总计/个
青	青 静	2	
虫	蛙 虹 蜻 蜓 蚂 蚁 蜘 蛛 蚊 蝴 蝶 蚜 蜜 蜂 蛇 触 螺 蝉 蜈 蚣	20	
走（辶）	远 近 起 进 趣 运 迷 造 迁 迹 透 迟 通 遍 追 逃 赶 迎 越 遥 趁 趟 遮 递 选 逗 逮	27	
肉（月）	有 服 望 胆 脖 臂 腿 脚 朝 膀 腰 背 脸 胖 脑 胡 期 胜 朗 腊 脱 腻 脆 股 脾 腾	26	
犬（犭）	猫 狗 猴 猜 猛 狐 狸 狂 猪 猥 狠	11	
鸟	鸭 鸦 鹰 鹃 鹏	5	
欠	歌 欲	2	
日	晚 昨 时 晴 暖 暑 晨 晒 景 暗 旺 曾 响 晓 映	15	
彡	影 彩 形	3	
刀（刂）	前 到 刚 刷 刺 割 削 刮 剩 剧 荆 判 列 刻	14	
穴	空 窝 窗 窟 窿 窄 宇 宙 究 审	10	
门	问 闷	2	1002
邑（阝）	那 院 降 都 邻 阿 部 限 陡 防 邮 隔 郎 邦 郁 陀	16	
目	睡 睛 眼 盯 瞧 睁	6	
亠	亮 离 哀 裹 亭 充	6	
见	觉 览	2	
彳	得 很 往 微 衔 德 街 彼 律 待	10	
心（忄）	快 情 怕 忙 性 怪 慢 恢 惊 悄 恨 懊 懂 悔 悦 慌 愣 怜 愉 忆	20	
竹	笑 篮 第 管 笨 答 笼 简 符 筑 竿 簸 箕 箭	14	
又	叔	1	
羊	群 羞	2	
子	孩 孤	2	
王（玉）	玩 球 珠 现 琴 理 珍 玻 璃	9	
爪	爬 受 爪	3	
雨	霜 霞 露 雾 需	5	

续表

表义功能构件	系联之汉字	数量/个	总计/个
弓	张 弹	2	
金（钅）	钱 铅 镜 铃 锻 钟 铜 银 锦 锅 钢 铁 钉 铺 错 锋 铺 销 饼 钻 钩 铲	22	
疒	病 疼 疲 痛	4	
冫	净 冻 凉 次 决 准 冲	7	
心	忘 想 急 忽 怎 思 念 息 您 感 志 恐 悬 愿 慈 忠	16	
戈	战 戴 截	3	
巾	常 帽 帆 幅 布 帕 帮	7	
卩	却 即	2	
页	颜 颗 领 顶 额 顽 题 颈	8	
车	辆 轻 转 轿 轮 软	6	
足	跟 跳 跑 踢 踪 蹦 踩 路 踏 跨 蹲	11	
力	勇 勃 务 劲 助	5	
米	粽 粮 粗 粒 粉 粘 籽 糕 糖 精 糙	11	
广	座 底 度 康 庐 魔 腐 磨 店 序	10	1002
火（灬）	照 热 熊 然 熟 熬 煎 煮 焦	9	
衤	裙 裤 补 被 衬 衫 袄 袜	8	
食	食 饭 餐 饲 饰 饺 饮 馆	8	
酉	酷 酸 酪 醉 酱 醒	6	
火	炼 炮 灰 炸 灯 炉 烟 炒 烫 烧 烤 爆 炖 烦 烂 熔 炬 灿	18	
革	鞭 鞋	2	
身	躺 躲 射	3	
尸	展 屋 屁 屎	4	
羽	翅 扇 翠 翔	4	
斤	新 所	2	
牛	物 特	2	
瓜	瓢 瓣	2	
石	碧 砍 硬 碗 破 确 碰 研	8	

续表

表义功能构件	系联之汉字	数量/个	总计/个
户	房	1	1002
皿	盆 盛 盒 盏	4	
衣	袋 装 裁 裂	4	
大	奔 奖	2	
寸	耐 将 寺	3	
隹	雄	1	
厂	雁 厅 厨 厢 厦 厕	6	
糸	紫 繁	2	
贝	员 货 贴 赏 财 赚 赔 贫 费 贪	11	
示	神 福 礼 视 祖	5	
山	岛 岸 崖 峰 峡 岭 密	7	
十	华 卖	2	
田	留 界	2	
马	驶 骆 驼 骏 骗 骑 驾 驭 驮	9	
刀	切 剪	2	
毛	毯 毽	2	
耳	耸 聊 耷	3	
工	巧 攻 功 式	4	

注：87个表义功能构件；87个表义功能构件系联1002个汉字。

表1-27 义音合成字示音构件系联汉字

示音功能构件	一年级上册	一年级下册	二年级上册	二年级下册	数量/个	总计/个
艮	很	眼	根 恨 银 限 即	狠	8	511
令		邻 铃 领	领 邻	龄 怜	7	
圭	蛙 娃 挂		鞋 哇 街 崖		7	
隹	谁	准	鹰	售 焦 截	6	
少		吵	妙 沙 纱 抄 炒		6	
工	江 红 空	虹 扛		攻	6	
方	放		防 旁	坊 仿 愣	6	

续表

示音功能构件	一年级上册	一年级下册	二年级上册	二年级下册	数量/个	总计/个
占	站 点		粘 站 战		5	
皮		坡	彼 破	玻 籔	5	
肖		消	削 悄	销 哨	5	
分		掰 盆	粉	贫	4	
者		暑	著 堵	煮	4	
尚		躺	趟	堂 赏	4	
包		抱 饱 泡 炮			4	
戋		钱	线	浅 盏	4	
争		净 静		挣 睁	4	
兆	桃	跳 挑 逃			4	
土		肚 吐	寺	杜	4	
良		粮 娘		郎	4	
己			记 改 起	纪	4	
莫			墓 模 漠	寞	4	
麻			摩	嘛 魔 磨	4	511
果	课	棵 颗		裹	4	
乍		昨	怎	炸	窄	4	
每		海		敏 悔 诲	4	
交		校	咬	饺 郊	4	
其		棋 旗	期	箕	4	
寸		时	耐 守 衬		4	
参		参	趁	珍 诊	4	
元		远 玩	顽 完		4	
斤		近 听	所	折	4	
牙		鸦 芽		蚜 呀	4	
巴		爸 吧 爬			3	
青			睛 蜻	猜	3	
半			胖	拌	判	3	
仓				抢 枪 舱	3	

082

续表

示音功能构件	一年级上册	一年级下册	二年级上册	二年级下册	数量/个	总计/个
各			骆酪路		3	
合	给			拾盒	3	
旦		胆查		坦	3	
亢			抗	航坑	3	
甫		勇通		涌	3	
扁		偏遍	骗		3	
今		念	琴	贪	3	
尧		浇	绕	晓	3	
是		提		题堤	3	
辟		臂壁		譬	3	
支		翅	枝	技	3	
相		霜想	厢		3	
票		飘瓢	漂		3	
去		却	法却		3	
舌	活	甜	刮		3	511
奇		椅		寄骑	3	
佥		检脸	捡		3	
乃	奶	扔	秀		3	
帛		棉	锦	绵	3	
冬		咚	疼终		3	
官			管	管馆	3	
并			瓶	拼饼	3	
胡			蝴湖葫		3	
昔			错腊借		3	
它			蛇驼	陀	3	
由			抽	油宙	3	
弗				拂费佛	3	
至		到		致室	3	
平		苹	评	坪	3	

续表

示音功能构件	一年级上册	一年级下册	二年级上册	二年级下册	数量/个	总计/个
予		野		舒 序	3	
马	吗	蚂		闯	3	
寺		诗	特	待	3	
兑		说		脱 悦	3	
丁	打 成			亭	3	
也	地 他	她			3	
中			冲	忠	2	
古		咕		固	2	
白			帕	泊	2	
干		赶		竿	2	
告		酷	靠		2	
可			阿 何		2	
专		转		传	2	
王		望	狂		2	
昜		杨 汤			2	
巠		轻		颈	2	511
户		护	庐 芦		2	
相		想		厢	2	
羊			翔 洋		2	
丁			钉 厅		2	
欠			砍	软	2	
台		治	抬		2	
及			吸	圾	2	
公				瓮 蚣	2	
彡			衫	须	2	
军			挥	挥	2	
曷				喝 竭	2	
冈		刚		钢	2	
禺		遇		寓	2	

续表

示音功能构件	一年级上册	一年级下册	二年级上册	二年级下册	数量/个	总计/个
屯		纯		炖	2	
东		冻	练		2	
亡		忘 忙			2	
亥	孩	该			2	
两		辆	俩		2	
加		架		驾	2	
勿		忽 物			2	
咸		喊	感		2	
呙		窝	锅		2	
瓜		孤	狐		2	
黾		绳	耕		2	
求		球	救		2	
象		像		橡	2	
耑		端	喘		2	
宗		粽 踪			2	511
居		据		剧	2	
西		洒	晒		2	
竟		镜	境		2	
君	群	裙			2	
孛		脖		勃	2	
廷		蜓		挺	2	
义		蚁	议		2	
员		圆		损	2	
叚		霞	假		2	
喿		操 澡			2	
亦		迹	迹		2	
反		饭	板		2	
朱		珠		株	2	
䍃		摇	遥		2	

续表

示音功能构件	一年级上册	一年级下册	二年级上册	二年级下册	数量/个	总计/个
申		伸		审	2	
向		响		晌	2	
虫		萤		触	2	
那		哪		挪	2	
先		洗		选	2	
商		摘	滴		2	
见		现		视	2	
兰		拦		烂	2	
啬		墙		蔷	2	
卓		掉		罩	2	
唐			塘	糖	2	
甫			捕 铺		2	
卒			翠	醉	2	
立			粒	垃	2	
匋			萄 淘		2	511
此			紫 柴		2	
里			狸	理	2	
夋			酸 骏		2	
贝			员	则	2	
单			弹	蝉	2	
失			铁	秩	2	
汤			荡 烫		2	
卜			补 扑		2	
暴			瀑	爆	2	
耳			闻	茸	2	
开			形	研	2	
韦			围 伟		2	
鸟			岛	莺	2	
勺			约	的	2	

续表

示音功能构件	一年级上册	一年级下册	二年级上册	二年级下册	数量/个	总计/个
勾			沟	购	2	
荅			搭	塔	2	
炎			淡	毯	2	
句	狗		够		2	
周			调	稠	2	
更			硬 便		2	
宓			蜜	密	2	
夆			蜂	峰	2	
畐			福 幅		2	
建			健	毽	2	
斗			科 抖		2	
丂			考	巧	2	
广		灰 布			2	
巩			恐	筑	2	
式			试	试	2	511
俞			偷	愉	2	
矣			挨	唉	2	
舟			受 盘		2	
央			秧	映	2	
永				咏 泳	2	
旬				绚 询	2	
夫				扶 规	2	
宁				泞 咛	2	
辡				瓣 辨	2	
熒				营 荣	2	
聿				津 律	2	
阴				荫 荫	2	
卑				脾 牌	2	
大				驮 奔	2	

续表

示音功能构件	一年级上册	一年级下册	二年级上册	二年级下册	数量/个	总计/个
末				袜 抹	2	
主	住	注			2	
化	花		货		2	
子	字	仔			2	
夬	快	决			2	
且	姐		粗		2	
吾	语		梧		2	511
未	妹		味		2	
采	彩		踩		2	
十	什			汁	2	
夭	笑			袄	2	
司	词			饲	2	
勹	句				1	

综上，小学低段的汉字教学要以汉字学理知识为指导，但不去讲汉字学理知识是什么，主要以"渗透"的方式为主，强调利用汉字现象去增加学生对学理的感受。

三、小学低段汉字教学目标的制定

教学目标是关于教学将使学生发生何种变化的明确表述，是指在教学活动中所期待得到的学生的学习结果。在教学过程中，教学目标起着十分重要的作用。小学低段的汉字教学实践需以教学目标为导向，且始终围绕实现教学目标而进行。

（一）小学低段汉字教学的总目标

小学汉字教学是一个完整、连续的教学过程，小学低段是其重要组成部分，所以小学低段汉字教学的目标与小学汉字教学的总目标是一致的。

王宁在《汉字教学的原理与各类教学方法的科学运用（上）》一文中，明确地阐述了小学汉字教学的目标，内容如下：

（1）积累一定数量的汉字，达到形音义全面把握；

（2）在符合汉字表意性、构形系统性的教学方法强化下，产生掌握汉字的科学方法，以达到不教而终身识字；

（3）在对汉字有正确认识的前提下，强化民族文化意识，增进爱国主义情操。[1]

（二）小学低段汉字教学的分目标

在《课标》中对小学第一学段（即低段）识字教学的目标进行了阐述，这也是我们制定小学低段汉字教学目标的依据。《课标》中提到第一学段的学生要"喜欢学习汉字，有主动识字、写字的愿望。认识常用汉字1600个左右，其中800个左右会写"，"掌握汉字的基本笔画和常用的偏旁部首"，"学习独立识字"。[2]

依据小学低段汉字教学的总目标、《课标》要求，结合对小学低段汉字教学内容的梳理，我们将小学低段汉字教学的分目标设定为：

（1）正确掌握1619个汉字的形音义；

（2）通过144个传承式全功能零合成字的学习，感受汉字的表意性质；

（3）通过全功能零合成字在本阶段"会义合成字"及"义音合成字"充当表义功能构件内容的学习，初步体会汉字构形的系统性。

---

[1] 王宁.汉字教学的原理与各类教学方法的科学运用(上)[J].课程·教材·教法,1962(10).

[2] 中华人民共和国教育部.义务教育语文课程标准(2022年版)[S].北京:北京师范大学出版社,2022:7.

第三节 小学低段汉字教学的实践与策略

汉字是一门独立的学科，有其内在的特点与规律。本章将在前几章内容的基础之上，提炼渗透汉字学理知识于小学低段汉字教学的理论原则，使小学低段的汉字教学能够符合汉字学科的规律和特点，在渗透汉字学理知识于小学低段的实际汉字教学过程中充分体现汉字教学的科学性，据此提出渗透汉字学理知识于小学低段汉字教学的策略。

一、小学低段汉字教学实践的理论原则

由于汉字是小学语文教学的重要内容，且具有自己鲜明的特点，因此其教学必然需要有符合汉字特点的教学理论和教学原则。

（一）小学低段汉字教学实践的总体原则

渗透汉字学理知识于小学低段汉字教学实践的总体原则是汉字教学的总纲，是所有汉字教学不可违背的原则，是体现汉字教学科学性所必须遵循的总体要求。

1. 小学低段汉字教学必须以汉字学理论为指导

我们从对一线教师访谈和课堂教学实录反映的情况中，可以了解到小学低段汉字教学在渗透汉字学理知识方面的一些情况，从中可以归纳出小学低段汉字教学在渗透汉字学理知识方面存在的较为普遍的问题是讲错字理或自己随意编造字理，这种讲解汉字的方式是违背汉字学理的，是不符合汉字规律的。之所以会产生这样的现象，是因为教师汉字学理知识不丰富、不精透。渗透汉字学理知识于小学低段的汉字教学，首要条件是教师要有丰富精透的汉字学理论知识。只有如此，才能运用汉字学理论指导汉字教学，依据汉字规律科学地讲解汉字。

王宁先生在《汉字教学的原理与各类教学方法的科学运用》一文中详细阐述了如何依据汉字构形规律科学讲解字理的方法，这是汉字教学必须遵循的普遍原则，同样是渗透汉字学理知识于小学低段汉字教学的总原则。

（1）不可讲错构件的形音义。汉字是由构件组合而成的，每一个组成字的成字构件，都已有确立的形音义，讲错了构件的形音义，就会使整个字的讲解发生错误。

（2）不可曲解构件体现构意的功能。汉字的构件在进入构字后，就具有了或表形或示音或表义或区别标示的功能，解释汉字必须依据它们的功能。讲错了或曲解了构件的功能，就会使整个字的讲解发生错误。

（3）不要把层次结构讲成平面结构。由基础元素组构成汉字，大部分是依层次逐级组构的，构意是逐级生成的。小部分是一次性平面组构的，以集合的方式产生构意。在讲解汉字时，既不能把层次结构讲成平面结构，也不能把平面结构讲成层次结构，否则就会发生错误，而人们常犯的错误是不懂得汉字构意依层次生成的道理，见一个构件讲一个构件。

（4）对黏合、省简、变形、错讹而变得无理据的字不可乱编理据。

（5）用汉字构形系统成批或类推讲解汉字构意时，要进行有理归纳，不可仅因形体相同而认同。汉字构形是成系统的，现代汉字90%以上是形声字，讲解汉字可以利用形声字的声符系统和义符系统通过归纳和演绎成批地进行。[1]

王宁先生指出："科学的汉字讲解，就是要在不违背汉字构形规律和演变规律的前提下，对构意直接明确的字加以准确讲解；或对需要经过推源再来讲解的汉字，推源后再来讲解。在讲解个体汉字时，要把它放到汉字构形系统中去，找到它应有的位置再来讲解，以免讲了一个，乱了一片。"[2] 根据上述原则，渗透汉字学理知识于小学低段1619个生字的讲解中，具体可分为以下三种情况。

---

[1] 王宁.汉字教学的原理与各类教学方法的科学运用（下）[J].课程·教材·教法，2002(10).

[2] 王宁.汉字教学的原理与各类教学方法的科学运用（下）[J].课程·教材·教法，2002(10).

第一种情况是构意直接明确的字准确地讲。构意是指"汉字的形体总是携带着可供分析的意义信息"。❶ 构意"直接明确"是指可以直接分析造字意图。小学低段1619个生字一共涵盖8种构形模式，其中义音合成字、会义合成字、标义合成字中的构件构意直接明确，是可以直接通过渗透学理知识讲解汉字的形音义的。这种构意直接明确的汉字在小学低段1619生字中共有1269个，见表1-28。

表1-28　小学低段1619个生字中构意明确汉字（共计1269个）

类型	汉字	数量/个
义音合成字	地 你 他 站 花 爸 妈 打 棋 字 词 语 句 桌 纸 数 妹 奶 台 草 秋 的 船 两 在 江 可 莲 说 青 蛙 远 有 近 听 猫 鸭 苹 杏 桃 课 校 旗 红 歌 起 晚 昨 影 前 狗 谁 短 把 诗 给 们 成 彩 空 问 到 没 绿 那 睡 海 吗 什 亮 时 候 觉 得 很 服 快 蓝 笑 和 娃 挂 活 姐 叔 群 参 洞 鸦 找 许 放 进 住 孩 玩 吧 芽 爬 呀 院 霜 落 降 飘 游 池 姓 李 张 钱 清 晴 眼 睛 护 害 情 请 让 病 相 怕 纯 净 冻 吃 忘 村 叫 战 江 住 没 想 诉 常 壮 接 做 种 样 伙 伴 却 趣 忙 甜 温 暖 该 颜 辆 匹 铅 棵 架 块 捉 急 河 跟 忽 喊 窝 孤 种 都 邻 招 呼 静 跳 怎 绳 讲 球 排 篮 运 思 疑 望 低 故 胆 往 勇 窗 偏 散 像 微 端 粽 节 据 念 虹 座 浇 提 洒 挑 镜 照 裙 鼻 嘴 脖 臂 腿 脚 蜻 蜓 迷 藏 造 蚂 蚁 食 粮 蜘 蛛 圆 酷 暑 凉 晨 细 朝 霞 杨 语 操 场 拔 拍 跑 踢 铃 热 锻 炼 性 教 迁 饭 饱 茶 泡 轻 鞭 炮 踪 迹 浮 萍 柔 荷 露 珠 摇 躺 停 机 展 透 翅 膀 唱 朵 腰 坡 沉 伸 潮 湿 呢 闷 消 息 搬 响 棍 汤 扇 椅 萤 织 次 哪 新 她 仔 检 查 所 钟 迟 洗 背 刚 汽 决 定 经 物 虎 熊 通 注 遍 脸 准 第 猴 结 掰 扛 满 扔 摘 捧 抱 蹦 追 吵 胖 棉 娘 治 然 颗 瓢 碧 吐 啦 咕 咚 熟 掉 吓 逃 野 拦 领 壁 蚊 咬 您 拨 赶 房 傻 转 擦 刷 澡 梳 盆 现 塘 脑 袋 灰 捕 迎 阿 姨 宽 顶 披 晒 极 傍 管 越 滴 溪 奔 坏 淹 毁 屋 猜 植 靠 纷 刺 底 炸 离 察 识 粗 得 帽 鞋 裤 指 滩 艘 舰 帆 稻 园 翠 铜 梧 桐 枫 松 柏 装 桦 耐 疆 银 杉 化 桂 记 锦 雄 鹰 翔 雁 深 猛 季 蝴	1065

---

❶ 王宁.汉字构形学导论[M].北京:商务印书馆,2016:134.

续表

类型	汉字	数量/个
义音合成字	蝶 嫩 戴 粒 苦 洋 葡 萄 紫 狐 狸 笨 酸 称 员 柱 议 论 杆 秤 砍 倒 割 线 级 挥 粉 板 妙 瓶 盛 标 补 认 幅 评 奖 削 锅 刮 胡 灯 修 完 期 哄 润 吸 粘 汗 额 沙 弹 钢 琴 泥 滚 铁 荡 滑 梯 楼 依 欲 瀑 布 炉 烟 遥 景 部 秀 神 著 形 状 湖 绕 围 胜 岛 华 约 纱 境 客 沟 梨 份 搭 棚 淡 够 收 城 留 钉 味 枝 铺 调 硬 限 沿 答 渴 喝 错 抬 堵 缝 朗 衔 枯 趁 将 腊 狂 吼 哀 葫 芦 藤 谢 哇 蚜 盯 赛 感 怪 慢 锋 蜜 蜂 幕 扫 慕 墓 抄 炒 洪 蛇 继 续 被 耕 恢 德 担 志 抽 陡 仗 疼 根 敬 泼 度 敲 驶 踩 铺 盛 碗 福 健 康 轿 救 摩 托 防 渔 货 科 考 宿 寺 恐 惊 似 庐 笼 苍 茫 雾 淘 顽 暗 岸 街 梁 躲 切 悄 试 衬 衫 彼 模 喘 哎 哟 帕 添 柴 旺 渐 奔 冲 烫 终 浑 淋 激 椰 漠 骆 驼 骏 悬 崖 假 威 扑 扯 嗓 派 抗 趟 猪 纳 受 骗 借 捡 酪 俩 始 拌 帮 嚷 瞧 轮 剩 整 扎 但 偷 破 何 挤 抖 伟 改 秧 拥 挨 路 特 冠 漂 恨 训 练 嚷 抓 冲 圈 即 使 简 厅 厨 厢 厦 莺 拂 堤 柳 醉 咏 妆 绦 裁 剪 脱 袄 羞 姑 遮 掩 探 嫩 符 触 杜 鹃 邮 递 裹 寄 堆 破 漏 懊 啊 狠 绚 籽 礼 龄 格 握 致 勃 挖 选 苗 移 挥 填 扶 亭 咨 询 剧 管 理 塔 餐 厅 曾 蒙 汀 踏 荆 瓣 莹 需 糕 特 嘛 粉 糖 蔗 汁 菜 熬 销 售 确 效 泛 波 纹 葱 软 毯 异 株 拾 骑 跨 程 魔 筑 演 营 务 判 饲 涌 峰 耸 华 隔 峡 谊 浓 繁 荣 湾 传 统 贴 宵 艾 堂 巧 郎 饼 赏 菊 漂 珍 饰 损 财 赚 赔 够 贫 菠 煎 腐 烧 茄 烤 煮 爆 炖 蘑 菇 蒸 饺 炸 酱 津 溜 辣 喷 腻 绵 脆 邦 盒 聊 坪 郁 精 叮 咛 拉 渡 荫 蔽 撑 拼 懂 案 堡 插 狠 补 充 攻 驾 驳 药 记 屁 股 泡 茸 醒 费 列 屎 撞 贪 脾 婶 劲 陀 螺 键 瓮 枪 橡 控 坦 板 寓 焦 疲 截 钻 叼 坊 悔 哈 审 视 响 抢 嘻 悦 烯 室 摆 驮 磨 坊 挡 伯 浅 刻 唉 啼 愿 厕 厦 窟 隆 窄 晓 慈 映 鹏 含 岭 泊 蝉 辩 忠 盏 碰 稠 稀 渠 积 助 航 宇 宙 固 杯 饮 舱 题 浴 密 馆 览 研 究 哨 诊 技 牵 咦 竿 舞 痛 烦 店 蹲 寂 寞 罩 编 换 颈 袜 蜈 蚣 卖 烂 牌 坑 挺 舒 播 撒 茵 灌 缺 泳 愣 怜 挪 仿 佛 任 纺 竭 律 待 挣 偷 绒 抹 拖 簸 箕 玻 璃 垃 圾 祖 荫 掏 逗 蔷 薇 逮 忆 纪 功 譬 糙 敏 式 睁 秩 序 哦 界 射 值 熔 箭 裂 窜 稼 滋 茂 腾 钩 铲 梅 柿 源 涨 炬 灿 垮 作 保 告	

续表

类型	汉字	数量/个
会义合成字	坐家是走叶里看闪采北尖夏就男反色多包 笔明尘从众双林森国美后左右好友比尾最 公串以半同穿哥步加法全医画开吹吴古孙 周官相喜阴阵冰席安各阳道香行死信居连 床光外原间分知拿闹体初幼流晶具丢些元 意别奇命墙断皂平泉鼓如旅套登针军号守 牢雀灵休苗肥谷量合报封肩鲜紧蛋等穷名 省仙位央利昌话弄号灾扁伍料容祝危甚制 冒寻便折哭算突败凶般窑帘另解局宝顺棘 觅算劳舍建与族祭骨品般轰赞昏尿则筋此 班既竟绝鸣闯件博竖集昆规寻蛋须炎	196
标义合成字	天少本太玉甘百夫	8

　　第二种情况是构意不直接、不明确的字，需要通过推源使构意直接明确后再进行讲解。汉字的历史悠久，在其发展过程中，字形因黏合省简变形错讹，或因汉字由古文字的象形性演变为今文字的符号性，都会导致汉字变得构意不直接、不明确，这就需要通过溯源其古文字形，恢复其形义关系后再进行汉字学理知识的讲解。全功能零合成字、形义合成字以及形音合成字的构件有表形功能，需通过推源感受其构意。义记合成字和音记合成字中有记号构件，记号构件只有构形功能，不经溯源无法解释，也需通过推源才能恢复其构意。此外，无理据字从现代楷书字形中已无法分析构形理据，也必须溯源其古文字形后才能进行渗透汉字学理知识的讲解。在小学低段1619个生字中形义通过推源后讲解汉字的形义关系的字共计329个，见表1-29。

表1-29　小学低段1619生字中通过推源讲解的汉字（共计329个）

类型		推源讲解的汉字	数量/个
零合成字	传承式全功能零合成字	人我四五口耳手目日月水火山田禾云雨 鸟虫六八九马土不子文白小儿车羊也气 了片大飞南鱼西女来黄牛刀力木心升么 午它巴长伞兔要方自己衣又弟竹牙几鸟	139

续表

类型		推源讲解的汉字	数量/个
零合成字	传承式全功能零合成字	高久回工厂生入王互电井毛主士面京门广非册身羽米豆肉夕之能首角斗丁已瓜弓燕干鹿象巾龟壶辛止术丑川其巨且龙辰乎而穴齐民舟甲易卤母克页户二三七十上下	139
	黏合式零合成字	音去中立今年出真才金氏事言令再直千善共离重及并尤童市乘朱至州商免亡垂永必世	37
	不确定式零合成字	乐关无书业东贝为发丽夹乡亲兴严习专卫农产丝幸	22
形义合成字		足石正只果向因器鬼朵网交束引	14
形音合成字		星点	2
音记合成字		旁每养丛艰毕	6
义记合成字		对鸡学皮雪树会头见春弯冬还边早黑老师处办变赵欢动雷观过送支独戏夜举敢乱带眉寒贵牵舌图孔队麦桑曹奋团先闭环层区隐卧际劝复伤难退敌累盘邓坛迈献恋陆巷类随币粥梦叹压实导稳育顾	84
无理据字		风声条写当尝总爱票虎备归尽毒寿兽冈庄丧买应求更一义	25

第三种情况是无论现代字形还是推源后的古文字形，其形义关系都不明，对这样理据丧失无法分析构意的字，不强做渗透汉字学理知识的解说。❶ 这类字在小学低段1619生字中共计21个，见表1-30。

---

❶ 此处的"不讲"是不讲他们的学理知识，因其没有学理而不强做解说，是不进行学理知识的渗透而不是不讲这个字的音和义。

表 1-30　小学低段 1619 个生字中形义关系不明汉字（共计 21 个）

类型	形义不明的汉字	数量/个
传承式全功能零合成字	朋 单 匆 乞 由	5
黏合式零合成字	尺 着 用 于 肃 失	6
不确定式零合成字	个 万 甩 乏	4
义记合成字	爷 这 虽 叠	4
无理据字	壳 岁	2

综上，小学低段 1619 个汉字，构意明确可以直接通过渗透汉字学理知识讲解的汉字有 1269 个，需要通过推源再渗透汉字学理知识讲解的汉字有 329 个，因形义关系不明无法渗透汉字学理知识的汉字有 21 个。

2. 必须遵循低段学生的心理认知特点

通过文献研读，我们对小学低段学生的心理认知特点进行分析和归纳，结论是小学低段学生心理发展的特点表现为对直观形象比较敏感，注意力不集中，以机械记忆和形象思维为主要特征。为此，渗透汉字学理知识于小学低段的汉字教学就针对学生这样的心理认知特点，有目的地选择适合其接受理解的教学内容与教学方法。

王宁先生认为："识字是一种掌握字的数量逐步累积的过程，每累积到一定的数量，学习者的认知规律和思维特点就要发生变化，速度的要求也要随之变化。"[1] 据此她把小学识字教学划分为初期积累阶段、中期积累阶段和后期积累阶段，并对每个阶段的汉字教学内容及教学方法做了具体而详细的阐述。与初期积累阶段相对应的学段是小学低段，在此阶段识字教学的具体内容见表 1-31。

基于低段汉字材料，通过梳理我们统计出的 1619 个小学低段生字中，"传承式全功能零合成字""会义合成字""义音合成字"的总数为 1396 个，占小学低段汉字总数的 86%，故被确定为渗透汉字学理知识于小学低段汉字教学的主要内容。

---

[1] 王宁.汉字教学的原理与各类教学方法的科学运用(下)[J].课程·教材·教法, 2002(10).

表 1-31　汉字初期积累阶段——小学低段汉字教学的具体要求

阶段	教学重点	教学难点	速度	识字	写字	手段
初期积累阶段	学习者把汉字字形与语素或单音词联系起来，从而把握了它的音和义	突破零	匀速	字的识别完全靠机械识记，而且是以对大轮廓的整识记为主，不使用任何理性的分析	不能大规模展开	利用朗读以语音来强化字形与口语关联和利用构图来显示字形与语义关联，便成为两个重要的手段

　　王宁先生认为识字教学应"根据汉字属性确定初期积累字的字表"❶，初期积累字的选择条件是"构字频度高，构形简单，构意明显，与儿童生活关系密切"❷。《课标》附录 4"识字、写字教学基本字表"中所列的 300 基础字就是在上述条件下，"利用汉字多元参数数据库，综合优选产生"❸ 出来的结果。《课标》对此表中字的作用及属性特点做了说明："本字表是识字、写字教学的基本字表。这些字构形简单，重现率高，其中的大多数能成为其他字的结构成分。先学这些字，有利于打好识字、写字的基础，有利于发展识字、写字能力，提高学习效率。这些字应作为第一学段教科书中识字、写字教学的重要内容。"❹ 故这 300 个基础字必然成为渗透汉字学理知识于小学低段汉字教学的重要内容。

　　除了明确教学的主要内容外，还应需明确的是小学低段 1619 生字中有 223 个汉字将不作为渗透汉字学理知识于小学低段汉字教学的展示内容。因为这批字中的"音记合成字"和"义记合成字"都有记号构件的参与，

---

❶ 王宁.科学地选择识字教学中的初期积累字——谈小学识字教学的科学性之一[J].江苏教育,2010(2):9.

❷ 王宁.汉字构形学导论[M].北京:商务印书馆,2016:123.

❸ 王宁.汉字构形学导论[M].北京:商务印书馆,2016:123.

❹ 中华人民共和国教育部.义务教育语文课程标准(2022 年版)[S].北京:北京师范大学出版社,2022:66.

致使汉字的构形失去构意，变得无法解释。在"零合成字"中，"黏合式零合成字"因构件黏合变化使字形理据丧失无法分析，"不确定式零合成字"因字体简化使字形理据无法分析。❶ 这些汉字的现代字形其构形理据皆已丧失，属于黏合、省简、变形、错讹的情况，为此汉字讲授原则规定对此不可乱编理据，需要溯源古文字形后确定其构形理据才能讲解。根据小学低段学生的心理认知特点，这些字的学理知识过于复杂深奥，不适宜在小学低段进行渗透，故上述汉字只需让学生正确掌握形音义即可，不再进行汉字学理知识的渗透讲解。这遵从了从实际出发、实事求是的原则，也是汉字科学教学观的一种体现，见表1-32。

表1-32 小学低段1619个生字中不作为教学展示的汉字总表（共计218个）

类型	例字	数量/个
无理据字	风 声 条 写 当 尝 总 义 爱 岁 票 虎 壳 备 归 尽 毒 寿 兽 冈 庄 丧 买 应	24
黏合式零合成字	上 下 音 去 中 立 今 年 出 真 才 金 氏 事 言 令 再 直 千 善 共 离 重 及 并 尤 童 市 乘 朱 至 州 商 免 亡 垂 永 必 世 尺 更 着 用 于 肃 失	46
不确定式零合成字	乐 个 关 无 书 业 东 贝 为 发 丽 万 夹 乡 亲 兴 严 习 专 甩 卫 农 乏 产 丝 幸 一 个 万 甩 乏	31
音记合成字	旁 每 养 丛 艰 毕	6
义记合成字	对 鸡 学 皮 雪 树 会 头 见 春 弯 冬 还 边 早 黑 老 师 处 办 变 赵 欢 动 雷 观 过 送 支 独 戏 夜 举 敢 乱 带 眉 寒 贵 牵 舌 图 孔 队 麦 桑 曹 奋 团 先 闭 环 层 区 隐 卧 际 劝 复 伤 难 退 敌 累 盘 邓 坛 迈 献 恋 陆 巷 类 随 币 粥 梦 叹 压 实 导 稳 育 顾 爷 这 虽 叠	88
形义合成字	足 石 正 只 果 向 因 器 鬼 朵 网 交 束 引	14
标义合成字	天 少 本 太 玉 甘 百	7
形音合成字	星 点	2

从小学低段1619个汉字教学材料与小学中高段汉字教学材料的衔接性

---

❶ 详见全功能零合成字的归纳与统计。

方面来看，将小学低段汉字材料 1619 个汉字与中高学段汉字材料进行比较，一年级上册不重复的生字总计 299 个，把这 299 个汉字分别以表义功能构件和示音功能构件与中高段汉字教学材料进行系联，其结果 299 个汉字充当表义功能构件系联的汉字量比充当示音功能构件关联的字多。56 个表义构件可关联中段 1012 个汉字，这 56 个表义构件有 39 个在低段是以"传承式全功能零合成字"出现的；59 个示音功能构件可关联高段 587 个汉字，这 59 个示音构件有 47 个在低段是以"传承式全功能零合成字"出现的。由此可见，这些传承式全功能零合成字充当表义功能构件时构字能力很强，所体现出汉字的系统性也很强。故在小学低段要把传承式全功能零合成字作为重要的教学内容，为中高段的全功能零合成字的深度学习奠定基础，为理解其他构形模式的构意提供帮助。换句话说，低段传承式全功能零合成字的教学要为中高段深化汉字表意性的感受、了解汉字构形的系统性打下坚实的基础。

综上，根据低段学生的心理认知特点，我们选择传承式全功能零合成字、会义合成字和义音合成字作为低段汉字教学的主要内容，将 300 个基础字作为教学的重要内容。

（二）小学低段汉字教学实践的具体原则

前一节将传承式全功能零合成字、会义合成字、义音合成字确定为小学低段重要的教学内容，本节主要介绍三种构形模式的具体教学原则。

1. 传承式全功能零合字的教学实践原则

（1）感受传承式全功能零合字不可拆分的特点。

传承式全功能零合字是独体字，不可拆分。拆分出来的不是构件，没有体现构意的功能。

以传承式全功能零合字"人"为例：

"人"是独体字，不可拆分。从"人"字拆分出来的一撇一捺是笔画而不是构件，不具备体现"人"的构意的功能。

（2）感受传承式全功能零合字的表意性特点。

传承式全功零合成字是表意性最突出的一种构形模式。其古文字形用图形描绘了实物的外形特征，表现出其意义，图画性质鲜明（图画意味浓厚），说明汉字起源于图画及全功零合成字表意性强的特点。

以传承式全功能零合字"日"为例：

溯源古文字形，"日"描绘出了太阳的圆形轮廓和光线，表现出了"太阳会发光"这一意义，突出体现了"日"的表意性特点。

（3）感受传承式全功能零合成字构字能力强的特点。

传承式全功能零合成字可以充当合体字的表义构件（义符）或者示音构件（音符），是汉字构形的基础，构字能力很强。传承式全功能零合成字系联的众多合体字表现出汉字的系统性。

以传承式全功能零合字"土"为例：

"土"是传承式全功能零合字，可以充当"地""场""墙"等合体字字的表义构件（义符），还可以充当"肚""杜""吐"等合体字的示音构件（音符），构字能力很强，体现为汉字构形的基础。这些合体字通过传承式全功能零合字"土"紧密地联系在一起，体现了汉字的系统性。

2. 会义合成字的教学实践原则

（1）感受会义合成字可拆分的特点。

会义合成字是合体字，可以拆分。拆分出的两个表义构件都是全功零合成字。

以会义合成字"男""采"为例：

"男"是一个合体字，可以拆分，拆分出的两个表义构件"田"和"力"都是全功能零合成字。"采"是一个会义合成字，拆分出的表义构件是"爫"和"木"。溯源古文字形，其古文字形由全功能零合成字"爪"和"木"组成。

（2）感受会义合成字区别于全功能零合成字的表意性特点。

会义合成字由两个及以上的表义构件组合而成表示一个新的意义，其是由表义构件所提供的诸多意义信息共同表示的。

以会义合成字"休"为例：

"休"由全功能零合成字"人"和"木"组合而成。"人"即人类，"木"表示树木，会合为人靠着树的构意，表示"休息"的意义。

（3）感受会义合成字在表现汉字系统性方面的作用。

会义合成字的表义构件由全功能零合成字充当，利用全功能零合成字系联其他的会义合成字，许多会义合成字通过相同的表义构件联系在一起，表现出汉字的系统性。

以会义合成字"从"为例：

"从"是会义合成字，两个表义构件由全功能零合成字"人"充当，构意为二人前后相随，为"跟从"义。三个全功能零合成字"人"组成会义合成字"众"，表示"许多人"的含义；全功能零合成字"人"与"仙"组成会义合成字"仙"，构意为入山修行成仙，为"仙人"义。"从""众""仙"都是会义合成字，通过共同的表义构件"人"联系在一起，体现出汉字的系统性。

3. 义音合成字的教学实践原则

（1）感受义音合成字可拆分的特点。

义音合成字由表义构件和示音构件组成，是合体字，可以拆分。

以义音合成字"妈"为例：

"妈"是合体字，可以拆分，拆分为表义构件（义符）"女"和示音构件（声符）"马"。

（2）感受义音合成字的类别表意。

义音合成字的表义构件由全功能零合成字充当，表类别义。

以义音合成字"花"为例：

"花"是义音合成字，全功能零合成字"草"充当其表义构件（义符），"草（艹）"是草本植物的类别标志，"花""莲""茶""荷"都属于草本植物。

（3）感受表义构件及示音构件在义音合成字中所体现出的汉字构形的系统性。

义音合成字以表义构件体现义类，以示音构件提示读音，形成了同类字以音别，近音者以类别的局面。以表义构件系联的义音合成字和以示音构件系联的义音合成字展现汉字的系统性。

以义音合成字"清"为例：

"清"是义音合成字,"水(氵)"为表义构件(义符),表示"清"与水有关;"青"为示音构件,提示"清"的读音。"江""湖""海""渴"都是义音合成字,表义构件都是"水",构意都与水有关;"请""情""晴""睛"也都是义音合成字,示音构件都是"青","青"提示了它们的读音。"江""湖""海""渴""澡"和"请""情""晴""睛"等义音合成字通过"清"的表义构件和示音构件系联在一起,展现了汉字的系统性。

二、小学低段汉字教学的实践过程

(一)传承式全功能零合成字的教学实践

传承式全功能零合成字的教学实践要遵循渗透学理的总体原则和具体原则,重点渗透汉字的表意性、系统性和不可拆分的特点。零起点阶段学生因汉字的储备量不足无法进行汉字系统性学理知识的渗透,故从一年级下册开始渗透汉字的系统性。传承式全功能零合成字选取"木"和"米"来展示汉字表意性和系统性的渗透过程。

教学实践1:"木"的讲解

1. 学情分析

"木"字出现在部编语文教材一年级上册识字第 2 课《金木水火土》,课文是一首识字歌,利用朗读加强对字音的记忆。"木"字是日常生活中常见的生字,学生对其字音字形有一定的了解,教学侧重利用实物图或者视频来帮助学生理解字义。

2. 教学目标

(1)会认全功能零合成字"木"字。

(2)观察"木"字形和实物之间的相似性,由此感受汉字的表意性特点。

◆教学内容：

溯源"木"的古文字形，联系学生在生活中对树木及其形态的感受和认知，分析"木"的构形与构意的关系，利用字形分析理解"木"的字义。

3. 教学设计

导入，朗读课文，初步感知本节课的教学内容"木"。

第一步，出示"木"的古文字形，请同学们找出古文字形对应的生字；出示生字"木"的实物图，引导学生对比古文字形和实物，发现二者形象上的相似性——古文字形中间一"竖"代表树干，上面代表树枝，下面代表树根（落实教学目标：观察古文字形和实物，发现汉字形体和字义的关系）。

第二步，引导学生思考"木"中的树干树枝树根在哪里——一"竖"仍然代表树干，一"横"代表拉直的树枝，一"撇"一"捺"为树根。古文字形是模仿树的形态造字的，简化字形沿袭古文字形，在演变过程中基本没有发生大的变化，也是利用树的形态及组成部分来表示"木"的含义（落实教学目标：分析字形的意义，感受汉字的表意性）。

4. 课堂实录

师：同学们，今天我们要学习一首短小的韵文，老师读一句，大家跟读一句。一二三四五，金木水火土……

生：一二三四五，金木水火土……

师：同学们读得真响亮！接下来，老师不做示范朗读了，请全班同学一起朗读吧。

生：一二三四五，金木水火土……

师："木"在日常生活中很常见，大家知道哪些呢？老师为大家准备了一些图片，请看PPT。有哪些和"木"有关的呢？

生：木头、树木。

师：同学们太棒了，老师现在考考大家，歌谣中哪个字读作"mù"？

师：这个字在课文中哪里出现了？在课文的哪句里呀？请同学们找一找。

生：在第二句中有，是"金木水火土"中的"木"。

师：没错，就是这个"木"字，和老师一起读"m-u-mù"。

师：知道了"木"的字音还远远不够，我们还需要理解"木"的字义。为了帮助大家理解，老师查阅了古文资料，大家请看PPT上的这个图片"𣎵"，猜猜这个古文字形是现在的哪个字呢？

生：不知道。

师：不知道没关系，再看看这个图片"𣎵"。对比一下第一幅图和第二幅图有什么相似的地方？

生：我看出来了，第二幅图里是一棵树，但是我不知道第一幅图里的古文字形是什么，看起来和第一幅图有些相似。

师：不知道不要紧，跟着老师一起看看。

师：大家同时看着这两幅图，对比着看，中间这个笔直的一竖是什么？

生：哦！我知道了，中间这一竖就像树干。

师：其他同学赞同吗？

生：赞同。

师：对比着观察，你还看出什么了？

生：树干上部一左一右好像树枝。

师：很棒，看来你已经发现一些相似之处，不过还有一个细节你没发现。树干底部一左一右的是什么呀？同学们再次对比第二幅图观察一下。

生：不太清楚。

师：好，这个问题有点难度，让老师来帮助大家。同学们想想一棵树可以凭空立在土地上吗？

生：不能。

师：对，不能。一棵树之所以能挺拔地立在大地上，是因为在土地下面有吸取养分的树根，树根是树木的营养器官，有了它的支撑，树木才能存活。树根对于树木来说十分重要。

师：那么古文字形中树干底部一左一右就代表树根。现在大家知道这个古文字形是什么字了吧。

生：知道了，是"木"的古文字形。

师：所以"木"的古文字形是模仿树的树干、树枝、树根造出来的，那我们课文中出现的"木"字是由古文字演变过来的，保留了树的主要特征，请同学们思考一下"木"字中的树干、树枝、树根在哪里？

生：老师，我知道，中间一竖仍然代表树干。但是我找不到树枝和树枝。

师：没关系，老师带着大家一起思考。

师："木"字中这一横是由古文字形中向上的两斜画演变而来的，汉字在演变过程中为了书写美观简便，就把这两斜画拉直，变成了"木"字的一横，仍然代表树枝。

师：单独看这一横，你能发现它代表树枝吗？老师把树的其他部分挡住，你们看？

生：好像不能。

师：大家还没有很懂，那这一横拿出来单独写就是"一二三"的"一"，这时候还代表树枝吗？

生：不能代表了。

师：对，因为这一横是笔画，单独拿出来没有实际的词义能代表它，所以我们不能把它从"木"字中拆出来。也就是说"木"字不能进行下一步的拆分，是个独体字，你能再举几个独体字吗？

生：本课中的金、火、水。

师：对啦，他们都是独体字。

师："木"字中还剩下一撇一捺，同学们通过观察"木"的古文字形和现代字形，你们发现了什么？

生：这一撇一捺就是古文字形中树干下部左右两斜画。

师：对，很明显，这一撇一捺就是代表树根。

师：所以"木"字也是通过模仿树干树枝树根的形态得来的。"木"的意思就是树木，不管是古文字形还是现代字形，都抓住了"木"的主要特征。当我们看到"木"字时，能一下子联想到树木的形状；当我们书写"木"字时，也能通过回忆树木的形状来记忆"木"的字形。这就是汉字的表意性特征。

5. 教学反思

"木"字形与树木形状很相似，一年级学生的形象思维强，因此在学"木"时，借助树木的实物图片和"木"的古文字形，引起学生的学习兴趣，同时在教学中引导学生认识到"木"字的字形与实物图片的相似性，这样在学生的心里建立汉字的字形与其对应的实物形象是有关系的意识，即汉字是表意文字的体现和依据。除此之外，还联系了日常生活出现的有关"木"的词语，帮助学生更好地理解字义。

教学实践2："米"的讲解

◆学情分析：

学生已经学过全功能零合成字"山""田"等，对全功能零合成字以及汉字的表意性有初步的认识和感受。本课是一篇小短文，要将识字教学与阅读教学相结合，利用文中语境，采取图文对照的方式去理解字义。

1. 教学目标

（1）正确认读"米"字，认识"米"字旁。

（2）观察"米"的字形和实物之间的相似性，理解"米"是一种粮食，建立对汉字表意性的认识。

（3）通过"米"字旁联系课内生字"粽"和"粮"，在深化汉字表意性感受的基础上，感受汉字构形的系统性。

2. 教学内容

溯源"米"的古文字形，联系学生在生活中对米及其形态的感受和认知,由此分析"米"的构形与构意的关系,利用字形分析理解"米"的字义,认识米字旁的汉字。

3. 教学设计

提问导入,用"粽子是用什么粮食做成的"导入本节课的教学内容"米"字。

第一步,出示"米"的古文字形,请同学们找出相对应的生字;出示"米"的实物图,引导学生对比古文字形和实物,发现二者之间的联系——甲骨文的"米"字呈现散开的米粒状态,中间一横画表示放置稻米的架子。字形演变过程中,小篆开始将其中的上下米粒连了起来,两点都变成长竖,两个长竖连在一起,与原有的一横交叉成十字形。楷书化后,下面左右的两点分别变成了一撇一捺,字形基本没有发生改变,利用米粒散布之形来表示米的含义(落实教学目标:观察古文字形和实物,发现汉字形体和字义的关系,感受汉字的表意性)。

第二步,出示一批米字旁的字,如"粽""糯""粮"等。请同学们发现这些字的共同特点——都带有米字旁;引导学生分析这一批字的字义,粽——粽子的原材料为米,糯——糯米是米的一种,粮——米是粮食作物。通过分析这批汉字的字义,发现字义多与粮食有关,最后总结字形中带有米字旁的汉字多与粮食作物有关(落实教学目标:感受字形与字形之间的相互关联,感受汉字的系统性特点)。

4. 课堂实录

师:今天,我们要学习的课文是《端午粽》,有谁知道粽子的肚子里装了什么?

生:我知道,装了米还有红枣。

师:不错,看来你在吃粽子的时候注意到了这些。从文章中哪里可以知道粽子是用什么做的?

生:在第二段里。

师:对,看来你提前预习了课文。本节课的主要任务之一就是学习糯米的"米"字。

师:在学习"米"字之前,老师还准备了一些在一年级上册就学过的生字，它们与"米"字有着相同的特征，让我们一起来看看吧。

师：同学们，来看看这个古文字形是现在的哪个字呢？（PPT 出示）

生：老师，我知道这个是"木"！

师：哇，非常棒，那这个田呢？

生：这个是"田"字！

师：这位同学迅速地回答老师，这个是"田"字，让我们来请这位同学说说为什么是"田"？

生：这个字在一年级上册的时候学过，就是田地的样子，是"田"的甲骨文。

师：你们还能想起来以前学过哪些类似的字吗？

生：还有"山"和"水"。

师：大家发现"田""山""水"这些字的古文字形有什么特点吗？（PPT 出示古文字形以及实物图）

生：像是画出来的。

师：对！它们都是把所要表达事物的形体特征都描绘了出来，形成了汉字。

师：那同学们，我们再来看看这个像什么呢？（多媒体出示）

生：像六个小黑点……

师：同学们的想象力很丰富，米，老师把这些图片放一起，同学们再看看，能看出什么？

生：像米粒。

师：对！像一些散开的米粒。

生：老师，六个小黑点像散落的米粒，那中间一横画是什么意思呢？

师：中间一横画表示放置稻米的架子，古时候用木头架子作为盛放粮食的容器。并且在"米"字形演变过程中，为了书写简便和美观，小篆开始将其中的米粒连了起来（最后一幅图为小篆字形）。也就是"米"下面的两点分别变成了一撇一捺，就变成了课文中的"米"字。

师：同学们，现在再看看这个图，是不是就可以直接联想到散开的米粒呀。那请同学们联系一下老师刚刚提到的"木""田""山""水"，将这些字放在一起，同学们有什么发现呢？

生：我看到"木"，脑子里就出现了树木的样子。看到"田"字就想到田地。

师：怎么会有这种感觉呢？这是由于早期的汉字也就是我们现在呈现的古文字形，大多是根据事物的形状来表示汉字的意义。看到树木，就把"木"的形象画出来，用以表示"木"；看到"米"就把它散开的状态画出来，用以表示"米"。你们在不会写字的时候，是不是也会通过一个东西，把它的样子画下来，告诉人们你要表达的意思呀？

生：是！

师：所以古文字形很形象，当我们看到古文字形时，可以直接通过字形了解这个字所表达的意思。

师：今天所学习的"米"字和我们刚刚回忆的"木""田""水""山"都是一样的情况，属于同一种构形模式——传承式全功能零合成字。这些字的象形性特点都十分突出。接下来，请同学们找找文章中哪些字中有"米"的存在？

生：糯米的"糯"，粽子的"粽"。

师：很棒！"糯米"是什么意思呢？

生：就是一种米，但是我解释不清楚。

师：说得对，它就是一种米，"糯米"是富于黏性的从糯稻碾出的米，可用来做酒或做糕点。请大家齐读第二段，感受糯米的香气。再看另一个字"粽"。是什么呀？

生：是端午节要吃的食物。

师：端午节要吃粽子，粽子的原材料是米。那"粽"和"糯"有什么相同点呢？

生：都有刚刚学过的"米"。

师：对，没错。所以"米"就是代表一种粮食作物，我们来看看"糯"字和"粽"字这两个的字义，你发现了什么呢？

生：这两食物都是"米"做的。

师：对，用米做的，所以这两个字的意思也和"米"的意思相关。"糯"字和"粽"字在字形上都有"米"，在意思上也和"米"相关，汉字与汉字之间很神奇呀！

生：是！

师：我们刚刚分析过"米"是传承式全功能零合成字，还可以放在像"糯"和"粽"这样的合成字中表示相关的意义。

师：那我们学过的生字中，还有没有这样神奇的字呢？同学们现在来想一想。

生：有！"粮食"的"粮""粉条"的"粉"……

师：总结一下，这些字形中带有米字旁的汉字大多与粮食有关。同学们在日常生活中可以多多观察，发现汉字的神奇魅力。

5. 教学反思

"米"的古文字形与其实物形象相似度极高，在教学中借用米的实物图片来增加汉字的形象感，引导学生自主地认识到传承式全功能零合成字的特点，注意联系已经学过的汉字，以旧带新。这样学生对于相同构形模式的汉字之间建立了联系，从而准确把握这一类型的汉字，对其字形特点有了科学的认识，并增强了汉字表意性的感知。同时利用"米"字去联系米字旁的其他汉字，巩固课堂内容并实现举一反三。

（二）会义合成字的教学实践

会义合成字的教学实践选取"从"和"众"展示汉字表意性和系统性的渗透过程。

教学实践："从"与"众"的讲解

1. 学情分析

"从"与"众"出现在统编语文教材一年级上册课文第9课《日月明》。学生在一年级上册识字第一课已学过构成"从"与"众"字的全功能零合成字"人"，对"人"的字义是了解的，可以在"人"的基础上进行讲解。本课节奏明快，朗朗上口，孩子们更乐于诵读。结合直观的图片更容易理解字义，使学生对汉字的音形义有一个整体的认知。

2. 教学目标

（1）正确认读"从"和"众"字，认识人字旁。

（2）感受"人"在理解"从""众"字义方面的作用。体会"从""众"的古文字形所体现出"跟从"和"众多"的意味，感受汉字的表意性。

（3）朗读课文加深会义合成字的理解，通过"加一加"的认字方法感受汉字的系统性。

3. 教学内容

溯源"从""众"的古文字形，分析部首为"人"，即其表义构件（义符）均为"人"，由此分析"从""众"的构形与构意的关系，以及了解构件数量对汉字构意的影响。

4. 教学设计

回顾导入，课件出示"人"的古文字形，学生直接说出是什么汉字。

第一步，出示"从"字，请同学们拆分"从"字；出示表义构件"人"的古文字形和实物图，观察二者形象上的相似性——甲骨文字形像一个侧面站立的人，到小篆演变成正面站立的人，以双脚直立行走的形态来表现"人"的含义（落实教学目标：体会传承式全功能零合成字（表义构件）的古文字形在体现汉字表意性方面的作用）。

第二步，出示"从"的古文字形，与"人"的古文字形做对比，让同学们发现"从"的字形是由两个"人"组成，像二人前后相随的样子（落实教学目标：感受传承式全功能零合成字在会义合成字中充当表义功能构件的现象）。

第三步，教师讲解"从"字是由两个"人"组成，并且以两个人前后跟随的状态来表示"跟从"的意思（落实教学目标：引导学生领会表义构件组合对构意的作用）。

第四步，出示"众"的古文字形，与"人""从"的古文字形做对比，发现三个字中都有"人"的参与。请同学们分析"众"的含义——"众"字有三个"人"形，还多了表示"太阳"的构件，合之以"众人在太阳下劳作"表示"人多力量大"的含义（拓展：明白构件数量对构意的作用）。

第五步：利用课后习题以及"人+人＝从，人+人+人＝众"，学习加一加的识字方法。

5. 课堂实录

师：PPT上的古文字是我们曾经学过的汉字，大家猜一猜。

生：是"人"字。

师：回答正确！"人"字和本课学习的生字"从"和"众"有密切的关系。请同学们一起朗读课文，找出包含这两个字的原文。

生：找到了，原文是"二人从，三人众"。

师：这句话按大家的理解是什么意思呢？

生：应该是两个人组成了"从"字，三个人组成了"众"字。

师：对啦，理解得挺到位。那么反过来，请同学们对"从"和"众"进行拆分，你发现了什么？

生：拆分结果都是"人"字，只不过有数量的区别。

师：在识字的第一课我们就学习过全功能零合成字"人"，大家还记得"人"的含义吗？

生：记得，第一课学习了"天地人"，"人"就是指人类。

师：看来大家学习过的知识还没有忘记，接下来和老师一起回忆一下"人"的学习过程。

师：同学们请看PPT，大家认识这些字吗？

甲骨文	金文	小篆	隶书	实物图

生：认识，这些都是"人"的古文字形。

师：对，他们分别是"人"的甲骨文、金文、小篆和隶书字形。那隶书、楷书与前面几种字形有什么不同呢？

生：没什么区别。

师：老师请几位同学和老师一起来模仿人的造型。（同学们正面站立，老师侧面站立）现在看看有什么不同？

生：前面四个像侧面站立的人形，而最后像正面站立的人形。

师：不管是甲骨文金文小篆字形，还是隶书字形，它们呈现出的共同特征是什么呀？

生：字形都是呈现站立的姿势。

师：观察得很细致，不管是侧面站立的人还是正面站立的人，都是以双脚直立行走的形态来表现"人"的含义。突出"人"的直立之形，以表现人与动物的不同。动物是四只脚着地，而人是两只脚直立行走。

师：关于"人"字，我们就复习到这儿。请大家观察这"人"和"从"的古文字形、竹，有什么发现？

生："从"的古文字形是由两个"人"组成。

师：站的方向呢？

生：两个"人"都朝同一方向。

师：请一位同学上讲台，同方向站在我的身后。大家想一想，当你跟在一个人身后时，你俩的方向是不是一致的。

生：是的。

师：所以两个"人"朝同一方向是在表现两人前后相随的样子。所以"从"就是利用两人前后相随的特征来反映"跟从"的意思。明白了吗？

生：哦，原来是这样。

师：还有一张图鼎，我想大家都能猜出来是什么字？

生1：不太明白，下面好像有三个人，但是上面还有一个"日"。

生2：我猜出来了，是"三人众"的"众"，字形里包含三个人形。

师：上面的"日"表示什么呢？

生：三个人在太阳下并排走。

师："众"的意思和"三个人在太阳下并排走"有什么关系呢？

生：不知道了。这样解释好像不太对。

师：老师给大家讲解一下，"众"的古文字形包含三个"人"形，还多了表示太阳的构件，合在一起以许多人在太阳下劳作表示"人多力量大"。这就是"众"的含义。大家明白了吗？

生：明白了。

师：总结一下，"从"像两人前后相随，意思是跟从，"众"像三人在太阳下劳作，意思为许多人。不管是"从"还是"众"，它们有一个共同的特点，都是利用多个人字组合在一起来表示新的意义，我们称这样的字为"会义合成字"。组成"从"和"众"字的"人"字是全功能零合成字，组成新的合成字表示了新的意义，可见全功能零合成字是我们学习新字的基础，掌握全功能零合成字是很重要的。

师：学习了"从"和"众"，知道"人+人=从、人+人+人=众"，老师想考考大家。日+月=？人（亻）+木=？

生：日加月是明，人加木是休。

师：明和休是什么意思呢？休——人靠着树就是休息的意思。那么明呢？请同学们来说说。

生：太阳和月亮在一起，太阳和月亮都会发光，明就表示明亮。

师：解释得很好，一个独体字加上另一个独体字就变成了一个合体字。两个人就是从，三个人是众，一人一木是休，你还能举出哪些例子？

生：一人一山是仙，两木为林，三木为森。

师：同学们真棒，学会了举一反三。在本节课的最后请大家齐读这篇课文，再次感受会义合成字的特点。

6. 教学反思

本课运用了多样的教学方法，例如图文对比法、物象表演法、古文字形追溯法、拆分组合法等。无论使用什么样的方法，都不能忘记渗透学理，让学生感受会义合成字的表意性及汉字的系统性。

（三）义音合成字的教学实践

教学实践："枫"与"松"的讲解

义音合成字的教学实践选取"枫""松"及木字旁的生字来展示汉字表意性和系统性的渗透过程。

1. 学情分析

"枫"与"松"出现在统编语文教材二年级上册识字第2课《树之歌》，是典型的义音合成字。通过"枫"与"松"的教学让学生掌握义音合成字的特点，并能举一反三，带动同类义音合成字的学习。二年级的学生积累了一定的识字量，学会了常用的识字方法。该文是一首归类识字儿歌，15个会认的生字中，其中8个生字与树木名称有关，而且都是义音合成字，因此将教学重点放在引导学生发现形义音合成字的构字规律并掌握这种识字方法。教学方法采用图文认字，联系生活识字等。

2. 教学目标

（1）正确认读"枫""松"，认识木字旁。

（2）准确辨析"枫"与"松"中的表义功能构件（义符）和示音功能构件（声符）。复习全功能零合成"木"字的形音义，理解"木"所代表的义类。

（3）通过"枫"与"松"字的讲解，联系课文中及已学过的以"木"为表义功能构件（部首）的生字，初步感受全功能零合成"木"字表现出的汉字之间的联系（系统性）。

3. 教学内容

梧、桐、枫、松、柏、桦、杉、桂等生字都是义音合成字，有不同的示音构件，有相同的表义构件"木"，字义上都代表不用种类的树木。

4. 教学设计

图片导入，PPT出示《树之歌》这篇课文，并展示不同树木的图片。

第一步，请同学们找出"枫"与"松"的声符和义符（落实教学目标：准确判断义音合成字中的表义构件和示音构件）。

第二步，发现相同义符"木"，出示全功能零合成字"木"的现代字形、古文字形以及实物图，引导学生对比现代字形、古文字形和实物，发现三者形象上的相似性——古文字形是模仿树的形态造字的，简化字形沿袭古文字形，在演变过程中基本没有发生大的改变，也是利用树的形态及组成部分来表示"木"的含义（落实教学目标：巩固表义构件的形音义及所体现的表意性）。

第三步，利用课文中一批义符相同的义音合成字，分析"梧""桐""枫""松""柏""桦""杉""桂"的字义是表示不同种类的树木，教师总结"木"充当表义功能构件时，即"木"字旁的汉字字义一般与树木或木制品有关（落实教学目标：发现全功能零合成字在义音合成字中充当表义功能构件的作用,在汉字构形中充当部首的作用)。

第四步,请同学们找一找本文中或者以前课文出现过的"木"字旁的字"杨——杨树""榕——榕树""杏——杏树"……(发现汉字规律,学会举一反三,巩固学习成果)

5. 课堂实录

师:今天我们接着去认识《树之歌》中的两种树木——枫树和松树。大家请看PPT上的图片,根据课文内容判断以下哪个是枫树,哪个是枫树呢?

生:红色的是枫树,绿色的是松树。

师:你是怎么判断的呢?

生:课文中说了"枫树秋天叶儿红,松柏四季披绿装"。

师:真聪明,根据课文内容就很容易判断出来。本节课让我们一起学习两个生字"枫"与"松"。

师:"枫"和"松"是独体字还是合体字?

生:合体字。

师:合体字可以进行拆分,现在请同学分别把这两个字进行拆分,看看能得到什么?

生:"枫"可以拆成"木"和"风","松"可以拆成"木"和"公"。

师:很好。拆分后,你发现这两个字有什么共同点?

生:都有"木"字。

师:对,我们在一年级上册就学习过"木"字,它是一个什么(构形模式)字?

生:"木"是一个全功能零合成字。

师:请看老师为大家准备的图片,一起来复习一下全功能零合成字"木"。

师:图片里有什么呀?

生:"木"的古文字形一棵树。

师:观察他们之间有什么相似的地方?

生:古文字形中间一竖代表树干,上面代表树枝,下面代表树根。

师:对,从图片里我们发现"木"的古文字形现实生活中的树非常像,古人就是利用树的形态特征造出了"木"字,来表示树这一含义。

师:关于"木"字,我们就复习到这里,回到本课要学习的生字"枫"和"松","木"和"风"、"木"和"公"请大家判断哪个是与声音有关,哪个与"枫"和"松"的词义有关?利用我们刚才复习的"木"字表示的意义就是树。

生:"木"的意思是"树",松树、枫树都是树,"木"应该与词义有关。

师:那"公"和"风"呢?大家一起读一读这两个独体字。

生:gōng、fēng

师:再读读"枫"与"松"。

生:我知道了!"风"和"公"是表示声音的。"木"是表示意义的。

师:分析得非常正确,由一个表示意义的构件再加上一个提示读音的构件,两个构件组合在一起,就是义音合成字。所以"枫"和"松"是什么类型(构形模式)的汉字?

生:"枫"和"松"就是义音合成字。

师:你还能从课文中找到包含"木"的汉字吗?

学:能。有很多,比如"杨""榕""梧""桐""柏""棉""桦""杏""杉""桂"。

师:哇,本课中有这么多木字旁的生字。这些字都是不同种类的树的名称,有杨树、榕树、梧桐、柏树等。老师还给大家准备了很多精美的图片,我们对照课文一起看看吧!

师：所以，你能发现，木字旁的字大都与树木有关。你还能想到类似的木字旁的字吗？

生：还有"桌子"的"桌"，"桃树"的"桃"……果然，这些字都与树木有关，汉字太奇妙了！

师：你再看看"容"与"榕"、"同"与"桐"、"华"与"桦"这些字在读音上有什么联系？

生：róng、tóng、huà，它们的读音都相同或者相似！

师：对了，"容""同""华"在"榕""桐""桦"中都是声符，所以读音上会出现这种现象。大家明白了吗？

师：本节课的最后，一起来做个小游戏，将苹果放到合适的苹果树上。请一位同学到讲台上来分苹果。

生："江""河""湖""海"放在一棵树上，"奶""妹""姐""妈"放在一棵树上。

师：为什么这么分呢？

生："江""河""湖""海"中都有"水"字旁，"奶""妹""姐""妈"中都有相同"女"字旁。

师：太聪明了！看来你学会了今天的知识。"江""河""湖""海"中都有"水"字旁，表示与水相关；"奶""妹""姐""妈"中都有"女"字旁，表示都与女性有关。汉字中的奥妙和趣味十足，希望大家能主动去探索和发现！

6. 教学反思

本课是一首介绍树木的归类识字儿歌，通过课文认识事物、发现汉字规律是本节课的重点。课文中出现了许多木字旁的义音合成字，利用归类法帮助学生理解义音合成字的类别表意效果很好。同时全功能零合成字"木"字在之前就已经学习过，在它的基础之上进行义音合成字的教学，降低了教学难度，有助于学生的理解。同时通过苹果归归类的小游戏，巩固和检测了学生的课堂所学。

三、小学低段汉字教学策略

根据笔者亲身的渗透汉字学理知识于小学低段汉字教学的实践经历，结合汉字教学理论与原则，总结提炼渗透学理知识于小学低段汉字教学策略有以下三点。

（一）遵循渗透原则，促进教学科学化

小学低段汉字教学必须以遵循学理为目标，以尊重低段学生心理认知为前提。这两个原则：一个是基于汉字学理论的指导以保证教学的科学性；另一个是基于汉字教学理论的指导以保证汉字教学的合理性和有效性。这不仅是汉字教学必须遵循的普遍原则，也是渗透汉字学理知识于小学低段汉字教学的总体要求。需要强调的是，在低段渗透汉字学理知识的教学中遵循汉字教学理论与原则是方法手段，其终极目标是实现小学低段汉字教学的科学化。

（二）重视零起点汉字教学，打好识字基础

"汉字零起点"是指"不论孩子在学前阶段学了多少字，就正规的系统学习而言，都应当看做是零起点——汉字的零起点，书面语阅读的零起点，词汇积累的零起点[1]"。为此，学前一切非正规系统的识字都将被视作汉字学习的零起点。王宁先生指出："在我国，汉字的初始教育（即零起点的识字教育）是在不同年龄段和不同的领域进行的，分为小学识字和成人扫盲两类。"[2] 学校教育中，小学识字的初始教育就是零起点的汉字教育，这个零起点是指小学一年级的第一学期。由此，笔者在第三章对一年

---

[1] 王宁.科学地选择识字教学中的初期积累字——谈小学识字教学的科学性之一[J].江苏教育,2010(4):7-10.

[2] 王宁.汉字教学的原理与各类教学方法的科学运用(上)[J].课程.教材.教法,2002(10):1-5.

级上册的299个不重复汉字进行了梳理，并对其与其他学段的汉字加以关联，其关联结果显示一年级上册这299个生字的构字能力很强，关联字数很多，分别能关联各学段50%左右的生字。通过重点分析、讲解这299个生字就能够起到带动整个小学阶段生字的学习。放眼整个基础阶段的汉字教学，小学低段汉字教学的重要性是显而易见的，而"零起点"的汉字教学又是重中之重。所以在汉字教学的零起点阶段，渗透汉字学理知识就显得尤为重要，是学生科学的感受汉字，了解汉字、建立正确汉字观的基础。

（三）深入分析教材，发现汉字规律

笔者在进行渗透汉字学理知识与小学低段汉字教学的设计过程中，对低段所使用的教材进行了深入的分析。统编本语文教材较之前的教材相比，在低段汉字教学内容方面增加了专门的识字单元，突显了汉字的积累与运用意识。

1. 图文对照，形象分析，掌握全功能零合成字

现行统编小学低年级语文教材，识字课程安排的内容都是象形性突出、构字能力强的全功能零合成字。教材设计常常是图文结合，符合低段学生的心理接受能力，特别是色彩丰富的图画能对学生产生一定的视觉刺激，符合低年级学生的思维特点，有利于学生感受汉字形体描绘的"象形"特征，极大地激发学生汉字学习的兴趣。

统编本一年级上册识字单元第四课《日月水火》，课文要求认识的8个生字都配有一张图片和一个古汉字，图文结合，形象地展示了汉字的形体特点。充分利用精美形象的插图不仅有助于学生直观感知汉字字形与字义的关系，而且能够使学生充分感受汉字的表意性特点。教材后还增设了练习题，采用"连一连"的方式让学生根据图片找到与之对应的汉字，教师可以由此引导学生观察汉字和图片在形象方面的相似之处找到正确的答案，以巩固本节课的学习内容。

2. 拆分组合，意义联系，理解会义合成字

从结构上看，会义合成字是典型的合体字，构意来源于构形中的多个表义功能构件，在渗透汉字学理知识于教学时，可依据汉字构形学理论采

用拆分组合的方式让学生感受"汉字可拆分"的特点，在不断拆分、组合的过程中感受会义合成字与全功能零合成字的区别。

会义合成字内容突出体现在统编本一年级上册识字单元第九课《日月明》中。第九课的课文朗朗上口，内容编排突出体现会义合成字的特点，使学生对会义合成字有进一步的认识，在生动有趣的诵读中，感受汉字的构形规律。"日"和"月"在识字第4课已经学习过，这两个字组合就成了新的会义合成字"明"。通过"日"和"月"的意义组合理解"明"是"明亮"的意思。在教学中不需要直接讲解会义合成字的概念，而是通过渗透汉字学理的方式——利用汉字组合的特点使学生感受会义合成字产生的过程。教材还通过课后思考题考查学生对会义合成字的理解，提示教师可以采用拆分汉字的方式讲授会义合成字，让学生借助全功能零合成字的字义，理解领会会义合成字的构形中每个表义功能构件的构意，感受全功能零合成字与会义合成字在表意方式上的不同情况。

3. 有理归纳，举一反三，认识义音合成字

义音合成字的最大特征就是以义类聚，以音区别。这一类字可以从构形中的表义功能构件和示音功能构件的构意体现上去感受它们与字义、字音的关系。教学中渗透汉字学理知识的重点在于让学生感受表义功能构件（义符）及示音功能构件（声符）在义音合成字中所体现出的汉字构形的系统性。

统编教材一年级下册识字五《动物儿歌》课文中，充分体现了义音合成字的特点。本课12个要求会认的生字中有11个都是义音合成字，其中有6个与昆虫有关。"蜻""蜓""蚂""蚁""蜘""蛛"的表义功能构件都是"虫"，是掌握义音合成字绝佳的识字素材。教师要引导学生将表义功能构件（偏旁部首）相同的义音合成字进行有理归纳，由此渗透汉字构形成系统的观念。通过多次的有理归纳，当学生再遇到相同偏旁的汉字时，就能够自觉地利用表义功能构件（偏旁部首）体现的义类来推断汉字的字义。除了"蜻""蜓""蚂""蚁""蜘""蛛"以外，"粮""迷""藏""造"也是义音合成字，学生利用有理归纳的识字经验，可以达到举一反三的识字目的，提高识字能力。

综上所述，教师在渗透学理知识于低段的汉字教学时，必须以汉字学

理论为指导，尊重低段学生的心理认知特点，以教材为本挖掘有价值的识字素材，利用课内的教学资源潜移默化地让学生感受汉字的规律和特点，使他们理解汉字、热爱汉字，实现汉字教学的科学性。

第四节　小学低段汉字教学建议

针对目前小学低段汉字教学存在的问题，试从以下几个方面提出一些建议。

一、低段语文教师要充分认识突破零的重要意义

这一问题是大多数教师在低段汉字教学中不曾考虑到的。低段的汉字教学是小学汉字教学的开端，它影响着下一阶段汉字学习的效果及良好学习习惯的养成。为了达到课标要求的识字量，部分教师盲目追求识字数量导致识字质量欠佳，识字兴趣下降。针对这一问题，建议教师在教学中要转变思想，将低段的汉字教学放入整个小学阶段中去考量它的基础作用，从一开始就培养学生对汉字的正确认识，激发学生学习汉字的兴趣，争取做到教一个会一个，会一个带一批，最终实现汉字教学科学化的目标。

二、低段语文教师要在汉字学理知识方面达到精透和丰富的要求

汉字学理知识的匮乏是低段语文教师普遍存在的问题，也是渗透汉字学理知识于低段汉字教学无法落实的关键问题，还是汉字教学不科学不规范的主要原因。针对这一问题，建议教师在教学中结合本书归纳总结的低段汉字学理知识点，通过阅读权威的汉字学理论著作，例如王宁先生的《汉字构形学导论》，弥补自己在学理知识上的欠缺，解决教师在选择和渗透学理知识过程中的困惑，实现低段汉字教学的科学化。

三、低段教师要重视教学过程字的积累

王宁先生认为初期积累字的学习有助于提高汉字教学的效率，选好第一批教学的基础汉字对于低段的汉字教学是非常重要的。初期积累字的选择条件是"构字频度高，构形简单，构意明显，与儿童生活关系密切"[1]。《义务教育语文课程标准（2022）》附录4"识字、写字教学基本字表"中所列的300基础字就是在上述条件下，"利用汉字多元参数数据库，综合优选产生"出来的结果。针对低段汉字教学效率不高的问题，建议教师在教学中要重视300基础字的教学，通过重点分析讲解透彻来打好识字基础，发展学生独立识字的能力。

四、低段教师要特别关注传承式全功能零合成字的表意特点

在实践教学中，发现教师对传承式全功能零合成字的教学比较忽视，如"日""月""田""木"等字。教师普遍认为这些字字形简单字义明确，对其讲解浅显无趣。结合低段学生以具体形象思维为主的心理认知特点，这些简单的传承式全功能零合成字恰好是分析汉字形体造字意图和感受汉字表意性最有利的材料。教学上建议教师充分利用其古文字形，采用多种显示图片、图形或实物等直观性强的教学手段，让学生感受汉字形体和字义之间的相互关系，在图片和实物的对比中强化学生对汉字表意性的感受，加深学生对汉字表意性的认识。

---

[1] 王宁.汉字构形学导论[M].北京:商务印书馆,2016(2):123.

第二章

汉字学理与小学中段汉字教学

汉字学理与小学中段汉字教学，主要通过与上下学段汉字教学内容相互关系的比较，明确其在小学汉字教学中所处的位置，以充分发挥其在小学汉字教学中承上启下的作用，为小学汉字教学体系的建立提供符合汉字科学的教学理论和实践依据。

要实现小学中段汉字教学的目标，首先在认识上要明确三点：第一，小学中段阶段性汉字教学目标与小学汉字教学的整体目标是统一的，要实现这一目标其关键是要处理好中段与低段（第一学段），中段与高段（第三学段）在汉字教学内容上的衔接问题。在小学的三个学段中，中段处于高、低学段之间的位置，是衔接高低学段的中介桥梁。第二，小学汉字教学，识写分流，先识后写。第三，小学阶段汉字教学的目标是培养学生良好的"识字"习惯，增强学生对汉字学习的兴趣，提高学生的识字能力。

据此，小学中段汉字教学在整个小学汉字教学中处于桥梁地位，具有承上启下的重要作用；"识字"是小学汉字教学的重点，因此，其关注视角将聚焦在小学中段汉字的"识字"教学方面。

汉字教学是小学语文教学的基础，也是小学语文教学的重要内容，小学中段汉字教学是小学汉字教学的重要组成部分，对小学中段汉字教学进行深入的思考，不仅有助于加强小学中段汉字教学的研究，而且有助于小学阶段汉字教学理论的建设，为建立健全小学汉字教学体系提供理论和实践依据；同时对《课标》在小学中段汉字教学要求方面进行细化和补充。

从实践方面而言，其主要是运用科学的汉字学理论指导小学中段汉字教学，明确小学中段汉字教学的目标，在教学实践过程中总结提炼教学原则与教学步骤，在充分体现承上启下层级性特点的同时，科学规范小学中段汉字教学，提高小学汉字教学的质量。

汉字学理与小学中段汉字教学，其研究内容为小学统编教材三、四年级——第二学段"识字表"与"写字表"中1543个不重复生字的"识字"教学，具体研究内容包括1543个生字的形音义讲授，以及在讲授过程中所需渗透的汉字学理，即汉字的特点和规律；为了更好地实现小学中段汉字教学，需要确定小学中段汉字的教学内容，制定教学目标，选择科学的符合汉字学理的教学方法。

第一节　小学中段汉字教学材料的梳理

一、小学中段汉字教学材料的确定及梳理

小学中段汉字教学材料是明确而具体的，即统编教材小学语文三、四年级识字表与写字表中的所有生字。三年级上册识字表有 250 个生字，写字表同样有 250 个生字，三年级下册识字表有 250 个生字，写字表也有 250 个生字；四年级上册识字表有 250 个生字，写字表也是 250 个生字，四年级下册识字表有 250 个生字，写字表也有 250 个生字，共计 2000 个生字。❶ 具体内容见表 2-1 和表 2-2。

表 2-1　小学中段汉字教学材料

三年级上❷500 字		
课文	识字表	写字表
1	坝 汉 艳 扮 扬 读 摔 跤 凤 洁	晨 绒 球 汉 艳 服 装 扮 读 静 停 粗 影
2	荒 笛 罚 裳	落 荒 笛 舞 狂 罚 假 互 所 够 猜 扬 臂
3	诵 例 段 练 糊 涂 呆 戒 厉 挨 楚	
4	径 斜 赠 刘 残 犹 傲 君 橙 橘	寒 径 斜 霜 赠 刘 盖 菊 残 君 橙 送 挑
5	洼 印 凌 增 棕 靴	铺 泥 晶 紧 院 印 排 列 规 则 乱 棕 迟
6	钥 匙 缤 枚 勾 喇 叭 厚 曲 丰	盒 颜 料 票 飘 争 仙 闻 梨 勾 油 曲 丰
7	抖 蟋 蟀 振 韵 掠 吟 辽 阔	
8	旧 饿 卷 燃 焰 蜡 烛 富 划	柴 冷 旧 裙 怜 饿 乎 焰 蜡 烛 富 诉 离
9	缩 努 茎 锯 斧 推 吱 拆	

---

❶ 识字表与写字表中的生字数为除去多音字后的数量。

❷ 教育部组织编写. 义务教育教科书·语文·三年级上册[M]. 北京:人民教育出版社,2019.

续表

10	咱偷齿嚼吞胃悲咽泪眯	旅咱救命拼扫胃管等刚流泪算
11	宣诱舔毅强犯禁豫跺聚	
语文园地	申介绍宗乙召孝	
12	暴凑喵孵叽偶尔	洞准备暴墙壁砍蜘蛛漂撞饱晒
13	萝卜愁沾晾	
14	讨厌怒批访差忍模疯搞	
语文园地	典基础阁佳盲唐	
15	父鹦鹉悄	搭亲父沙啦响羽翠嘴悄吞哦捕
16	蒲英耍欠钓拢	蒲英盛耍喊欠钓而察拢趣喜睡
17	亦宜庭未盘	断楚至孤帆饮初镜未磨遥银盘
18	饶优瑰岩虾武粪辈设	优淡浅错岩虾挺鼓数厚宝贵
19	滨鸥胳眯载凰亚榕凳逢除	滨灰渔遍躺载靠栽亚夏除踩洁
20	融侧欣浸乳梢显材膝临库	脑袋严实挡视线坛显材软刮库
语文园地	蝌蚪蛾鲤鲫鲨	
21	妙奏喃伟击汇喧	妙演奏琴柔感受激击器滴敲鸣
22	黎凝畅瞬猎	朝雾蒙鼻总抖露湿吸猎翅膀重
23	枣倦缓讶测监恍悟逐聪	刺枣颗忽暗伸匆沟聪偷追腰
24	司跌皆弃持	司庭登跌众弃持
25	默姿势投况烈镇述普忧联	掌班默腿轮投调摇晃烈勇
26	宁胸脯惹仰渣或者惜诚	雀郊养粉谷粒男或者冻惜肯诚
27	棒恩血撤险瓦帘迅速夺秒	
语文园地	眨瞪瞅眶睐	

三年级下[1]500字

课文	识字表	写字表
1	鸳鸯惠崇豚减	融燕鸳鸯惠崇芦芽短梅溪泛减
2	伶俐翼漾倦闲纤痕	凑拂集聚形掠偶尔沾倦纤痕
3	蓬胀翻蹈	瓣蓬胀裂姿势仿佛随蹈止

---

[1] 教育部组织编写. 义务教育教科书·语文·三年级下册[M]. 北京：人民教育出版社，2018.

续表

4	录 凡 距 款 绸 膜 瞎 益 约 斑	
语文园地	援 掷 捞 缚 缭 络 资 贡 贷	
5	宋 待 释 冀	守 株 待 宋 耕 触 颈 释 其
6	陶 罐 骄 谦 虚 懦 弱 恼 代 价	骄 傲 谦 虚 懦 弱 尘 捧 代 价
7	皱 配 怨 狮 逗	鹿 塘 映 欣 赏 匀 致 配 传 哎 狮 叹
8	滔 涯 妇 碌 遵 循 尊 验	
9	屠 苏 魂 酒 牧 兄 倍	旧 符 欲 魂 借 酒 何 牧 兄 独 异 佳
10	创 携 存 制 蔡 伦 欧 洲 社	术 伟 录 册 保 存 约 验 阿 欧 洲 社
11	县 拱 济 匠 计 横 史 智 慧 历	赵 省 县 匠 设 计 史 创 举 且 智 慧
12	择 宫 摊 贩 吏 态 驴 寸 栏 貌	
语文园地	税 档 咖 啡 阅 废 贸	
13	芬 芳 内 燥 灼 适 雅 吻 组	斗 芬 芳 内 醒 寿 苏 强 示 昆 修 建 组
14	概 阻 括 误 逆 途 陌 超	蜜 蜂 辨 阻 跨 括 检 查 确 误 途 陌
15	缸 隙 掀 末 副 钳 搏 较 腹	
16	栅 麻 悠 揉 沫 唯 碍 系	套 麻 烦 悠 闲 椅 泡 沫 冰 凌 碍 提 棒
17	希 痒 鳄 丁 零 肠 醋 秘	状 狐 狸 丁 零 巧 克 肠 继 续 抬 秘 密
18	墨 染 碎 浪 溅 爽	墨 染 竿 腾 碎 拨 浪 葫 爽 蘑 菇
19	剃 执 否 骂 仇 惯 刑 替 厘 摸	表 胆 鬼 理 夺 骂 仇 差 付 倍 虽 件
20	廊 若 娇 薄 颤 巍 巅 婴	皂 廊 碗 若 透 娇 扯 仰 串 越 婴 希
21	耀 庆 盼 叠 歉	
语文园地	旭 屿 瞭 巡 缆 锚	
22	呈 雕 幻 蜡 烛 辉 芒 型	呈 幻 蜡 烛 诱 润 乘 芒 剑 普 通 模 型
23	窃 私 警 肌 章 胞 藻 达 储 属	宁 官 汪 险 参 攻 推 迅 速 退 铁
24	檀 喂 盈 彤 跪 庙	必 胡 灿 骑 秒 凶 猛 庙 威 武 镇
25	箱 夸 歪 承 袖 衬 衫 负 泄 艺	性 卷 货 取 夹 夸 务 衬 衫 负 责 艺
26	橱 改 蕉 扣 筒 董	
27	婆 脊 贼 莫 颠 胶 旋 纵	漏 喂 胖 驴 贼 狼 莫 厉 抱 架 粘 胶 偏
28	核 妻 爹 勤 犁 困 牲 府 罢	
语文园地	咳 嗽 呕 唠 叨 嘀 谚 诫 辩	

续表

课文	四年级上[1]500字	
	识字表	写字表
1	盐 屹 昂 顿 鼎 沸 贯 浩 崩 霎 余	潮 据 堤 阔 笼 罩 盼 滚 顿 逐 渐 犹 崩 震 余
2	鹅 卵 俗 跃 穗 镀 烁	淘 牵 鹅 卵 填 庄 稼 俗 跃 葡 萄 稻 熟
3	巢 苇 罗 眠 霸 占	
4	昧 坠 怀	
5	荚 豌 按 僵 苔 囚 框 溢	豌 按 适 恐 枪 耐 玻 璃 探 愉 绕 曾
6	蝙 蝠 启 即 锐 铛 蝇 证 揭 障 荧 屏	达 蚊 即 科 横 竖 绳 系 蝇 证 研 究 驾 驶
7	唤 技 获 赖 潜 亿 索 奥 舶 质 哲 兰	唤 纪 技 程 超 亿 索 奥 益 联 质 任 善
8	避 撼 喧 素 污 炊 檐	
语文园地	驻 蛀 拄 捐 娟 绢 苞 雹 鲍	
9	暮 瑟 缘 骚 逊 输	暮 吟 题 侧 峰 庐 缘 降 阁 费 须 逊 输
10	均 柄 蜗 萎	虎 操 占 嫩 舒 顺 均 叠 隙 茎 柄 萎 瞧 固
11	宅 隐 毫 慎 址 良 掘 搜 倾 骤 置 抛	宅 临 选 择 址 良 穴 厅 卧 专 寸 卫 钳 较 锯
12	劈 浊 丈 隆 肢 躯 液	劈 缓 浊 丈 撑 竭 累 血 液 奔 茂 滋 宗
13	帝 曰 溺 返 埂	帝 曰 溺 返 衔
14	斯 惨 败 惩 佩 恕 坚 锁 遭 恶 愤	悲 惨 兽 佩 坚 违 抗 环 锁 既 狠 著 愤 获
15	娲 塌 熄 冶	
语文园地	圃 卉 蕊 玫 茉 莉 牡 丹 棠	
16	憧 憬 歇 埂	筝 拔 蝴 蝶 福 托 梢 歇 踪 丧 圈 坊
17	嗅 奈 煞 拯 嘶 哑 庞	嗅 呆 奈 巢 齿 躯 掩 护 幼 搏 庞 量 愣
18	嗅 拳 捶 膊 瓶 怖 凭 欺 掐	摸 甚 跪 捶 顽 脖 脱 概 惹 昏 握 摔 凭 掐
19	囊 级 羡 殷 豁 撇 霉 亏 拙 砸	念 级 段 俩 练 裤 改 逃 亏 挖 堂 锅 砸

---

[1] 教育部组织编写.义务教育教科书·语文·四年级上册[M].北京:人民教育出版社,2018.

续表

20	兵 恨 帅 预 崂 彻 溃 誉 丑 豪	否 旋 况 兵 败 仍 尤 恨 帅 预 溃 品 丑 豪
语文园地	韭 芥 芹 蒜 椒 藕 薯 芋	
21	塞 秦 征 琵 琶 杰 项	塞 秦 征 词 催 醉 杰 亦 雄 项
22	崛 沈 范 魏 晰 效 淮 租 惑 斥	沈 肃 晰 振 胸 怀 赞 效 租 疑 惑 凡 顾 训 斥
23	蓄 迫 纠 缠 邀 扰 拒 签 订 妄	
24	延 昔 笋 茅 炕 煌 旦 媚	
25	戎 诸 竟	戎 尝 诸 竟 唯
26	豹 芜 娶 媳 巫 绅 旱 徒 磕 淌 凿 溉	豹 魏 派 娶 媳 妇 淹 硬 逼 浮 旱 徒 饶
27	拜 桓 候 肤 敷 剂 标 绩 拴 吊	
语文园地	纲 授 键 谱 阀 砖 综 俱	

四年级下[1]500字

课文	识字表	写字表
1	杂 篱 徐 疏 锄 剥	杂 稀 篱 蜻 蜓 蝶 宿 徐 疏 茅 檐 翁 赖 剥
2	构 冠 朴 素 率 倘 附 捣 绘 谐	构 饰 蹲 凤 序 例 率 觅 耸 踏 倘 绘 谐 寄 眠
3	慰 藉 瞥	慰 藉 卜 铙 滩 帐 烁 蝙 蝠 霸 鹰
4	绮 谈	
5	琥 珀 噙 脂 拭 渗 俯 番 埋 澎 湃	怒 吼 脂 拭 餐 划 晌 辣 渗 挣 番 埋 刷 测 详
6	钝 仅 描 隧 衍 吨 颅 膨 捷 栖 辟 崭	笨 钝 谈 鸽 毫 末 描 隧 态 吨 颅 膨 肢 翼 辟
7	乒 乓 拥 菌 臭 蔬 碳 癌 症 疾 灶	纳 拥 箱 臭 蔬 碳 钢 隐 健 康 胞 疾 防 灶 需
8	揽 焰 驱 践 党 施 懈 宛 碑	
语文园地	宾 吉 咸 兆 廷 予 肿 阶 趾 巩 政 浏	

[1] 教育部组织编写.义务教育教科书·语文·四年级下册[M].北京:人民教育出版社,2019.

续表

9	漫 涛	繁 漫 灭 藤 萝 膝 涛 躲
10	挤 叉	瓶 挤 叉 挥
11	绣 潇 绽 朦 胧 晖 徜 徉	桦 涂 茸 绣 潇 穗 朦 胧 寂 霞 抹
12	炫 垢 怯 曝 赤 涉 晕	
语文园地	屈 渊 孟 甫 韩 愈 禹 锡 仲 龚	
13	虑 职 蹭 稿 腔 殃	忧 虑 贪 职 屏 蹭 稿 腔 解 闷 蛇 遭 殃 盆 勃
14	疙 瘩 侮 聋 啄 伏 哼 啼 凄	讨 厌 坝 忠 毒 绩 孵 警 戒 歪 咕 汤 掘 伏 啼
15	嚣 吭 吠 促 颇 奢 侈 侍 窥 伺 供	吠 促 颇 剧 苟 譬 侍 馆 附 脾 歙 捷 昂 供 添
语文园地	肝 秆 俏 峭 哺 浦 沦 抡 涣 焕 俊 峻	
16	扩 刹 镶	扩 范 努 刹 烂 替 镶 紫 仪
17	浙 簌 臀 漆 蜿 蜒	浙 罗 杜 鹃 窄 邡 肩 臀 移 额 陆 乳 笋 端 源
18	晋 絮 扭 姥 呜 糠 栓 捆 绑 劫 毙 扒 尸	晋 炕 铅 迈 呜 栓 胳 膊 劫 绸 扒 敌 尸 趁 慌
19	徽 谜 唇 尚 荤 倔 嘱 咐 沮 绪 嘹 妨 廊	
20	搓 葵 祈 遗 憾 污 屑	
21	芙 蓉 洛 砚 乾 坤	芙 蓉 洛 壶 雁 砚 乾 坤
22	恭 勤 焉 卒	囊 萤 恭 勤 博 贫 焉 逢 卒
23	弥 脉 剖 裸 泣 汹 维 酗 械 卑 岗 宰 遣	伦 腹 剖 窟 窿 混 嘶 维 秩 卑 岗 宰 揩 遣 践
24	役 屡 摧 宵 膛	
语文园地	蔼 慷 慨 贤 戚 惧 彬 躁 焚	
25	妖 矩 乖 撑 丫 拽 冲 瘦	个 绍 妖 矩 乖 撑 烫 溜 丫 拽 福 舔 葵 瘦 罢
26	硕 允 砌 覆 啸 缕 搂 颊	硕 允 砌 牌 禁 惩 踪 啸 私 颊 折
27	港 宴 睫 婚 讯 挽 圣 仪 帜 陈 垫 恒 抚	

注：所有汉字来源于教育部组织编写的《义务教育教科书·语文》（人民教育出版社）三年级、四年级的上、下册。

表 2-2　中段汉字生字统计

		识字表生字数/个	写字表生字数/个	合计/个
三年级	上册	281	250	531
	下册	275	250	525
四年级	上册	265	250	515
	下册	267	250	517
总计/个		2088		

注：生字数 2088 为识字表与写字表保留多音字后的数量。

（一）小学中段汉字教学材料的对照

因本章内容的研究视角聚焦在小学中段汉字"识字"教学方面，故对"识字表"与"写字表"中的 2000 生字进行整合梳理。把统编教材小学语文中段汉字教学材料——"识字表"与"写字表"中的 2000 生字进行对照，去掉两表中的重复之字，从而确定小学中段汉字教学的实际生字量。

《课标》要求"识写分流"，因此统编小学语文教材将所需掌握的生字分为"识字表"和"写字表"，本章内容侧重从"识字教学"的角度展开研究，暂不涉及"写字"问题，所以将小学中段汉字教学材料"识字表"和"写字表"的生字进行整合，去掉两个字表中重复的字，最终确定 1543 个汉字为小学中段汉字教学材料。

"识字表"与"写字表"的对照中发现，重复情况有两种：一种是本课"识字表"与"写字表"生字的重复。例如，三年级上册第 2 课"识字表"中的"荒""笛""罚""裳"与第 2 课"写字表"中"落""荒""笛""舞""狂""罚""假""互""所""够""猜""扬""臂"的"荒""笛""罚"重复。另一种是低年级"识字表"之字与高年级"写字表"生字重复。例如，三年级上册第 25 课"识字表"中的"姿"，出现在三年级下册第 3 课的"写字表"中。三年级上册第 11 课识字表中的"禁"，出现在四年级下册第 26 课的"写字表"中。通过对照，可以看出教材的这种安排是《课标》"先识后写"原则要求的体现，低年级"识字表"中出现是谓"先识"，又在高年级"写字表"中出现是谓"后写"。

其目的是先在低年级认识这个字,后到高年级再会写这个字。这一原则既符合人的心理认知特点,又表明"识字表"中的生字是"写字表"生字的基础。为使研究内容有所依凭,则需要对中段汉字教学材料进行细致梳理,为中段汉字教学的探究提供丰富的材料依据。

(二) 小学中段汉字教学材料的文字学属性[1]测查

首先,侧重从汉字基本属性对小学中段汉字教学材料进行测查,目的是明确小学中段汉字教学所需遵循的汉字基本规律——基本汉字学理[2]知识,为探究汉字教学应该渗透哪些汉字学理基本知识提供依据。

其次,侧重从汉字构形模式即构形属性的角度,对小学中段汉字教学材料进行测查,因汉字的本质属性即为汉字形体,汉字构形模式可以涵盖古今所有汉字的结构类型,对此进行梳理能够为探究小学中段汉字教学在汉字构形属性方面应渗透哪些"学理"内容提供依据。

王宁先生在《汉字教学的原理与各类教学方法的科学运用(下)》中提到:"在汉字教学中不但要注重教法,更要注重学理,也就是要遵循汉字自身的规律,接受科学汉字学的指导。"[3] 对小学中段汉字教学材料1543个生字进行文字学属性测查,正是为了达到这个目的。通过对1543个生字所体现出的汉字自身的特点与规律进行整理,明确在汉字教学中讲解1543个生字所需的汉字学理,为本章探究中段汉字教学需要"渗透"哪些汉字学理知识提供学理依据。

对1543个生字进行文字学属性测查,所测查的参数项包括以下六个方面。

(1) 文字学部首。(依据《说文解字》)

---

[1] 王宁先生以举例的方式列举了汉字的"构形属性:部件多少及放置,构形模式,构意清晰度(字理可见度)等。书写属性风格属性:书体笔画等。职能属性:记录语素是否成词构字频度构词频度使用频度等。这些属性都会影响识字教学的方法和策略"。

[2] 王宁先生在汉字教学中特别强调要注重"学理",曾指出:"学理指的是在对汉字的科学认识的基础上必须把握的规律,所谓'教无定法,教有定则',学理就是需要遵循的'定则'"。[王宁.《科学地选择识字教学中的初期积累字——谈小学识字教学的科学性之一》江苏教育[J].2010(2).]

[3] 王宁.汉字教学的原理与各类方法的科学运用[J].课程·教材·教法,2002(10).

(2) 检字法部首。(依据《新华字典》中的部首检字设定的部首)
(3) 汉字的字体。(甲骨文—金文—小篆—繁体—楷书)
(4) 造字法(六书)。
(5) 汉字构形模式。
(6)《说文解字》释义。

为确保1543个生字文字学属性测查结果的权威性和准确性,本章所列参数内容的测查均依据北京师范大学研制的"汉字全息资源应用系统"中的信息。

二、小学中段1543个生字构形模式的分类与归纳

通过对中段汉字教学材料1543个生字的构形模式进行划分,以了解中段汉字教学材料1543个生字所属的构形模式及其数量和所占比例,为确定汉字教学内容的讲授重点提供依据。

王宁先生指出,人对任何一种符号的把握都要在达到整体系统的认知后才能自如运用,所以个体字符要依赖整体系统。同样对中段汉字教学材料1543个生字进行教学也只有在对1543个生字有整体系统的认知之后,才能掌握。

汉字构形模式是王宁先生根据不同时代不同形制的所有汉字的构形情况总结归纳出来的,其优势在于"各时代的汉字都可以囊括,它可以体现'六书'的基本原理,避免了'六书'的局限,也能涵盖前四书"。因此,"汉字构形模式"无论在理论上还是在操作上对汉字构形的分析都是可行的。王宁先生将汉字划分为11种构形模式,除此以外还包括一部分构意半存字与无构意字。这11种构形模式为:全功能零合成字、标形合成字、标义合成字、标音合成字、形音合成字、义音合成字、有音综合合成字、会形合成字、形义合成字、会义合成字、无音综合合成字(见表2-3)。

表2-3 汉字构形模式表

功能与构件	构形模式	功能与构件	构形模式
全功能构件+0	零合成字	各类构件+示音构件	有音综合合成字
表形构件+标示构件	标形合成字	表形构件+表形构件	会形合成字

续表

功能与构件	构形模式	功能与构件	构形模式
表义构件+标示构件	标义合成字	表形构件+表义构件	形义合成字
示音构件+标示构件	标音合成字	表义构件+表义构件	会义合成字
表形构件+示音构件	形音合成字	各类构件（无表音）	无音综合合成字
表义构件+示音构件	义音合成字		

根据"汉字构形模式"对小学中段汉字教学材料1543个生字进行划分，划分的结果是1543个生字从现代规范字形来看共有六种构形模式，分别是：全功能零合成字、形义合成字、会义合成字、义音合成字、形音合成字、标义合成字。这些字义关系明确，此外还有形义不明字、形义脱节字、形体无义字，及一些因字形变化而产生的半理据字、无理据字（见表2-4）。

表2-4 中段汉字材料分类数据统计

	义音合成字	会义合成字	半理据字	无理据字	形义脱节字	全功能零合成字	形义不明字	形体无义字	形义合成字	形音合成字	标义合成字
字数/个	1114	135	82	66	46	43	18	18	16	4	3
占比/%	72.06	8.73	5.30	4.27	2.98	2.85	1.16	1.16	1.03	0.26	0.19

从上述数据得知，在小学中段汉字教学材料1543个生字的构形模式中，义音合成字的数量最多为1114个，占1543个生字的72.06%；其次是会义合成字为135个，占1543个生字的8.73%；半理据字为82个，占1543个生字的5.30%；无理据字为66个，占1543个生字的4.27%，其余生字所占的数量都不多。

第二节 小学中段汉字教学材料的探究

对小学中段汉字教学材料的探究是在小学中段汉字教学材料梳理的基础上进行的。通过对统编教材小学语文第二学段三、四年级识字表与写字

表 2000 个生字材料的梳理，去掉其中重合之字，可知中段汉字教学材料实际为 1543 个生字。对小学中段 1543 个汉字教学材料进行探究的目的，是确定小学中段汉字教学的内容，即讲授 1543 个生字需要讲什么，怎么讲。同时根据教学内容，制定明确的教学目标，以更好地指导教学实践。基于上述目的，对中段汉字教学材料的探究着重从以下三方面进行。

一、小学中段汉字学理相关知识点归纳

小学中段汉字学理相关知识点归纳，即 1543 个生字的讲解需要渗透的学理知识。通过对 1543 个生字文字学属性的测查及其构形模式的分析归纳，以此为确定中段汉字教学所需介入的汉字学理内容的依据。

之所以要探究 1543 个生字所涉及的汉字学理知识，是因为汉字教学是一门科学，科学的汉字教学，"不仅仅是教法问题，更重要的是学理问题"❶，即在汉字教学中"遵循汉字自身的规律，接受科学汉字学的指导"❷，这是汉字教学的基本原则。王宁先生曾指出汉字宏观理论的研究要及早地介入汉字教学，要把作为表意文字的汉字所具有的规律体现在汉字教学中，要依据汉字构形规律科学地讲解字理；具体原则是"科学的汉字讲解，就是要在不违背汉字构形规律和演变规律的前提下，对构意直接明确的字加以准确讲解；或对需要经过推源再来讲解的汉字，推源后再来讲解。在讲解个体汉字时，要把它放到汉字构形系统中去，找到它应有的位置再来讲解"。此原则表明汉字教学的"学理知识内容"就是"汉字构形规律和演变规律"。这既是汉字教学所需遵循的普遍学理，也是汉字学理论指导汉字教学即汉字研究介入汉字教学的具体阐释。

就小学中段汉字教学而言，在汉字教学中遵循汉字"学理"，要从符合汉字学科性质和特点的角度来科学解说汉字，需要明确 1543 个生字所体现的汉字学科的性质和特点，即汉字学理知识有哪些，具体是什么。部分

---

❶ 李节.再谈汉字教育的科学性——北京师范大学教授王宁访谈[J].语文学习，2015(3).

❷ 王宁.汉字教学的原理与各类教学方法的科学运用(下)[J].课程.教材.教法，2002(10).

一线教师虽然意识到要在汉字教学中运用一些汉字学的知识，但是对于选择汉字学理知识大多是主观的，缺乏依据的。所以为了避免在汉字教学中渗透的汉字学理知识出现随机主观倾向，本章采取对 1543 个生字进行文字学属性测查和构形模式分析归纳的方式，以此来确定小学中段汉字教学所需渗透的汉字学理知识要点。

依据"文字学属性测查"结果归纳整理出的相关汉字学理知识为汉字学的基本知识。依据"汉字构形模式"分类结果归纳整理出的相关汉字学理知识为汉字构形学的相关知识。

（一）汉字学基本知识

根据 1543 个生字的文字学属性测查梳理结果，所涉及的汉字学基本知识包括：汉字的表意性质，汉字的起源与发展，汉字形体结构类型等。在汉字表意性质的前提下，了解汉字起源于图画；从汉字不同历史时期的形体特征，了解汉字形体演变由象形到符号的特点。这些属于汉字学理的共性知识，即基本知识。

（二）汉字构形模式及其特点

通过对 1543 个生字形义关系的分析，明确小学中段汉字教学材料 1543 个生字按现代规范字形分析，包括形义统一关系，其构形模式有全功能零合成字、形义合成字、会义合成字、义音合成字、形音合成字、标义合成字；还有形义不统一关系，具体包括形义不明字、形义脱节字、形体无义字；此外还包括一些因字形变化而产生的半理据字、无理据字。

"构形模式"的确定只存在于形义统一关系的生字中。之所以专门从汉字构形模式的角度进行汉字学理知识的归纳，其原因有三：一是汉字的本质属性是"字形"，抓住了字形就抓住了汉字的关键；二是汉字的构形具有表意的特性，理解了汉字构形的表意方式就能正确地掌握汉字；三是构形模式涵盖了从古到今所有的汉字结构，掌握了汉字构形模式及其特点就从根本上认识了汉字。

依据王宁先生对每类构形模式内涵的阐释，了解汉字构形的总体特点及各种构形模式的不同特点。就汉字构形而言，其总体特点是汉字构形是由构件组成的，汉字构件是有功能的，所以汉字构形是可拆分和分析的；汉字构形是反映构意的；汉字构形模式是依据构件功能划分的；《说文解字》部首即文字学部首都是汉字的构件，是与汉字本义相关的。这些是不同构形模式所体现出的汉字构形的个性内容，突出体现在构件的功能及作用方面。

（1）零合成字的构形模式。

从现代规范字形来看共有三种类型：传承式全功能零合成字是指由古文字的独体象形字直接演变来的，这类字的形义关系清晰明确，通过溯源古文字形，其构形充分体现构意，能够突出体现汉字的表意性质，且其因构意明确往往是参构其他合成字构形的构件，因此是汉字构形的基础。黏合式和不确定式零合成字，因隶变楷化及简化方式使字形发生变异，产生构件黏合，使构形无法再分析而失去构意，成为无理据字，无理据字又分为半理据字和无理据字。半理据字是指字形在演变过程中，由于构件的变异或者黏合，使得字形在视觉上已经部分失去了构意的字。无理据字是指字形在演变过程中，由于构件的变异或者黏合，使得字形在视觉上已经全部失去了构意的字，其构形不可拆分。

（2）会义合成字的构形模式。

由两个或以上的成字构件组合而成，但其与义音合成字的不同是参构会义合成字的所有构件，其作用都体现为表义构件。

（3）义音合成字的构形模式。

由两个或以上的成字构件组合而成，其特点是组合义音合成字的构件中，一定有表义功能构件和示音功能构件；表义功能构件在义音合成字构形中的作用是体现义类范畴；示音功能构件的作用是提示语音的作用，是汉字构形的主要模式，数量最多，也是汉字构形系统的最好体现，虽然表意不如象形会意具体，但作为符号其区别度大，声同以义别，义同以声别。

（4）形义合成字的构形模式是由表义功能构件的和表形功能组合而成；表义功能构件的作用是表示义类，而表形功能构件的作用是通过形体表示意义。

（5）标义合成字的构形模式是由表义功能构件的与标示功能构件组合而

成，表义功能构件的作用是表示义类，而标示功能构件的作用是提示标识。

（6）形音合成字的构形模式是由表形功能构件的和示音功能组合而成；表形功能构件的作用是通过形体表示意义，示音功能构件的作用是提示语音的作用。

形义不明字是指从字形的发展历史来看，其构形与构意始终不甚明晰。形义脱节字是指字形和字义之间没有联系，构形与构意之间没有联系。形体无义字是指该汉字字形的功能只是记录音节而不体现意义。

二、小学中段汉字教学内容的确定

首先是 1543 个生字的形音义讲解，确定讲解 1543 个生字所需渗透的汉字构形特点和规律。小学中段汉字教学到底"教什么"是教学实践所必须明确的问题。依据 1543 个生字教学材料的对比文字学属性的分析构形模式的分类及汉字学理知识点的归纳结果，小学中段汉字教学的内容主要包括两部分内容：一是中段 1543 个生字，二是中段 1543 个生字所体现出的相关文字学理知识。

（一）小学中段 1543 个生字

依据《课标》对小学中段汉字教学"累计认识常用汉字 2500 个左右，其中 1600 个左右会写"的要求，结合统编小学语文三、四年级识字表与写字表所列 2000 生字，通过梳理明确小学中段汉字教学材料——1543 个生字❶形音义的教学即其基本的汉字教学内容（见表2-5）。

表2-5　小学部编语文教材中段生字表不重复生字（1543个字）

学段	汉字
三册上（403）	互 蝌 应 挡 豫 栽 洼 猜 遍 冻 蜘 贵 粗 柔 糊 严 扫 稍 错 监 沙 晾 命 准 兴 饮 缤 皆 疯 镜 票 凳 墙 遥 汇 压 砍 腿 粒 瞪 柴 挺 淡 渔 总 睡

---

❶ 2000 字去掉重复后所余之字为 1543 个字。

续表

学段	汉字
三册上（403）	而谷洞颗鼓坛送犯晒眯沟线盖梨钥蟀响棒粪辽增鼻养 答悟捕韵裳琴演大所趣翠帘停喷瞅狂凝乎实睹喵勇缩 紧鲤盒背申球脑至蛾靠班重橘讶撒蟋撞仙诵呢闻视搞 断银排基鹦宜羽鸥叭瓦嚼袋喃渣哦粉黎浅恩搭孝述馋 瞬夏乱喊榕瑰鲫菊刚敲朝湿腰够流访盲础掌油郊壁舞 察服叽毅鲨恍忍铺初激唐翅追漂眨愁泥跺算伸蚪裙匙 拼旅雾影争喇骨担刺吸料踩盛规蛛救寒列诉凰跤凌蒙 器滴冷数离迟怜枚舍躺眯燃软男晨匆典几灰宝批喜吗 嘴管轮装摇膀登肯忽暗畅感众眶喳乙鹅浸静辈中院斧 处霜召弹脯等刮绒受晶靴则帆咽宣吱颜飘饱亲奏圈丰 棕烛缓汪例刘势血梢材优妙赠岩戒挑除练要饶拆悄萝 迅逢击讨默君父旧钓者伟诚阔锯坝径蒲烈欠茎暴庭载 调蜡惜未厚跌胃斜亚落亦泪涂聪或橙楚抹显读汉厌吞 滨犹侧残偷罚笛啦欣饿勾尔雀磨英绍卷库努假孵臂卜 抖膝露枣猎印司挣富扬胳临测逐荒弃斗投洁晃介忧扮 拢盘聚咱虾凤呆乳镇持舔艳
三册下（395）	借距缸修贩寿济举建阅哎绫铃巧制胆橱赵锚惯蜂蔡俐 缝铁栏泄副随瓣葫其泛何脊檀漏芽理表巍嗽梯扣燕便 刑叨尘芥透切窃都克触撒厘泡皱鬼执爪携映胡阿剩涯 叹架灼蕉猛烦嘀吁哑恼董提扯鹿状捞税呕株串攻薄资 偏宫缭咖盈遵独彤务颤爹止痒豚络赏溅谣灿颠巅冀冰 菇纵形拂保困庆怨膜竿鳄异称涨致循守屠袖牲佛贡贷 术承摊吐性吏揉欲仿巡梅谚抬辉退掀官婆颈废跨拴捧 醒杆昆雅裂待犁匀蜜润传耀肌接备溪尊胖筒唠抱册吻 嚷妻件陶歉府瞭辩塘通咳拨责蘑查芦款斑皂付雕翩章 核屿威醋逆漾省骑诫虽碌蚂滔援储密符粘啡罐狸集狼 燥辨检腾继散确属缚示取剃旭且短贸瞎鲜货伶貌缆凶 掷必档拱若倍代计历墨爽芒括末骂溜惠替绸融掠态碎 蹈豹价乘孤胀跃诱喂设庙贼芬魂艺麻途歪篇翼弱洲差 挨概纤匠阻蓬娇存慧减夹组配痕栋姿折史驴懦武验社 廊骄零普负夺创肠欧鸯芳妇摸兄型仰凡模染婴警险幻 县陌凑约禁谦酒莫衬内钳沾剑浪丁悠狮闲累呈参崇俗 牧胶秒误智衫耕秘速佳苏推仇录希厉夸鸳虚倦罢傲宋 煤释私改

续表

学段	汉字
四册上（376）	芹 昕 埵 崛 庄 崋 盐 荧 扰 邀 旦 抛 逃 蜗 骤 堂 卧 拯 愣 脱 纪 莉 桓 竖 誉 潜 晰 绳 倾 拒 搜 著 甚 俩 媚 固 尝 顾 塌 娟 羡 兽 憬 蕊 费 订 苞 丧 筝 彻 探 眛 疑 恕 屹 骚 敷 殷 掩 妄 启 奔 滋 迫 牵 善 剂 幼 冶 渐 鼎 豁 驶 睫 琶 芙 沸 握 谱 派 键 撤 凿 据 淹 喧 昔 肤 避 僵 牡 操 钉 苔 越 薯 拳 蚊 茉 丹 唯 综 霉 淘 葡 拄 揭 侯 庐 赞 熄 浮 苇 撼 究 少 荷 谓 顺 韭 芋 护 催 尤 抗 撑 慎 坊 稻 还 電 障 棠 萄 玫 品 词 琵 鲍 茂 碗 斯 兰 溢 璃 舶 锅 溅 拙 蓄 峰 埋 脖 砖 角 嫩 穴 滚 选 潮 绢 纲 枪 授 研 藕 题 哄 量 厅 稼 环 煌 吊 蒜 驻 巫 磕 欺 蝴 卉 拜 龚 纠 坠 阀 托 浩 芫 恐 圃 捐 煞 玻 舒 瑟 虎 炊 念 罩 怖 置 标 肃 违 训 绕 要 任 既 曾 娲 铛 霎 仍 签 囚 顽 程 愉 框 贯 硬 熟 拔 绅 昏 俱 镀 瞧 延 填 哲 须 驾 狠 卫 竭 衔 专 耐 淮 椒 缠 蛀 雄 科 醉 憧 挖 技 娶 隐 按 凭 降 良 佩 液 浊 隆 魏 唤 索 振 盼 蝇 豌 偶 顿 愤 占 罗 项 崩 淌 否 逊 眠 均 效 宁 震 嘶 秦 腹 巢 杰 段 横 丑 毫 帅 掐 帝 捶 齿 惹 系 歇 择 劈 斥 证 躯 溃 较 柄 阁 诸 亏 叠 联 返 预 吟 搏 奥 旱 超 笼 惑 即 隙 摔 卵 惨 益 庞 达 逼 征 竞 戎 曲 砸 适 败 鹅 豪 徒 宅 坚 暮 跪 宗 嗅 锁 悲 亿 奈 胸 沈 丈 媳 旋 余 蝙 输 膊 曰 级 范 溺 怀 兵 萎 寸 址 质 恨 租 缘 况 获
四册下（369）	嘱 挽 萤 脉 屑 谜 需 咕 贪 乓 弥 酣 役 阶 藤 泣 嚎 烂 浏 源 沧 侮 施 糠 桦 姥 晖 吼 康 滩 徉 予 详 敏 崭 慌 蜿 窥 肝 冠 毙 俏 雹 郁 漆 绑 葛 笨 宛 刷 徽 序 敌 圣 毒 贤 珀 躲 脾 碑 驱 迈 浦 牌 廷 秩 栖 稀 搓 症 屡 盆 唇 看 啄 械 茸 瘩 雁 蜻 赤 哇 绮 肩 膛 锄 乓 憾 峭 懈 倔 荤 渊 禹 捆 搂 沮 吧 趾 俯 伺 侈 霞 宴 琥 钢 恒 聋 朴 澎 繁 徜 捣 覆 絮 缕 俊 蹲 肿 杜 婚 窟 帐 饰 垫 响 蜒 嚣 锡 餐 趁 壶 混 揽 健 韩 仪 摧 裤 垢 紫 党 铅 焚 秆 宿 挥 陆 慷 汤 湃 噙 仲 衍 慨 端 哼 寄 帜 讯 彬 解 抡 焕 窄 戚 鸽 措 凄 港 菌 涉 俱 怯 勃 翁 抚 巩 窿 博 祈 政 尚 奢 寂 闷 宾 簸 愈 鸣 甫 纳 辣 防 扭 额 咸 馆 踏 鹃 裸 冲 吉 贫 汹 觅 绽 灭 峻 陈 孟 哺 蜓 涣 蛇 刷 单 譬 忠 妨 鹰 疙 添 烫 屈 躁 曝 癌 兆 炫 移 咐 遗 耸 剖 葵 乖 洛 颅 藉 遭 钝 扒 维 渗 虑 番 劫 檀 附 疏 稿 扩 屏 拥 素 漫 笋 拭 颊 烁 描 职 朦 胧 灶 赖 绩 撵 辟 茅 肢 倘 卒 颇 污 臭 硕 惩 晋 宰 囊 谐 膨 蔬 卑 锐 焰 吭 捷 划 踪 脂 埋 炕 伏 允 杂 叉 仅 潇 砌 福 隧 镶 碳 蝶 胞 焉 慰 瓶 丫 刹 啼 涛 勤 箱 穗 昂 绪 蓉 乾 强 绘 晕 芙 坤 殃 浙 践 促 蝠 扎 徐 怒 腔 和 吠 剥 砚 恶 构 吨 妖 矩 臀 霸 伦 鸣 瘦 栓 尸 侍 苟 挤 蹭 供 恭 率 拽 疾 岗 遣 簧 谈 绣 塞 掘 啸

（二）讲解 1543 个生字所需渗透的汉字学理知识

通过对 1543 个小学中段生字教学材料的梳理研究结果，汉字学理的共性知识，即汉字教学所需的基本知识，自然是小学中段汉字教学所要包括的学理知识；以及汉字构形模式所体现出的汉字构形的个性内容，即构件的功能及作用。具体内容包括：

（1）汉字的表意性质。
（2）汉字的起源与发展。
（3）汉字形体结构类型。

以上三方面的内容属于汉字的基本学理知识，是在汉字表意性质的前提下所需了解的内容，如从汉字起源来看，要明确汉字起源于图画；从汉字历史的发展来看，汉字在不同历史时期的形体特征，反映了汉字形体的演变是由象形到符号的过程。

（4）汉字构形可分析。
（5）汉字构形单位是构件。
（6）构件在汉字构形中具有不同的功能作用。
（7）汉字正是依据构件的功能作用划分为不同的构形模式。
（8）汉字构形通过构件的功能作用体现构意。

以上这八方面的内容属于汉字构形学方面的相关知识，即汉字构形特点和规律是体现的学理知识，这些知识是分析讲解汉字形音义及其关系所必须了解和掌握的内容，即王宁先生所说的汉字教学要遵循的普遍学理，才能在讲解汉字时不违背汉字构形规律和演变规律，才能在有人讲错汉字时运用汉字构形学的原理指出其错误，才能在符合汉字学科特点和规律的前提下科学地讲解汉字。

对小学中段 1543 个生字所体现出的 11 种构形模式，其教学实践确定的讲授内容为"义音合成字（1114 个字）""会义合成字（135 个字）"

"半理据字（82个字）""无理据字（66个字）"和"全功能零合成字❶（43个字）"这五种模式，因这五类字在中段1543个生字中共计1440个字，所占比例高达93.20%。从教学规律而言，任何一种教学都是通过举一反三的方式达到掌握知识的目的。就小学中段汉字教学1543汉字材料来看，"形义脱节字（46个字）""形义合成字（16个字）""形音合成字（4个字）""标义合成字（3个字）""形义不明字（18个字）"和"形体无义字（18个字）"这六种类型的字，在中段汉字教学材料中总计才105字，数量少，在1543个生字中所占比例仅为6.8%，复现率低；从教学示范的目的而言，其类型不具有典型性和代表性，学生在学习过程中不易做到能力迁移和举一反三；加之形义脱节字的概念不好理解，标义合成字中的标示功能构件等这些内容都比较抽象，亦不适合本学段学生的心理认知特点，学生不易理解和接受，不宜过多渗透，故在此不做教学展示。

小学中段即三年级和四年级，三年级上册生字250个，三年级下册生字250个，四年级上册生字250个，四年级下册生字250个，共计生字1000个。对1000个生字依据王宁教授的汉字构形学分类，分为8大类：义音合成字、会义合成字、全功能零合成字、义记合成字、无理据字、标义合成字、形义合成字和会形合成字。分类的依据是在今年最新上线的"汉字全息资源应用系统"，该系统运用当前的数据库技术、信息挖掘技术、图形处理技术、可视化技术等现代化手段，在整合已有汉字信息资源的基础上，测查和描述现代通用规范汉字及古籍印刷通用汉字的形、音、义、用、码等多维属性体系，从现实应用的角度构建一个科学、系统、高效、实用的汉字全息资源应用平台。运用该系统的目的是让我们对小学中段汉字属性的分析与认定能够有所依凭。

从表2-6可知，义音合成字三年级上册178个字，占比71.2%；三年级下册184个字，占比73.6%；四年级上册190个字，占比76%；四年级下册207个字，占比82.8%。这些数据表明义音合成字的比例是在逐渐上涨的，占比越来越大。

---

❶ 虽然"全功能零合成字"数量不多，但是由于在低段该类型的字是重点有所涉及，所以在中段继续巩固。

表 2-6　部编小学语文教材中段 1543 个生字中义音合成字

年级	义音合成字/形声字
三年级上册（178）	晨 绒 球 汉 服 装 扮 读 静 停 粗 影 落 荒 笛 舞 狂 假 所 够 猜 扬 臂 径 斜 霜 赠 菊 残 橙 挑 铺 泥 院 排 列 棕 迟 盒 颜 料 飘 淡 闻 梨 勾 冷 剩 斧 砍 柴 煤 油 诉 睁 接 咱 怜 救 拼 扫 管 刚 洞 准 壁 饿 蜘 蛛 漂 撞 饱 晒 搭 沙 啦 响 翠 嘴 悄 吞 哦 捕 蒲 英 盛 喊 钓 察 拢 趣 睡 楚 孤 帆 饮 镜 磨 遥 银 富 优 浅 错 岩 虾 挺 数 贵 滨 灰 渔 遍 躺 载 靠 栽 除 踩 洁 脑 袋 挡 视 线 显 材 软 刮 库 妙 演 琴 柔 感 激 滴 敲 朝 雾 蒙 鼻 抖 露 湿 吸 猎 翅 膀 刺 颗 忽 暗 伸 沟 聪 偷 追 腰 庭 跌 持 掌 默 腿 轮 调 摇 晃 烈 勇 郊 养 粉 粒 冻 惜 诚
三年级下册（184）	融 鸳 鸯 惠 崇 芦 芽 短 梅 溪 泛 减 凑 拂 聚 形 掠 偶 沾 倦 纤 痕 瓣 蓬 帐 裂 姿 势 仿 佛 随 蹈 株 待 耕 触 颈 释 骄 傲 谦 虚 懦 捧 擦 代 价 狮 塘 映 欣 赏 致 配 传 哎 符 欲 魂 借 酒 何 独 异 佳 伟 存 约 验 阿 欧 洲 设 创 慧 历 芬 芳 醒 寿 苏 强 修 组 蜜 蜂 辩 阻 跨 括 检 查 确 误 途 陌 烦 悠 椅 泡 沫 凌 提 棒 状 狐 狸 零 巧 肠 继 续 抬 秘 密 染 竿 腾 碎 拨 浪 葫 磨 菇 胆 理 骂 仇 倍 廊 碗 透 娇 扯 抑 越 婴 呈 蜡 烛 诱 润 芒 剑 普 通 模 型 汪 险 参 攻 推 迅 速 铁 胡 灿 骑 秒 猛 庙 威 镇 性 卷 货 夸 务 衬 衫 责 艺 漏 喂 胖 驴 狼 厉 抱 架 粘 胶 偏
四年级上册（190）	潮 据 堤 阔 笼 罩 盼 滚 顿 渐 犹 崩 震 淘 鹅 填 稼 俗 跃 葡 萄 稻 熟 豌 按 适 恐 枪 耐 玻 璃 探 愉 绕 曾 达 蚊 科 横 竖 绳 蝇 证 研 究 驾 驶 唤 纪 技 程 超 亿 奥 任 暮 吟 题 侧 峰 庐 缘 降 阁 费 逊 输 操 嫩 舒 均 隙 茎 柄 萎 瞧 固 宅 选 择 址 厅 钳 较 锯 劈 缓 浊 撑 竭 累 液 奔 茂 滋 溺 返 衔 悲 惨 违 抗 环 锁 狠 著 愤 获 筝 拔 蝴 蝶 福 托 梢 歇 踪 圈 坊 嗅 奈 齿 躯 掩 护 庞 愣 摸 跪 摇 顽 脖 脱 概 惹 握 摔 掐 念 级 段 俩 练 裤 改 逃 挖 堂 锅 砸 否 况 仍 恨 帅 预 溃 豪 征 词 催 醉 雄 项 沈 昕 振 胸 怀 效 租 疑 惑 顾 训 诸 唯 豹 魏 派 娶 媳 妇 淹 硬 逼 浮 旱 徒 饶
四年级下册（207）	宿 徐 篱 疏 稀 婧 蜓 茅 檐 翁 锄 赖 剥 构 饰 蹲 凤 序 例 耸 踏 倘 绘 谐 寄 眠 慰 藉 锐 滩 帐 烁 蝙 蝠 霸 鹰 怒 吼 脂 拭 餐 响 辣 渗 挣 刷 测 详 笨 钝 谈 鸽 毫 描 隧 态 吨 膨 肢 翼 纳 拥 箱 蔬 碳 钢 健 康 胞 防 需 繁 漫 藤 萝 膝 涛 躲 瓶 挤 挥 桦 涂 茸 绣 潇 穗 朦 胧 寂 霞 抹 忧 虑 贪 职 屏 蹭 稿 腔 闷 蛇 遭 殃 决 盆 勃 坝 忠 绩 警 咕 汤 掘 伏

续表

年级	义音合成字/形声字
四年级下册（207）	啼 促 颇 剧 苟 譬 侍 馆 附 脾 敏 捷 昂 供 扩 范 努 刹 烂 镶 紫 仅 浙 杜 鹃 窄 郁 臀 移 额 笋 端 源 炕 铅 栓 胳 膊 柜 绸 扒 趁 慌 芙 蓉 洛 雁 砚 乾 坤 囊 萤 勤 贫 逢 伦 腹 剖 窟 窿 混 嘶 维 秩 岗 遣 梭 绍 妖 矩 乖 烫 溜 福 舔 葵 瘦 荫 溢 允 砌 禁 牌 啸 瑟 喧 损 增 添 酷 颊 拆

从表2-7可知，会义合成字三年级上册33个字，占比13.2%；三年级下册37个字，占比14.8%；四年级上册27个字，占比10.8%；四年级下册19个字，占比7.6%。从数字比例上可以看到除三年级下册有稍微上涨，比三年级上册多了1.6%。但总体数量是呈下降趋势。

表2-7 部编小学语文教材中段1543个生字中会义合成字

年级	会义合成字/会意字
三年级上册（33）	艳 罚 君 晶 紧 印 规 则 仙 等 谷 旅 命 流 泪 算 墙 耍 喜 断 初 鼓 宝 夏 鸣 登 众 弃 班 投 男 料 厚
三年级下册（37）	集 守 宋 弱 尘 匀 牧 兄 社 省 匠 计 智 内 示 昆 建 套 麻 闲 冰 墨 爽 付 件 皂 若 串 希 官 凶 武 取 贼 莫 付 负
四年级上册（27）	即 益 须 占 顺 叠 宗 既 幼 博 量 甚 昏 亏 旋 兵 败 品 赞 戎 竞 逐 佩 坚 凭 妇 塞
四年级下册（19）	觅 划 埋 辟 臭 疾 灶 灭 解 讨 戒 歪 吠 替 肩 劫 博 卑 宰

从表2-8可知，零合成字三年级上册17个字，占比6.8%；三年级下册21个字，占比8.4%；四年级上册18个字，占比7.2%；四年级下册9个字，占比3.6%。从数字比例上可以看到除三年级下册比三年级上册多了1.6%，但总体数量也是呈下降趋势。

表2-8 部编小学语文教材中段1543个生字中零合成字

年级	零合成字
三年级上册（17）	互 曲 丰 离 亲 父 而 至 未 亚 严 奏 击 重 乎 匆 司

续表

年级	零合成字
三年级下册（21）	燕 尔 止 其 鹿 术 录 册 史 且 斗 丁 克 差 幻 乘 若 县 夹 必 宁
四年级上册（18）	余 卵 善 良 穴 专 寸 卫 丈 帝 曰 尤 丑 亦 肃 凡 斥 虎
四年级下册（9）	率 斤 尸 壶 恭 焉 措 介 丫

从表 2-9 可知，义记合成字三年级上册 12 个字，占比 4.8%。三年级下册 5 个字，占比 2%。四年级上册 7 个字，占比 2.8%。四年级下册 9 个字，占比 3.6%。从数字比例上可以看到除四年级下册虽然稍有上涨但总体数量是呈下降趋势。

表 2-9　部编小学语文教材中段 1543 个生字中义记合成字

年级	义记合成字
三年级上册（12）	盖 寒 刘 送 乱 暴 欠 盘 实 坛 枣 肯
三年级下册（5）	叹 赵 举 夺 退
四年级上册（7）	联 牵 系 索 质 卧 秦
四年级下册（9）	隐 厌 罗 陆 乳 晋 迈 敌 罢

从表 2-10 可知，无理据字三年级上册 4 个字，占比 1.6%；三年级下册 2 个字，占比 0.8%，呈下降趋势；四年级上册 6 个字，占比 2.4%；四年级下册 3 个字，占比 1.2%。虽在后期有小幅度的上涨，但整体还是呈下降趋势的。

表 2-10 部编小学语文教材中段 1543 个生字无理据字

年级	无理据字
三年级上册（4）	票 备 总 者
三年级下册（2）	旧 奏
四年级上册（6）	庄 临 丧 呆 杰 尝
四年级下册（3）	杂 毒 卒

从表 2-11 可知，形义合成字三年级上册 4 个，最多，三年级下册为 1 个，呈下降趋势，到四年级上册上升为 2 个，但上涨幅度不大，到四年级下册下降为 1 个。

表 2-11 部编小学语文教材中段 1543 个生字中形义合成字

年级	形义合成字
三年级上册（4）	争 胃 器 或
三年级下册（1）	鬼
四年级上册（2）	血 巢
四年级下册（1）	番

从表 2-12 可知，标义合成字三年级 1 个，四年级上册 0 个，四年级下册 2 个，虽然上涨幅度不大，但也是呈上涨趋势的。

表 2-12　部编小学语文教材中段 1543 个生字中标义合成字

年级	标义合成字
三年级上册（1）	枣
三年级下册（0）	—
四年级上册（0）	—
四年级下册（2）	末 叉

从表 2-13 可知，会形合成字仅有三年级上册 1 个字，三年级下册、四年级上下册都没有会形合成字。

表 2-13　部编小学语文教材中段 1543 个生字中会形合成字

年级	会形合成字
三年级上册（1）	羽
三年级下册	—
四年级上册	—
四年级下册	—

依据以汉字构形学理论为基础的"汉字全息资源应用系统"，对三四年级共 1000 个生字进行分类（见表 2-14），在分类的基础上对不同类型的汉字进行分析，依据每类汉字的特点进行教学设计。

可以从数据上得知三年级上册——四年级下册的中段只有义音合成字、标义合成字的比例呈逐渐上涨的趋势，其他六类会义合成字、零合成字、义记合成字、无理据字、形义合成字、会形合成字总体都呈下降趋势。

表 2-14 汉字构形分类

年级	义音合成字/个	会义合成字/个	零合成字/个	义记合成字/个	无理据字/个	形义合成字/个	标义合成字/个	会形合成字/个	合计/个
三年级上册	178	33	17	12	4	4	1	1	250
三年级下册	184	37	21	5	2	1	0	0	250
四年级上册	190	27	18	7	6	2	0	0	250
四年级下册	207	19	9	9	3	1	2	0	250
总计/个	759	116	65	33	15	8	3	1	1000

义音合成字大都对应"六书"中的形声字，其构形分别由表义构件和示音构件组合而成。虽然由于语音的变化使示音构件已不具表音的功能，但其提示语音的作用是存在的，例如，晨、球、渔、装、落、荒、蜘、蛛、管、啦、响、蒲、英等字。需要注意的是在讲解这类字时，不能把示音构件当成表义构件去解析。由于这部分汉字在中段的占比较大，是教学的重点。

会义合成字对应"六书"皆为会意字，每个构件都是表义功能（见表2-15）。

表 2-15 小学中段汉字表义功能

三年级上册		
汉字	造字法（六书）	构形模式
互	象形	传承式全功能零合成
曲	象形	传承式全功能零合成
丰	象形	传承式全功能零合成
离	会意	黏合式零合成

续表

亲	形声	全功能零合成
父	会意	黏合式零合成
而	象形	传承式全功能零合成
至	会意	黏合式零合成
未	象形	传承式全功能零合成
亚	象形	传承式全功能零合成
严	形声	全功能零合成
击	形声	全功能零合成
重	形声	黏合式零合成
乎	象形	传承式全功能零合成
匆	象形	传承式全功能零合成
司	会意	全功能零合成

三年级下册

汉字	造字法（六书）	构形模式
燕	象形	传承式全功能零合成
尔	会意	全功能零合成
止	象形	传承式全功能零合成
其	象形	传承式全功能零合成
鹿	象形	传承式全功能零合成
术	象形	传承式全功能零合成
录	象形	传承式全功能零合成
册	象形	传承式全功能零合成
县	会意	全功能零合成
史	会意	黏合式零合成
且	象形	传承式全功能零合成
斗	象形	传承式全功能零合成
丁	象形	传承式全功能零合成
克	象形	传承式全功能零合成
表	会意	黏合式零合成
差	会意	黏合式零合成

续表

汉字	造字法（六书）	构形模式
幻	象形	传承式全功能零合成
乘	会意	黏合式零合成
宁	象形	传承式全功能零合成
必	形声	黏合式零合成
夹	会意	全功能零合成
四年级上册		
汉字	造字法（六书）	构形模式
余	形声	黏合式零合成
卵	象形	传承式全功能零合成
善	会意	黏合式零合成
良	形声	黏合式零合成
穴	形声	传承式全功能零合成
专	形声	全功能零合成
寸	指事	黏合式零合成
卫	会意	全功能零合成
丈	会意	黏合式零合成
帝	形声	黏合式零合成
曰	指事	黏合式零合成
尤	形声	黏合式零合成
丑	象形	传承式全功能零合成
肃	会意	黏合式零合成
凡	象形	传承式全功能零合成
斥	形声	黏合式零合成
虎	象形	传承式全功能零合成
亦	指事	黏合式零合成
四年级下册		
汉字	造字法（六书）	构形模式
率	象形	传承式全功能零合成
斤	象形	传承式全功能零合成
尸	象形	传承式全功能零合成

续表

壶	象形	传承式全功能零合成
恭	形声	全功能零合成
焉	象形	传承式全功能零合成
措	会意	全功能零合成
介	会意	黏合式零合成
丫	象形	传承式全功能零合成

零合成字是指由一个单独的成字构件构成的，从形体上是不可进行拆分的字。通过对"零合成字"形体发展历史的考察，其现代楷书简体字形可细化分为黏合式零合成字和传承式零合成字，黏合式零合成字是从古代"形声、会意、指事"字中演变而来，零合成字传承式大多从古代象形字中发展而来。

传承式零合成字可以称之为"全功能"，但黏合式零合成字只能称之为"零合成字"，不能称之为"全功能"，因为它的形体经过隶变、楷化，使得构件黏合已不体现构意，无法再进行分析，构形理据已经丧失。分析这些字必须先上溯其古文字形恢复理据后进行，现在的楷书简体的构形已不可分析理据了。全功能零合成字分类见表2-16。

表2-16 零合成字分类

	类型	六书	数量/个	合计/个
零合成字	传承式	象形	32	64
	黏合式	形声、会意、指事	21	
	不确定	形声、会意	11	

将现在字形的构形模式与溯源古文字形后的构形模式对比可知，溯源古文字形后的构形模式义音合成字和会义合成字，其构形理据是清晰的，构形是可以分析的（见表2-17）；但由于字形的变化，致使这些汉字中构件的示音功能和表义功能丧失了，变成了记号构件，不再具有构意。所以在讲解义记合成字时进行溯源古文字形帮助恢复理据再做讲解。

表 2-17　汉字造字法

三年级上册（12）		
汉字	造字法（六书）	形义关系
盖	形声	义记合成
寒	会意	义记合成
刘	形声	义记合成
送	会意	义记合成
乱	会意	义记合成
暴	会意	义记合成
欠	象形	义记合成
盘	形声	义记合成
实	会意	义记合成
坛	形声	义记合成
枣	会意	义记合成
肯	会意	义记合成
三年级下册（5）		
汉字	造字法（六书）	形义关系
叹	形声	义记合成
赵	形声	义记合成
举	形声	义记合成
夺	会意	义记合成
退	会意	义记合成
四年级上册（7）		
汉字	造字法（六书）	形义关系
联	会意	义记合成
牵	形声	义记合成
系	会意	义记合成
索	会意	义记合成
质	形声	义记合成
卧	会意	义记合成
秦	会意	义记合成

续表

四年级下册（9）		
汉字	造字法（六书）	构形模式
隐	形声	义记合成
厌	形声	义记合成
罗	会意	义记合成
陆	形声	义记合成
乳	会意	义记合成
晋	会意	义记合成
迈	形声	义记合成
敌	形声	义记合成
罢	会意	义记合成
三年级上册（5）		
汉字	造字法（六书）	形义关系
票	会意	无理据字
备	形声	无理据字
总	形声	无理据字
者	形声	无理据字
奏	会意	无理据字
三年级下册（1）		
汉字	造字法（六书）	形义关系
旧	形声	无理据字
四年级上册（6）		
汉字	造字法（六书）	形义关系
庄	形声	无理据字
临	会意	无理据字
丧	形声	无理据字
呆	会意	无理据字
杰	形声	无理据字
尝	形声	无理据字

155

续表

四年级下册（3）		
汉字	造字法（六书）	形义关系
杂	形声	无理据字
毒	形声	无理据字
卒	指事	无理据字

无理据字是因字形发展变化使其构形失去理据，所以讲解无理据字时需要溯源甲骨文、金文、小篆古文字形以恢复构形理据再进行解说（见表2-18）。

表2-18 无理字构形

形义关系	六书/溯源后构形模式	内容	数量/个	合计/个
无理据字	形声/义音合成字	备	10	16
		总		
		者		
		旧		
		庄		
		丧		
		杰		
		尝		
		杂		
		毒		
	会意（会义合成字）	票	5	
		奏		
		临		
		呆		
		秦		
	指事	卒	1	

形义合成字是指由表形构件与表义构件组合而成（见表2-19）。

表 2-19 小学中段 1543 个生字的形义关系及构形模式统计

形义关系	分类			数量/个	比例/%
有理据字	全功能构件+0	零合成字	形象（独体）	44	2.85
			指事（独体）	0	0
	表形构件+标示构件	标形合成字	指事 （有标示构件）	0	0
	表义构件+标示构件	标义合成字		3	0.19
	示音构件+标示构件	标音合成字	形声 （有示音构件）	0	0
	表形构件+示音构件	形音合成字		4	0.26
	表义构件+示音构件	义音合成字		1114	72.06
	示音构件+各类构件	有音综合合字成		0	0
	表形构件+表形构件	会形合成字	会意 （无示音构件）	0	0
	表形构件+表义构件	形义合成字		16	1.03
	表义构件+表义构件	会义合成字		135	8.73
	各类构件（无示音）	无音综合合成字		0	0
无理据字	半理据字			82	5.30
	无理据字			66	4.27
形义不明字				18	1.66
形义脱节字				46	2.98
形体无义字				18	1.66

标义合成字是指由一个表义构件与一个标示构件组合而成，通过对比观察可以看出古代的"六书"中的指事是在独体实物形象（象形字）上加指事性符号。由于标义合成字的数量较小，所以在教学过程中以象形即全功能零合成字为基础，对于标示构件可以简单提及。

会形合成字是指由两个以上的表形构件组合而成，构件是以实物形象表意，且按物象的实际状态来放置，在中段生字表中只有"羽"字是会形合成字，在讲解过程中为便于学生理解，可以通过其古文字形，分析其构形与构意的关系。

（三）小学中段汉字教学目标的制定

首先是小学中段汉字教学的总目标，其次是体现小学中段汉字教学层级特点的阶段性分目标。小学中段汉字教学内容的确定是教学目标制定的依据和基础。根据小学中段汉字教学的具体内容，制定小学中段汉字教学的目标，以此为小学中段汉字教学的实践依据。

1. 小学中段汉字教学的总目标

小学中段汉字教学是小学汉字教学的一个阶段，是其重要组成部分，所以小学中段汉字教学的总目标与小学汉字教学的目标是一致的。关于小学汉字教学目标，王宁先生在《汉字教学的原理与各类教学方法的科学运用（上）》一文中曾做过明确而具体的阐述，具体内容如下：

（1）积累一定数量的汉字，达到形音义全面把握。

（2）在符合汉字表意性构形系统性的教学方法强化下，产生掌握汉字的科学方法，以达到不教而终身识字。

（3）在对汉字有正确认识的前提下，强化民族文化意识，增进爱国主义情操。❶

2. 小学中段汉字教学的分目标

依据王宁先生所提出的小学汉字教学的总目标，结合中段汉字教学材料梳理与探究的结果，拟制定中段汉字教学的分目标为：

（1）正确掌握1543个生字的形音义。

（2）熟知并领会汉字的表意性质。

（3）了解汉字形体的历史阶段性特点及发展演变。

（4）感知感受汉字构形的特点与规律。

第三节 小学中段汉字教学的实践与策略

王宁先生在《汉字教学的原理与各类教学方法的科学运用》一文中提到："根据不同教学阶段和汉字不同的属性，选择不同的教学策略。识字

---

❶ 王宁.汉字教学的原理与各类教学方法的科学运用(上)[J].课程·教材·教法,2002(10).

教学是分阶段进行的，每到一个阶段，教学方法和策略都要因积累的不同而发生变化。例如，教传统独体字、黏合独体字、会义合成字、义音合成字等，教学策略应当不同。在初期积累阶段、中期积累阶段、后期积累阶段，都应采用不同的教学方法"。❶

对照王宁先生的划分标准，小学中段应属于识字教学的中期积累阶段，此学段的学生按照《课标》要求已在低段认识常用汉字1600个左右，会写800个左右。依据王宁先生对中期积累阶段汉字教学的要求，结合小学中段汉字教学的内容和目标，在此基础上进行渗透汉字学理知识于小学中段汉字教学的实践。

一、小学中段汉字教学实践

根据1543个小学中段汉字教学材料梳理与探究的结果，本章的教学实践内容限于"义音合成字（1114个字）""会义合成字（135个字）""半理据字（82个字）"和"无理据字（66个字）""形义脱节字（46个字）"和"传承式全功能零合成字（43个字）"这六种，因这六类字在中段1543个生字中共计1440个，所占比例高达93.3%，因此在小学中段汉字教学中通过对这六类生字的教学，符合教学规律，完全可以完成《课标》的要求。❷

（一）零合成字的教学实践

王宁先生给全功能零合成字下的定义："由一个单独的成字构件也就是一个形素构成的，或者说，它从一开始就无法再拆分。由于独体字没有合成对象，我们取语言学的'零'概念来指称它；也因为它没有合成对

---

❶ 王宁.汉字教学的原理与各类教学方法的科学运用(下)[J].课程·教材·教法，2002(10).

❷ 《课标》第二学段(3-4年级)识字要求：1.对学习汉字有浓厚的兴趣，养成主动识字的习惯。2.累计认识常用汉字2500个左右。3.有初步的独立识字能力。会运用音序检字法和部首检字法查字典、词典。

象,组成它的形素必须是表形义又表音,所以是全功能的"。❶ 中段汉字教学材料 1543 个生字中全功能零合成字共有 87 个,分为三种类型:传承式零合成字、黏合式零合成字、不确定式零合成字。由于黏合式与不确定式零合成字,因隶变、楷化及简化方式使字形发生变异,产生构件黏合,导致构形无法分析失去构意,成为无理据字。因这两类零合成字其字形变化复杂,理据讲解难度较大,从中段学生的心理认知发展来看,不适合讲解,所以在教学中仅讲授传承式零合成字。

传承式全功能零合成字是"由古文字形的独体象形字直接演变而来的,在字体的演变过程中一直没有发生结构模式的变化"。❷ 也就是说传承式零合成字是在字形结构上从古到今没有发生变化的字,其变化只表现在书写风格上,是由古文字的象形到今文字的符号的体现。

通过梳理可以清楚地感受到传承式零合成字在汉字构形中的基础作用,在汉字构形中往往充当其他合成字的构件。小学中段 1543 个生字中,共有 51 个传承式零合成字。通过传承式零合成字的教学,可以在三个方面体现汉字的特点和规律。

(1) 体现传承式零合成字是汉字构形的基础。
(2) 体现汉字的表意性。
(3) 体现汉字构形的系统性。

教学实践示例

学情分析:通过梳理了解到学生在低段已经接触过 207 个全功能零合成字,如:"山""水""月""日"等,对全功能零合成字是有一定的感性认识的。

1. 教学目标

(1) 通过引导学生对"羽"字古文字形的分析,理解"羽"是"鸟的羽毛"的意思,让学生感受构形与构意的关系,建立对汉字表义性的认识。

---

❶ 王宁.汉字构形学导论[M].北京:商务印书馆,2016:123.
❷ 王宁.汉字构形学导论[M].北京:商务印书馆,2016:123.

(2) 通过引导学生回忆已学全功能零合成字的特点，结合"羽"字的学习，加深对传承式全功能零合成字概念内涵的理解。

(3) 通过"羽"字联系学生已学的"翅"字和"翩"字，让学生感受传承式全功能零合成字在合成字中充当表义功能构件的作用，领会其与"部首"的关系。

2. 教学内容

"羽"，从字形结构来看，是个传承式全功能零合成字。"羽"的甲骨文字形为羽、金文字形为羽、小篆字形为羽。

3. 教学实践过程

师：同学们，来看看这个古文字形⋀⋀是现在的哪个字呢？从字形来看表示什么呢？（多媒体出示）

生：老师，我知道这个是"山"！

师：哇，非常棒，那这个呢？

生：这个是"水"字！

师：这位同学很肯定地告诉了老师，这个是"水"字，让我们来请这位同学说说为什么是"水"？

生：这个字在一年级的时候学过，就是水流的样子，是"水"的甲骨文。

师：你们还能想起来以前学过哪些类似的字吗？

生：还有"日"和"月"。

师：对，那老师要给大家一个你们没有学过的，大家先看看这个字认不认识？能看出来是什么吗？

生：是"鹿"。

生：不是，是"马"。

师：这两个同学的意见不同，不要着急，我们把这两个字的古文字形放在一起，大家来看看。，这两个字一个是"鹿"，一个是"马"。同学们再来看看。

生：老师，我觉得第一个是"鹿"，第二是"马"。

师：说说理由。

生：因为"鹿"的头上有很多角，然后第一个的头上就画了很多像角一样的东西，然后尾巴还短，第二个是"马"是因为马的尾巴长长的有毛。

师：观察得真仔细，其他同学认同吗？

生：认同。

师：的确，第一个是"鹿"的古文字形，第二个是"马"的古文字形，大家发现古文字形有什么特点吗？

生：像画儿，很形象！

师：对！把所要表达事物的形体特征都表现出来了。

师：那同学们，我们再来看看这个 ⺌ 像什么呢？（多媒体出示）

生：像麦穗。

生：像树枝。

生：不是，是狗尾巴草。

师：同学们的想象力很丰富， ⺌ ⺌，老师把这些图片放一起，同学们再看看，能看出什么？

生：是鸟的羽毛。

生：老师，为什么那个古文字形里的"羽毛"就几根呢？

师：大家摸过羽毛？羽毛都是很柔软的绒毛吗？

生：不是，我摸过，还有硬的，一根一根的。

师：是的，没有摸过的同学可以想一下树叶，是不是会有硬的茎叶，羽毛也一样，这个其实就是我们今天要学习的"羽"字的古文字形。同学们，现在再看 ⺌ 这个图，是不是就可以直接联想到鸟身上的"羽毛"呀？那请同学们联系一下老师刚刚提到的"山""水""日""月"还有"鹿"字和"羽"字，将这些字放在一起，同学们有什么发现呢？（教学手段：通过启发引导，不直接讲授知识，引导学生思考发现）

生：我看到"山"，脑子里就出现了山的样子。看到"日"字就想到太阳。

师：其他同学有没有这样的感觉呀？

生：有！（声音洪亮）

师：那同学们想不想知道这是为什么呀？

生：想。

师：这是由于早期的汉字也就是我们现在呈现的古文字形，大多是根据想要表达的意义来构形。想要表示一只鹿，就照"鹿"的形象画出来，想要表达"鸟的羽毛"，就把它的特征画出来。你们在不会写字的时候，是不是也会通过将一个东西的样子画下来，来告诉人们你要表达的意思呀？

生：是！

师：所以古文字形很形象，当我们看到古文字形时，可以直接通过字形了解到这个字所表达的意思（通过古文字形的形象特征渗透汉字的表意性特点）。

师：今天所学习的"羽"字和我们刚刚回忆的"山""水""鹿"和"日""月"都是一样的情况，属于同一种构形模式——（传承式）全功能零合成字。大家再来观察并思考一下这些字的字形可以拆分吗？

生：不能！

师：对！不能！为什么不能呢？

生：拆开形象就不完整了。

师：是的！我们的汉字，其历史非常悠久，已经有五六千年的历史了，汉字在漫长的历史发展过程中，演变成了今天我们所见到的样子。从传承式全功能零合成字来看，这些字现在同样也是不能拆分的，这就是传承式全功能零合成字的特点，它的象形性特点突出，构形与构意关系明显。（渗透传承式全功能零合成概念的内涵）

师：接下来，让我们来玩一个抢答游戏，老师写下生字，你来说出这个字的意思。都是我们学过的，第一个是"翅"（老师板书"翅"，巩固复习已学生字）。

生：翅膀的"翅"，就是鸟用来在空中飞的翅膀。

师：对，就是鸟或昆虫用来飞行的器官。看下一个是"翩"（老师板书"翩"，巩固复习已学生字）。

生：翩翩起舞的"翩"，意思是什么？

师：好，先请坐，"翩"是很快地飞的意思。我们看看"翅"和"翩"有什么相同点呢？

生：都有刚刚学过的"羽"。

师：对，没错。"羽"是指鸟的羽毛，我们来看看"翅"字和"翩"字这两个的字义，你发现了什么呢？

生：都是和鸟在空中飞有关，又都有"羽"，这两个字的意思也和"羽"的意思相关。

师：哇！同学们自己就发现了，"翅"字和"翩"字在字形上都有"羽"，在意思上也和"羽"相关，这个"羽"字是不是很神奇呀！

生：是！

师：我们刚刚分析过"羽"是传承式全功能零合成字，还可以放在像"翅"和"翩"这样的合成字中表示相关的意义。

师：那我们学过的生字中，还有没有这样神奇的字呢？同学们现在来想一想。

生：有！"日"就是传承式全功能零合成字字，早晨的"晨"、太阳的"阳"，这些字的字义都和"日"的意思有关。

师：对！是的，没错，真棒！还有同学可以举例吗？

生：还有"足"，在"跑""跳""跃"字中的意思都和"足"有关。

生：还有吗？

师：还有很多这样的字，同桌之间可以相互说说。

师：好，我们来总结一下，是不是有很多这样的传承式全功能零合成字可以在合成字中见到，并且和这个字所表达的意义相关呢？同学们再来看看这些传承式全功能零合成字在你所列举的合成字中有什么特点呢？

生：是"部首"！

师：对，没错，它竟然还是部首！同学们有没有发现我们的传承式零合成字非常的神奇呀！可以在合成字中充当表义功能构件，与字义相关，还可以做部首！（渗透传承式全功能零合成字是汉字构形的基础，在充当表义功能构件时能够把字义带入新造的字中，传承式全功能零合成字既可作为"部首"，还可充当"表义功能构件"，表明"部首"与"表义功能构件"的相通关系。让学生感受汉字构形的系统性）

教学总结：通过引导学生回忆低段所学传承式全功能零合成字"山""水"、"日""月"，巩固已学，引出新学的"鹿""羽"等字（温故而知新）。通过这些字的古文字形的展示，让学生感受传承式全功能零合成字所体现出的汉字的表意性。在传承式全功能零合成字的教学中，通过追溯古文字形的方式，让学生体会汉字"以形表意"的特征，教师在引导学生追溯古文字形时，可能会出现学生对古文字形所表示的字产生疑惑的现象，遇到这种问题可以采取两种方法：一种是将学生混淆的两个字的古文字形放在一起，让学生对比观察，如示例中提到的"鹿"字和"马"字；另一种是将古文字形与所表示的字的图片排列展示，如示例中提到的"羽"字。

在学生了解"羽"字后，联系"翅"字和"翩"字，让学生感受传承式全功能字可以在合成字中充当构形要素，并带入作为零合成字时的意义，且是部首。中段一共有51个传承式全功能零合成字，这些字全都可以采用这种教学方法。并且这51个传承式全功能零合成字是汉字教学中可以充分利用的材料，是体现汉字表意性，体现汉字构形基础及汉字构形系统性的很好材料。

（二）会义合成字的教学实践

王宁先生在其《汉字构形学导论》一书中给"会义合成字"所下的定义是"字形由两个或两个以上的表义构件组合在一起，表示新的意义的字"。[1] 小学中段1543个汉字教学材料中会义合成字共计135个，其数量在七种构形模式中仅次于"义音合成字"，是第二多的构形模式类型。

会义合成字的突出特点是，字形是由多个表义功能构件组合而成，从结构上来看是个合成字，组合会义合成字的构件皆为成字构件，即皆由全功能零合成字组合，且构件的功能皆为表义功能，因此会义合成字的表意是具体而细致的，其与义音合成字的区别主要在于构件中是否有示音功能构件存在。

会义合成字中其构件全是表义功能构件，其突出体现汉字构形的表意性，注重其表意性体现与传承式全功能零合成字在表意方式上的不同。传承式全功能零合成字的表意方式是直接通过自身的形象展示其所要表现的构意，而会义合成字则是通过构件作为全功能零合成字所具有的字义及其字义间的相互关系来表现构意的，二者的本质区别体现在构件的功能作用方面。传承式全功能零合成字体现出的是表形功能，而会义合成字中的构

---

[1] 王宁.汉字构形学导论[M].北京:商务印书馆,2016:131.

件体现出的是表义功能，因此从表意结果来看，传承式全功能零合成字的表意方式更为直接；会义合成字的表意，需要通过分析才能确定构意，因会义合成字的构件不是两个构件正面意义的简单相加，而是需要分析构件之间所体现出的逻辑关系，通过推理判断其所产生出的综合抽象的意义结果。会义合成字这种构形模式要比传承式全功能零合成字的表意复杂，其理解难度要大许多，不适合在低段过多渗透，而在中高段利用"字理"是讲授会义合成字非常有效的方法。

教学实践示例1

1. 学情分析

"泪"字学生虽然没有学过，但学生在低段已学过构成"泪"字的全功能零合成字"氵（水）"和"目"，对其字义应该是了解的，所以对"泪"字可以利用"氵（水）"和"目"的"字理"来讲解。

2. 教学目标

（1）巩固低段已学传承式全功能零合成"氵（水）"字和"目"字的形音义。

（2）巩固传承式全功能零合成字的古文字形在体现汉字表意性方面的作用，及在确定字本义中的作用。

（3）感受传承式全功能零合成"氵（水）"字和"目"字在会义合成字中充当表义功能构件的现象，引导学生领会全功能零合成字在汉字构形中所体现出的基础作用。

3. 教学内容

"泪"，从字形结构来看，是由构件"氵"和"目"两个表义功能构件组成的会义合成字。其甲骨文字形为"　"，金文字形为"　"。

4. 教学实践过程

师：下面我们一起学习"泪"字，这个字是由"氵"字和"目"字构成的。"水"做偏旁是写作"氵"，"水"和"目"我们在一、二年级的时候就已经学过了。那老师有一个问题想问问大家，这个"泪"是什么意思呢？你们能否试着从"水"和"目"的意思中找到答案吗？

生：我觉得"泪"就是眼睛里流出的水，也就是"眼泪"的意思。

师：同学们，你们认为他说的对吗？

生：对！

师：这么肯定？让我们先来看看"泪"的古文字形：🙢，同学们，老师为什么要给大家"泪"的古文字形呀？（多媒体出示泪的古文字形）

生：我知道，因为古文字形的象形特征突出，通过象形容易看出字形的意思。古文字形的"泪"，可以形象地看出眼睛边的水，就是古人当初造字时要表达的意思（巩固古文字形在感受汉字表意性特点方面及确定字之本义方面的双重作用）。

师：对，我们的古文字形象形特点明显，能够充分表明汉字的表意性质，还能够帮助理解字形跟字义间的关系，这就是古文字形在确定汉字本义方面的作用。哪位同学来分析一下这个"泪"的古文字形呢？

生：这个右半边就像是我们的眼睛，左半边的三点，就像是一滴一滴掉下来的泪水。

师：哇，分析得好形象，请同学们给她掌声！我们从古文字形是不是可以看出这个"泪"字所表达的就是刚刚那位同学所说的"眼睛里流出的水"？现在我们让这位同学说一下，他刚刚在没有看到古文字形的时候就已经看出了字义，他是怎么想的呢？

生：因为"氵（水）"和"目"作为全功能零合成字我们已经学过了，"氵（水）"就是表示"水"的意思，"目"表示眼睛，所以"泪"应该是指从眼睛流出的水——泪水。

师：非常棒，这两个字我们不仅学过了，还熟知这两个字的意义，我们再看看"氵（水）"和"目"还有一个共同点，同学们能不能想起来，也是我们之前学过的知识。

生：都是零合成字！

师：对！我们把这两个零合成字所表示的意义组合在一起，就是"泪"字所表达的意义，汉字的构形是不是很神奇呀！

生：是！

师：现在大家想想我们曾经学过的字中，哪些字与"泪"是类似的情况呢？

生："岩"字，是由零合成字"山"和"石"组成的，表示"岩"就是山石。

生:"尘"字,是由零合成字"小"和"土"组成的,表示"尘"就是小土。

生:还有休息的"休"字,是由"人"和"木"组成的,一个人靠着树木就是休息。

生:还有"歪",是由"不"和"正"组成的,不正就是歪。

生:哈哈哈。

师:太棒了!你们列举的这些字都与"泪"是一类的,这样的字还有很多,下来以后可以同桌之间相互说说。这些字有一个共同的特点,就是都由两个能够表示意义的零合成字组合在一起表示新的意义,所以我们称这样的字为"会义合成字",就是把零合成字的意义会合在一起而成的字(渗透会义合成字的概念)。

师:我们再来看看组成"泪"字的"氵(水)"字和"目"字,是我们一、二年级学过的零合成字,组成合成字表示了新的意义,可见我们在一、二年级学过的零合成字是我们学习新字的基础,所以掌握零合成字是很重要的。

5. 教学总结

将"泪"字拆分为"氵(水)"字和"目"字,转变为学生所熟悉的传承式全功能零合成字,既能巩固已学的传承式全功能零合成字的形音义,又能方便学生对会义合成字概念及特点的理解。

教学实践示例2

1. 学生学情

"众"字是需要讲授的会义合成字,构成"众"字的构件"人"作为全功能零合成字学生已学,且应该是非常熟悉的,在教学中充分利用学生已学"人"字的内容来讲授"众",有助于学生巩固已学,温故知新。"众"字的教学重点在于渗透相同构件及构件数量在会义合成字的构形中的作用。

2. 教学目标

(1)巩固学生对会义合成字内涵及特点的认识。

(2)通过全功能零合成"人"字在会义合成字中做表义功能构件的情

况，让学生体会全功能零合成字在汉字构形中所体现出的基础作用。

（3）通过对"众"字与"从"字的对比，让学生明白构件数量对构意的作用。

3. 教学内容

"众"从字形结构来看，是由三个相同表义功能构件"人"组合而成的会义合成字。甲骨文字形为"𠈌"，金文字形为"𠈌"。

4. 教学实践过程

师：大家观察一下我们今天要学习的"众"字，在构形上来看是由哪些构件组成的呢？

生：由三个"人"组成的。

师："人"这个字是我们学过的，还记得它的构形模式是什么吗？

生：全功能零合成字！

师：对，我们之前还学过"从"字，大家再看看和今天要学的"众"字有什么相同和不同的地方？

生：一个是由两个"人"构成的，一个是由三个"人"构成的。

师：我有一个疑问看看大家谁能给我解决？我曾告诉大家说以零合成字为基础构成的其他字都与这个字的字义有关，那"众"和"从"都是由"人"构成的，是否这两个字的意思一样呢？为什么要造成两个字呢？（引导学生对汉字现象的观察与思考，训练学生的分析能力及思维能力）

生：不是，字义不一样，由两个"人"构成的"从"是"跟从"的意思，就是两个人一个人跟着另一个人。

师：嗯，那三个人的"众"呢？

生：由三个"人"构成的"众"应该是三个人齐心协力的意思，因为下面的两个人在托着上面的那个人。

师：回答得非常好，说明会思考问题了，也注意观察汉字的构形的异同情况了，这其中就体现了汉字构形的特点和规律，这正是我们学习汉字最终所要掌握的内容，也是我们通过训练需要拥有的汉字学习能力。的确"从"字是"跟从"的意思，大家看看"从"𠈌字中两个人的方向是一样的，通过构形表示一个人紧跟在另一个人的后面，就体现为"跟从、随从"的意思。在"从"这个字里，大家是不是感受到在汉字构形中，构件的方向位置都有表意的作用呢？

生：是！

师：那大家再想想，如果字形中两个人的方向是相反的，是哪一个字呢？是一个我们非常熟悉的字"北"，从字形上看表示两个人相背，其实就是"背离"的意思，只不过现在用了"背"这个字形，这个"背"的字形还以"北"为构件呢！"背"的同义词有"反"，反义词有"正"，"背对"的反面就是"面对、正对"。在一年级学过的"北"是"方位"的意思，表示跟"南方"相对的"方位"。南向从房屋结构来说就是朝着太阳的方位，"北"就是背阳之处。这都是构件方向在汉字构形中表意作用的体现。

师：现在再来看"众"字是不是像同学说的下面的两个人托着上面的那个人呢？让我们通过"众"的古文字形来判断吧。从"众"的古文字形来看是三个人相跟着，并不是两个人托着一个人。

生：老师，我查了字典，"众"表示的是"人多"的意思。

师：首先给这个同学掌声，遇到不会的、不理解的请教字典小助手！既然这个"众"表示的是"人多"，那为什么要用三个"人"来表示呢？为什么不用四个、五个呢？同学们可以想一想，小组讨论一下（教学手段：运用讨论法，让学生思考并学会小组合作，在合作中学习）。

师：看到大家还是有点一筹莫展，那老师来告诉大家吧，很简单是因为在古代"三"是表示很多，所以构成了我们现在的"众"。

师：我们还学习过由三个木组成的"森"字，"森"是什么意思？

生：就是表示森林，树很多的地方。

师：对，刚刚这个同学说了"森"和"林"，这两个是不是也和我们今天学习的"众"字和"从"字是一样的情况呢？

生：是！

师："众"字和"森"字都是由三个相同的全功能零合成字组合在一起的会义合成字，"众"表示人多，"森"表示树木多。

师：这种汉字构形现象告诉我们，在汉字构形中构件的数量也有表意的作用，可见汉字的表意性是从汉字构形的多个方面体现的。

师：现在让我们总结一下，若字形是由两个或两个以上的表义功能构件组合而成的字，这个字的构形模式是什么？

生：会义合成。

师：很好！给大家布置个作业，就是想想我们曾经学过哪些会义合成字，把你们能想到的尽量都列出来。观察并体会会义合成字的特点。

5. 教学总结

通过对会义合成字"众"和"从"的对比讲解，让学生了解同一构件其方位和数量都是汉字构形的表意手段。在此基础上，引申出同类现象"森"和"林"，促进学生对会义合成字内涵及特点的思考，帮助对会义合成字相关知识内容的领会和理解，带动其他会义合成字的学习，达到举一反三的目的。

（三）义音合成字的教学实践

王宁先生在《汉字构形学导论》中给义音合成字下的定义："由表义构件与示音构件组合而成的字。义音合成字就是典型的形声字。它以表义构件来体现义类，又以示音构件来提示读音，形成了同类字以音区别，近音字以义区别的格局。"❶ 依据义音合成字的特点，在学生已有的对义音合成字了解的基础上，可将义音合成字的教学重点体现在以下几个方面：

（1）感受表义功能构件及示音功能构件在义音合成字的构形中所体现出的汉字构形的系统性。

（2）感受汉字构形可拆分及可分析的特点。

（3）领会汉字构件在汉字构形中的功能作用。

（4）领会表义功能构件及示音功能构件在义音合成字中的区别作用。

义音合成字是汉字构形模式中最多的一种，掌握义音合成字可以说就掌握了90%以上的汉字，所以对汉字学习而言意义重大，是汉字教学的重点内容。

教学实践示例1

1. 学情分析

"吱"是典型的义音合成字，通过学生对义音合成字已有的了解，通

---

❶ 王宁.汉字构形学导论[M].北京:商务印书馆,2015:135.

过"吱"的教学让学生掌握以上义音合成字的四个特点,并能举一反三,带动其他义音合成字的学习。

2. 教学目标

(1) 巩固全功能零合成"口"字的形音义,感受其在"吱"义音合成字中充当表义功能构件的作用,领会与"部首"概念的关系。

(2) 通过"吱"字的讲解,联系以"口"为表义功能构件的三组生字的学习,感受全功能零合成"口"字在汉字构形中表现出的汉字构形的系统性。

(3) 在"吱"字的基础上,拓展"啪、吱、哗……"等三组生字,让学生了解义音合成字在表义功能构件相同的情况下以示音功能构件来区别字义的特点。

3. 教学内容

"吱",从"吱"的字形结构上来看是个典型的义音合成字,构件"口"在"吱"中是表义功能构件,"支"是示音功能构件。"吱"的释义为"拟声词,形容某种声音"。

4. 教学实践过程

师:同学们,现在请大家写个"口"字。

生:写完啦。

师:同学们,有没有想过为什么这个"口"字就是这样写呢?(教学手段:运用谈论的方式,以设问启发学生思考)

生:因为我们把嘴巴张开来就是这个样子。

师:让我们来看看"口"的古文字形是不是这样的?(多媒体出示"口"的古文字形)

生:就是我们嘴巴张开的样子!

师:的确是这样的,同学们能举出类似的例子吗?

生:有"月""山""水"……

师:还有很多,我们就不举例了。这些字都是什么类型的字?

生:都是全功能零合成字。

师:对!老师在"口"字的右边加一个"支"字,这个字就变成了"吱"。那老师刚刚加的"支"是什么作用呢?

生：提示了"吱"字的读音！

师：对，"吱"的字义指的是一种拟声词。

生：老师，什么是拟声词？

师：拟声词就是模拟事物声音的词，例如，"哗啦哗啦"是模仿水流的声音，有没有同学可以尝试再说几个拟声词呢？

生：布谷布谷。

师：对，这就是拟声词。

生：还有淅淅沥沥、咕噜咕噜。

师：好，还有很多这样的拟声词，我们不再举例了。同学们，拟声词是怎么发出来的呀？

生：通过嘴巴！

师：对的！所以我们看到"吱"字的左半边就是"口"，那"口"字在这里有什么作用呢？

生："口"在这里表示"吱"字的意思是和嘴巴的意义相关的。

师：正确！所以"吱"字中的"口"表示这个字的意义，"支"提示了这个字的读音，那组合在一起是什么字呢？

生：是义音合成字！

师：对！我们的汉字由一个表示意义的构件再加上一个提示读音的构件，两个构件组合在一起，就是义音合成字。现在又有好多以"口"为部首的字，知道"吱"在这里，就来找它们的同伴了，由于来的字太多了，老师让它们自己分成三组，接下来老师要把它们请进来了，第一组是"叫""喊""嚷""吼""吵""啼""唤"。第二组是"咬""嚼""咽""啃""吞""含"。第三组是"啪""哗""嗡""嘟""鸣""嘀"。

师：大家看看这三组字都是以"口"为部首的，而我们刚刚回忆过，"口"字是什么字？

生：全功能零合成字！

师：对，这些字都是以"口"为部首，而"口"字又是全功能零合成字，同学们想想，同为全功能零合成字的"月"是不是也可以构成很多字呢？举例说说看。

生：是的，有"胸""腿""胳""膊"。

师：很好，的确还有很多。比如全功能零合成"日"字，可以构成

"时""昏""旦""早"等。通过以上的举例，同学们从这些汉字现象中发现什么了吗？

生：全功能零合成字可以做部首，组成很多新字。

师：真棒！全功能零合成字是我们汉字学习的基础，可以构成很多其他的字，而且还都是这些字的表义构件，这是因为全功能零合成字本身具有意义，充当表义功能构件时，自然把自身的字义带入新字的构形中，这就是构件构意作用的体现。汉字构形中每一个构件都有其功能和作用，其功能作用的体现就是构形所反映出的构意（渗透"构件"与"部首"的关系，构件的功能作用对理解字义的作用，构形反映构意等汉字构形的特点及规律）。

生：好神奇。

师：这三组字刚刚跟老师说，它们都是一家子，"口"字是它们的妈妈，那同学们想想，它们的妈妈要怎么区分这么多孩子呢？

生：读音不一样！

生：长的也不一样啊！

师：我们刚刚说过，这三组字都是义音合成字，当它们都用"口"来表示意义时，右半边应该是什么？

生：是提示读音的！所以是因为它们的读音不一样！

师：对，当这些字是相同义类时，就用不同的读音来区别它们（同类字以音别）。

师：还有"蜘""蛛""蜻""蜓""蝴""蝶"，这些字也是同类字，用不同的读音来区别。

师：老师问了它们，它们说它们的分组还是有原因的呢！我要考考大家。同学们，可以小组讨论一下，观察一下这三组字为什么这样分组（教学手段：运用讨论方法，让学生思考并学会小组合作，在合作中探究）。

生：讨论（了解学生的讨论情况）。

师：提示一下，大家可以从这些字的意思上看看能发现什么？

生：哦，知道了，知道了。

师：好，请同学们坐好，我们来找一个小组的代表起来发言。

生：第一组"叫""喊""嚷""吼""吵""啼""唤"是与说话、发声相关的。第二组"咬""嚼""咽"是与吃有关的。第三组"啪""哗"

"嗡"是刚刚学过的拟声词。

师：哇，简直太棒了，其他小组还有不同意见吗？

生：没有。

师：好，那跟着老师一起看一看。我们先看第一组："叫""喊""嚷""吼""吵""啼""唤"这些字都表示人口所出的声音。第二组："咬""嚼""咽""啃""吞""含"都表示用嘴吃东西。第三组："啪""哗""嗡""嘟""呜""嘀"都是用口发出模仿的声音——拟声词。

师：这三组字共同的特征是什么？

生：都有"口"，表示嘴巴，因为我们的嘴巴可以发出声音，也可以吃东西，还可以模仿声音。

师：哇，总结得很棒，请大家给他掌声。

师："口"字的解释就是"人和动物吃东西、发声的器官。"我们可以发现发声、吃喝、拟声这三类字都与"口"的本义相关。是不是没有想到我们的汉字竟然这样的神奇，我们的汉字虽然学习的时候是一个字一个字学的，但其实我们将这些字放在一起就会发现字与字之间是有联系的，这就是汉字构形的系统性，也是汉字构形规律的体现（渗透表义功能构件在汉字构形中体现出的汉字构形系统性的作用）。

师：那老师想给大家布置一个拓展性的作业，我们知道"氵"与"水"有关，那"氵（水）"相关的字是不是也和"口"字一样具有系统性呢？大家课后可以利用小组合作，尽可能写下以"氵（水）"为部首的字，然后尝试对其进行分类，看看"水"能够体现出怎样的构形系统性。

5. 教学总结

通过"吱"字的讲解帮助学生巩固义音合成字的知识，利用以"口"为部首的三组字让学生感受同类字以音别的义音合成字的特点，通过小组讨论，引导学生自己发现这三组字的字义所表示的声音、吃喝及拟声三种不同的类型，且均与"口"的本义相关，让学生体会全功能零合成"口"字，在义音合成字（啪、哗、吱、嗡等字）中充当表义功能构件时所体现出的汉字构形系统性的特点。在中段还有很多义音合成字可以通过这样的方式进行讲解，例如，"梨""橙""橘"，"跤""踩""踩""跌"等。教学时可以参考本章表2-4中段合成字文字学部首分类统计表，在表中将文字学部首与全功能零合成字及表义功能构件三者融合，对同类义的字进行了划分，为体现汉字构形系统性的讲解提供了充分的教学材料。

布置拓展性作业的目的是让学生写出以"氵（水）"为部首的字，运用课堂所展示的方法尝试分析义音合成字，以此感受义音合成字的特点，从而掌握义音合成字。

教学实践示例2

1. 学情分析

学生已学过"漂"和"飘"，但两字在辨析组词方面是学生较易出错的字，通过分析，其致误的根源在于学生对"漂"和"飘"的构意不清楚，因此在教学中需将二字放在一起以辨析的方式进行教学，让学生在准确理解"漂"和"飘"构意的基础上掌握二者的意思。

2. 教学目标

（1）巩固学生对全功能零合成字"风"和"水"的意义理解。

（2）发现全功能零合成字"水"和"风"在义音合成字"漂"和"飘"中充当表义功能构件的作用，在汉字构形中充当部首的作用，感受"构件"与"部首"的关系。

（3）感受"漂"和"飘"在读音方面相近的特点，其原因均是以"票"字作为示音功能构件，再以此使学生理解音同义别的义音合成字的另一个特点。

3. 教学内容

"漂"和"飘"从字形结构来看两个字都是典型的义音合成字，构件"氵"和"风"分别在"漂"和"飘"字形中充当表义功能构件，二字的示音功能相同都是"票"。因"漂"的表义功能构件是"水"，所以其字义为"浮在水中"；因"飘"的表义功能构件是"风"，所以其字义为"回旋的风"，二字字义的区别正是通过各自不同的表义功能构件所带入的构意体现的。

4. 教学实践过程

师：同学们，我们今天来学习"漂"和"飘"这两个生字。

师：我把"漂"和"飘"放在一起，同学们有没有什么发现呢？（教学手段：通过引导启发学生思考，体会汉字学习方法）

生：字形中都有"票"为构件，并且这两个字的读音相同。

师：嗯，没错。这两个字的读音相同，那这两个字在意义上有什么区别呢？"漂"和"飘"分别是什么意思呢？

生："漂"字的部首是"氵"，所以"漂"的字义与水有关。"飘"字的部首是"风"，所以"飘"的字义与风有关。

师：太对了！"氵"在"漂"字中做部首，"氵"就是"水"，做偏旁时写作"氵"，"水"是全功能零合成字，在义音合成字"漂"中充当表义功能构件，所以"漂"的字义是指"漂浮在水上"。而"飘"从"风"，"风"也是个全功能零合成字，在义音合成字"飘"中充当表义功能构件，同时也是一个"部首"字！表明"飘"的字义是"在风中飘动"。

生："氵（水）"做部首，就是在水上漂，"风"做部首，就是在风中飘。汉字构形太有趣了。

师：的确！这就是汉字构形的系统性，汉字构形是有规律的，看似一个个孤立的汉字，其实在其构形的内部体系严密，我们学习汉字就要掌握这些特点和规律，从汉字学科学理的角度理解汉字，认识汉字，掌握汉字。感受汉字的魅力，体会汉字在体现中华文化方面的作用，热爱汉字，用好汉字（体现在汉字教学过程中，通过汉字学理知识的讲授自然地渗透与汉字思政教育融合的内容）。

师："漂"在水中漂浮是通过构件"氵（水）"表现出来的。"飘"在风中飘动是通过构件"风"表现出来的。"漂"和"飘"读音上相同，是构件"票"体现出来的。这样的字，同学们还能举出例子来吗？

生：老师，清水的"清"和蜻蜓的"蜻"。

师：哇！是的。还有吗？

生：柱子的"柱"和停住的"住"也是。

师：嗯，还有很多，就不一一列举了。我们来看看刚刚同学们说的这些字，读音都是相同的，但是字义却不同，为什么？

生：因为部首不一样！

师：嗯，部首在这些字中又有什么作用？

生：表义作用。

师：对！上面这些字中的部首都是全功能零合成字，它们在合成字中都能充当义音合成字的表义功能构件，把自身的字义带入义音合成字中，表示义音合成字所属的义类，这就是义音合成字中表义功能构件的作用。字音相同是因这些字的示音构件相同的结果。

5. 教学总结

通过对义音合成"漂"和"飘"的对比教学，不仅让学生在表义功能构件"氵（水）"和"风"的辨析过程中明确"漂"和"飘"的字义，而且让学生理解相同示音功能构件"票"在构形中的作用，同音义别。通过学生举的"清"与"蜻"，"柱"与"住"，了解学生对义音合成字相关知识的掌握情况。义音合成字是汉字构形模式中数量最多的一类字，在各个学段都是最多的，最适合群字讲解，通过表义功能构件及示音功能构件双向功能作用，展示汉字构形的系统性。说明汉字的表义功能构件不仅在形体上具有类聚功能，而且在意义上同样具有类聚功能。义音合成字的学理内容在汉字教学过程中的充分运用，是汉字教学可资利用得很好资源，可融知识性、趣味性、文化性为一体，是激发学生热爱汉字的最佳教学内容。

（四）半理据字的教学实践

王宁先生在《汉字构形学导论》中给半理据字下的定义：字形在演变过程中，由于构件的变异或者黏合，使得字形在视觉上已经部分失去了构意的字。由于半理据字学生在理解起来是较为困难的，所以在讲解这类字形时需要通过溯源的方式，让学生理解。

教学实践示例

1. 学情分析

"凰"是半理据字，学生对于半理据字没有接触过，所以在中段汉字教学中，对于半理据字可以通过溯源的方式进行讲解。

2. 教学目标

(1) 初步理解"半理据字"的含义。

(2) 通过溯源的方式,让学生理解"凰"的含义。

(3) 回顾汉字的演变过程。

3. 教学内容

从"凰"字形结构上来看是个典型的半理据字,构件"几"在"凰"中不表示意义,"皇"是示音功能构件。"凰"的释义为"凤凰鸟"。

4. 教学实践过程

师:同学们,老师今天带大家来认识一下古代传说中的百鸟之王"凤凰",常用来象征祥瑞。雄的叫凤,雌的叫凰,请看,这就是凤凰的图片,我们可以看到,它不愧是百鸟之王。

师:请大家看这个图是什么呢?

生:是"凤凰"。

师:很棒,这个其实是"凰"字的甲骨文,是凤凰鸟的样子。

师:这个"凰"字可以分为两个构件,你们知道吗?

生:是"几"和"皇"。

师:那你们发现了什么吗?

生:"皇"和"凰"的读音一样,这个字是义音合成字。

师:这个字真的是义音合成字吗?我们来回顾一下义音合成字除了提示读音,还要提示这个字的意义吧,比如,"吱"字,"支"提示了这个字的读音,"口"提示了这个字意义与嘴巴有关,那"几"在这里提示了什么意义呢?

生:思考……

生:老师,好像没有意义。

师:是的,我们来看看"凰"的字形演变,我们发现"几"在这里有具体的意思吗?

生:没有。

师:我们看"凰"这个字,"几"这个构件没有意义,"皇"来提示读音,这样的字由于构件的演变,部分构件失去了意义,这样的字叫做理据半失字。

5. 教学总结

半理据字的讲解可以和之前讲过、接触较多的义音合成字和会义合成字放在一起进行学习，让学生理解不是所有的构件都有意义或者是能提示读音，也有的构件是没有意义的，但是这部分的字中段的孩子们还是初次接触，所以理解起来可能会有点困难，还是需要在今后遇到这样的生字时，放在一起进行学习。

（五）无理据字的教学实践

王宁先生在《汉字构形学导论》中给无理据字下的定义：指字形在演变过程中，由于构件的变异或者黏合，使得字形在视觉上已经全部失去了构意的字，其构形不可拆分。由于无理据字学生在理解起来是较为困难的，所以在讲解这类字形时需要通过溯源的方式，让学生来理解。

教学实践示例

1. 学情分析

"争"是无理据字，学生对于无理据字没有接触过，所以在中段对于无理据字可以通过溯源的方式，进行讲解，并且可以和理据半失字进行对比讲解。

2. 教学目标

（1）初步理解"无理据字"的含义。

（2）通过溯源的方式，让学生理解"争"的含义。

（3）回顾汉字的演变过程，回顾无理据字的含义。

3. 教学内容

从"争"字形结构上来看是个典型的无理据字，让学生理解无理据字。

4. 教学实践过程

师：同学们，还记得我们之前学过的"凤"是属于什么构形模式吗？

生：半理据字。

师：我们来回顾一下半理据字。首先"凤"字可以分为两个构件：一个构件失去了意义，一个构件还有意义。

师：今天的"争"字，大家来看看它可以分吗？

生：不可以。

师：我们之前学过的什么字，也不可以拆分呢？

生：全功能零合成字。

师：对，谁能举几个全功能零合成字例子呢？

生："日"。

生："月"。

生："口"。

生：……

师：对，还有很多很多这样的字，那我们来看看"争"字的古文字形，像是什么呢？

生：好像上下两只手，中间是一个东西？

师：这个字的本义是两只手在争夺物品的意思。

师：我们可以看到"争"字在字形演变过程中，由于构件的变异或者黏合，使得字形在视觉上已经全部失去了构意的字，其构形不可拆分，所以这样的字是无理据字。

5. 教学总结

无理据字是指字形在演变过程中，由于构件的变异或者黏合，使字形在视觉上已经全部失去了构意的字，其构形不可拆分，这部分的字中段学生还是初次接触，所以理解起来可能会有点困难，但是这样的生字通过溯源的方式来让学生理解其含义还是相对容易的。而对于无理据字这部分的讲解也需要通过溯源的方式，让学生看到汉字字形的演变过程，加强学生的理解。

二、小学中段汉字教学策略

(一) 中段汉字的总体教学策略

根据小学中段汉字教学实践,结合汉字教学理论小学中段汉字教学的总策略有以下四点。

1. 以汉字学理论为指导

小学中段汉字教学要在汉字学理论指导下进行,要遵循汉字学科自身的规律,要符合汉字学理的特点,科学地讲解汉字。王宁先生在《汉字教学的原理与各类教学方法的科学运用》一文中对这个问题有详细的阐述。

她指出:"科学的汉字讲解,就是要在不违背汉字构形规律和演变规律的前提下,对构意直接、明确的字加以准确讲解;或对需要经过推源再来讲解的汉字,推源后再来讲解。在讲解个体汉字时,要把它放到汉字构形系统中去,找到它应有的位置再来讲解,以免讲了一个,乱了一片。"[1] 具体内容包括以下五个方面:

(1) 不可讲错构件的形音义。汉字是由构件组合而成的,每一个组成字的成字构件,都已有确立的形、音、义,讲错了构件的形、音、义,就会使整个字的讲解发生错误。

(2) 不可曲解构件体现构意的功能。汉字的构件在进入构字后,就具有了或表形、或示音、或表义、或区别标示的功能,解释汉字必须依据它们的客观功能。讲错了或曲解了构件的功能,就会使整个字的讲解发生错误。

(3) 不要把层次结构讲成平面结构。由基础元素组构成汉字,大部分是依层次逐级组构的,构意是逐级生成的。小部分是一次性平面组构的,以集合的方式产生构意。在讲解汉字时,既不能把层次结构讲成平

---

[1] 王宁.汉字教学的原理与各类教学方法的科学运用(下)[J].课程·教材·教法,2002(10).

面结构,也不能把平面结构讲成层次结构,否则就会发生错误,而人们常犯的错误是不懂得汉字构意依层次生成的道理,见一个构件讲一个构件。

(4) 对黏合、省简、变形、错讹而变得无理据的字不可乱编理据。

(5) 用汉字构形系统成批或类推讲解汉字构意时,要进行有理归纳,不可仅因形体相同而认同。汉字构形是成系统的,现代汉字90%以上是形声字,讲解汉字可以利用形声字的声符系统和义符系统通过归纳和演绎成批地进行。[1]

汉字教学只有依据汉字构形属性讲解汉字,才能在人讲错汉字时运用汉字构形学的原理指出其错误所在,所以"依据汉字构形规律科学地讲解字理"[2]是汉字教学必须遵循的普遍学理。

2. 以学生的心理认知特点为基础

小学中段汉字教学要依据本学段学生的心理认知特点和接受能力,由此来确定教学内容和教学方法。

3. 以承上启下的层级特点为标准

小学中段汉字教学要依据其汉字教学材料1543个生字的梳理与探究结果,在知识内容方面突出体现本学段知识的层级性特点,以显示中段汉字教学在小学汉字教学中所处的承上启下的地位,巩固低段所学,做好与上下学段之间在知识与内容上的衔接,注重体现在低段基础上的提升及为高段所学应做的铺垫工作。

4. 以学生掌握汉字的学情为依据

小学"中段"按照王宁先生在《汉字教学的原理与各类教学方法的科学运用》一文中对识字教学阶段的划分,应属于中期积累阶段,这个阶段的特点是识字量大幅度增加的阶段,王宁先生对这个阶段的汉字教学给出了具体的建议和指导。

---

[1] 王宁.汉字教学的原理与各类教学方法的科学运用(下)[J].课程·教材·教法,2002(10).

[2] 王宁.汉字教学的原理与各类教学方法的科学运用(下)[J].课程·教材·教法,2002(10).

（1）这个阶段学生因掌握汉字数量的增多，其汉字教学方法可由初期完全靠机械识记、轮廓的整体识记及不使用理性分析的教学方法，转为对"字理"❶的归纳方法。因此，阶段识字数量的增加，同音字、同形字频率上升，"字理"在辨异中的作用显得格外重要。

（2）这一阶段字理作用的显现越来越明显，是利用"字理"归纳法引导学生建立汉字表意性和形声系统性观念的有利时机。

（3）由于此阶段学生掌握汉字数量的增多，汉字表意性观念已初步建立，因此可在此充分利用表意汉字与文化的联系，在教学内容中体现汉字的人文性，挖掘汉字的趣味性。

（4）此阶段汉字教学效果的检测标准有三：一是学生识别字形时依靠字理掌握意义的深入程度，二是考查学生无形之中形成的关于汉字的正确观念的程度，三是学生书面阅读和表达能力的提高程度。❷

以上四点小学中段汉字教学策略，是在汉字教学实践过程中总结提炼出来的，既有学理依据又有实践体验，是小学中段汉字教学的总体策略，是进行所有构形模式讲解都需遵循的原则；也是小学中段汉字教学的总的指导思想，是教师制定教学方案、进行教学设计的依据，还是实现教学目标，完成教学任务，确定教学方法的决策性纲领。

---

❶ 此处的"字理"是指运用"字理识字"的教学方法，王宁先生对此有具体的解释和说明："字理识字是利用汉字形义统一的原则，加强对字理的讲解，使识字教学逐步理性化，它的根据和优点：(1)它以汉字的义符系统为纲，切合汉字表意文字的性质，易于产生对汉字的正确观念；(2)易于培养归纳和演绎的思维能力。它适用于中后期积累阶段，它的局限：(1)字理只能在积累达到一定数量后才能对教学起作用，因而初期难以使用；(2)现代汉字并不都有字理，生硬的、编造的讲解反而会扰乱汉字构形的系统性，破坏已经取得的成果。有一种叫做"联想识字"的方法，违背汉字规律，乱编理据，把形声字都讲成会意字，这不是真正的字理教学，危害很大，是不能采用的。"[王宁.汉字教学的原理与各类教学方法的科学运用(下)[J].课程·教材·教法，2002(10).]

❷ 王宁.汉字教学的原理与各类教学方法的科学运用(上)[J].课程·教材·教法，2002(10).

（二）中段汉字三种构形模式的具体教学策略

1. 传承式全功能零合成字的教学策略

传承式全功能零合成字因是从古文字的独体象形字直接演变而来，通过追溯古文字形，则能突出汉字的表意性，所以在进行全功能零合成字的教学时，一定要充分利用传承式全功能零合成字这一特点，把汉字在构形方面体现出的表意性质渗透在传承式全功能零合成字的讲解中。

2. 会义合成字的教学策略

（1）依据会义合成字的构形是由两个或多个表义功能构件组合的特点，在进行 135 个会义合成字的教学过程中，可充分利用这一特点，渗透汉字构形是由构件组成的学理知识，通过会义合成字中表义功能构件的作用，渗透构件在构形中可分析的特点，分析的依据则体现为构件在构形中体现的不同功能与作用。

（2）由会义合成字中表义功能构件皆由全功能零合成字组成这一特点，在讲授会义合成字时可以渗透全功能零合成字是汉字构形基础的学理知识，让学生充分感受到汉字与汉字之间彼此存在着相互联系的特点，由此让学生充分领会一个个孤立汉字的背后的密切关系，而这种汉字与汉字之间彼此的关联性正是汉字构形系统性的表现。

3. 义音合成字的教学策略

（1）义音合成字是由表义功能构件与示音功能构件组合而成的，在中段汉字教学材料中数量最多，共有 1114 个，占 1543 个生字总数的 72.20%，在中段汉字教学中是非常重要的一种汉字类型。在进行 1114 个义音合成字的教学过程中，可充分利用义音合成字的特点，渗透汉字构形是由构件组成的学理知识，通过义音合成字中表义及示音功能构件的不同作用，渗透构件在构形中可分析的特点，说明汉字构形分析正是依据构件在汉字形体中表现出的不同功能与作用进行构形模式划分的。

（2）充分利用义音合成字的声符系统和义符系统进行归纳和演绎，让学生充分体会义音合成字在体现汉字构形系统性方面的作用。同时借助表义功能构件和示音功能构件双维系统对汉字的同音字与同义字现象进行

"学理"归纳；在表义功能构件相同的情况下，借助示音功能构件对同类字进行区别；在示音功能构件相同的情况下，借助表义功能构件对同音字进行区别，使学生通过义音合成字的学习能够掌握音同汉字以义别，义同汉字以音别的方法，使学生具有初步的独立识字能力。

4. 半理据字的教学策略

半理据字是指在字形演变过程中，由于构件的变异或者黏合，使字形在视觉上已经部分失去了构意的字。所以这部分生字的讲解必须要为学生展示字形的演变过程，让学生通过演变的过程理解生字的含义，同时也可以将其他能够拆分的合成字放在一起对比，让学生了解也有部分构件由于变异或者黏合，使得该部件没有意义。

5. 无理据字的教学策略

无理据字是指字形在演变过程中，由于构件的变异或者黏合，使字形在视觉上已经全部失去了构意的字，其构形不可拆分。这部分生字的讲解和半理据字的讲解同样，需要通过溯源的方式，让学生通过字形的演变，了解生字在演变过程中的变异或黏合。

第四节 小学中段汉字教学建议

一、全面了解小学汉字教学体系

尽管本章研究的内容是小学中段汉字教学，但小学汉字教学是一个整体，各学段之间存在着相互的联系，所以只有全面了解小学汉字教学体系，才能明确各学段的汉字教学；只有充分了解各学段在内容上的相互联系，才能在教学中注重各学段汉字教学内容的层级性和衔接性，才能把小学汉字教学统筹规划与合理安排落到实处，才能建立健全科学完善的小学汉字教学体系，最终实现小学汉字教育科学化的目标。

二、重视全功能零合成字的构形基础作用

在实践教学中,发现教师对全功能零合成字的教学比较忽视,如"丰""斗""寸""尸"等字,教师认为字形较为简单,所以不讲。针对这一问题,建议教师可以重视全功能零合成字在汉字教学中的基础作用。全功能零合成字是小学一年级学生最先接触的字,不仅在小学低段是教学的重点内容,在中段进行汉字教学中也是重点知识。全功能零合成字是汉字构形基础,可以在合成字中做表义功能构件或者示音功能构件,还可以体现出汉字构形的系统性。如全功能零合成"尸"字,教师在讲清楚"尸"字的构形与构意后,为学生之后理解"尿""尾""屎"等字奠定了扎实的基础。

三、注重体现汉字构形系统性的展示

在访谈与实习听课中发现,教师在进行汉字教学时,只讲课文后出现的生字,很少将之与学过的生字联系,针对这一问题,建议教师在尊重汉字"学理"的基础上,联系学生学过的汉字,通过归纳和演绎的方式成批地进行汉字教学,让学生充分体会汉字构形的系统性。因为中段学生已经认识了 1600 个生字,有了一定量的积累,并且随着学生汉字数量的逐渐增多,字理的显现越来越明显,在教师的引导下,学生很容易进入字理归纳,如"妈""奶""妹""姐""姑""嫂"等字,在这些字积累到一定数量后,"女"字与这些字的关系就很容易显现出来。

四、在"学理"基础上挖掘汉字教学的趣味性

在教学实践中,有的教师为了增加汉字教学的趣味性,编造一些带有趣味性的歌谣或顺口溜,但这种做法却违背了汉字构形的规律,这种趣味性是本末倒置的。针对这一问题,建议教师在文字学知识指导下,利用汉字构形特点及规律去发掘汉字的趣味性。例如,通过汉字构形的形象性所反映出来的文化内容来增加趣味性,在讲传承式全功能零合成字时,展示

汉字的古文字形,让学生感受汉字的形象性,挖掘其中所体现的文化元素,丰富学生对汉字知识了解的情况下,感受汉字的魅力。

五、教学检测方式的多元与丰富

在实践教学中发现,教师用来了解学生掌握生字的方式就是标拼音、默写、组词等方式。针对这一问题,建议教师可以采取多样的教学检测方法,例如,出示汉字古文字形让学生与生字相对应,回忆所学过全功能零合成字;通过小组比赛的方式,以部首为纲考查学生掌握汉字的情况等,这样的方式不仅可以考查学生对汉字"形音义"的把握情况,也可以考查学生对所渗透的汉字学理知识的把握情况。

六、提高教师自身的文字学素养

小学语文教师文字学基础知识储备不足是目前普遍存在的问题,也是汉字教学存在的最大问题,还是渗透汉字学理知识于汉字教学无法落实的关键问题。针对这一问题,建议教师要加强自身的汉字理论知识的学习,努力提高自身的文字素养,提高汉字教学水平和能力。例如,可以观看王宁先生的《汉字构形学导论》等相关学者的文字学理论著作,或在"国图公开课"中观看相关课程,了解汉字的基础知识,提高自身的汉字理论水平。

第三章

汉字学理与小学高段汉字教学

　　汉字教学作为语文教学的基础，在任何一个阶段都需要得到应有的重视。汉字学理与小学高段汉字教学的研究，主要通过探索小学高段汉字教学内容本身以及与上下学段汉字教学内容之间的相互关系，体现小学高段汉字教学在义务教育阶段汉字教学中所起到的承上启下的作用，为义务教育阶段汉字教学体系的建立提供科学的理论和实践依据。

　　汉字学理与小学高段汉字教学的研究主要基于以下三个方面的思考：第一，从课标的角度思考小学高段汉字教学的理念及要求；第二，从学界研究的角度了解小学高段汉字教学的研究情况；第三，从教学现状的角度明确小学高段汉字教学存在的问题。

　　《课标》颁布以后，"汉字教学"的理念得到更新，即"汉字教学"不是纯粹的阅读、写作内容的辅助教学，而是能够发展学生人文精神的"汉字教育"。巢宗祺先生曾明确提出："语文教师需要切实转变汉字教育理念，应该认识到学习汉字，不仅在于使学生掌握阅读的工具和书写的技能，而且有利于增强学生对祖国语言文字的热爱和对中华民族文化的理解，提高审美感受力，还有利于增强规范意识，养成良好的习惯和性格。"❶《普通高中语文课程标准（2017年版）》作为教育部落实立德树人根本任务修订的最新成果，进一步强调"汉字教学"理念的更新。在"语言积累、梳理与探究"学习任务群的目标与内容中，课标首先提出要帮助学生积累有关汉字、汉语的理性认识，还要使学生们真正感受到汉字、汉语与中华传统文化的关系及汉语的民族性，从而增强对祖国语言文字的感性认识，最终达到理性认识和感性认识的统一。❷ 理念是实践的目标和方向，从义务教育阶段到高中阶段，要想"汉字教学"真正实现工具性和人文性的统一、学生理性认识和感性认识的统一，汉字教学过程是其重要的实践形式，各个学段的共同努力是其根本的达成方式。

　　小学高段即第三学段对应着5~6年级，在"学习目标与内容"方面，课标对此学段学生提出的具体要求是"有较强的独立识字能力；累计认识常用汉字3000个左右，其中2500个会写"❸，在"识字与写字"的评价建议中，课标对此学段提出"要考察学生认清字形、读准字音、掌握汉字基本意义的情况，以及在具体语言环境中运用汉字的能力，借助字典、词典等工具书查检字词的能力；第三、第四学段要重点考察学生独立识字的能力"❹。综合以上内容，可以知道《课标》对小学高段汉字教学提出的要求，主要体现在目标的阶段性与整体性的统一、识写分流及独立识字能力三个方面。据此，关于小学高段汉字教学的目标，在认识上必须明确三点：第一，小学高段的阶段性汉字教学目标与义务教育阶段汉字教学的整体目标是统一的，小学高段要处理好高段与低段（第一学段）、高段与中段（第二学段）、高

---

　　❶ 施久铭.语文：聚焦"语言文字运用"——《义务教育语文课程标准（2011年版）》热点问题访谈[J].人民教育,2012(6).
　　❷ 中华人民共和国教育部.普通高中语文课程标准（2017年版）[S].北京：北京师范大学出版社,2018：16.
　　❸ 中华人民共和国教育部.义务教育语文课程标准（2011年版）[S].北京：北京师范大学出版社,2012：12.
　　❹ 中华人民共和国教育部.义务教育语文课程标准（2022年版）[S].北京：北京师范大学出版社,2022：28.

段与初中阶段（第四学段）的衔接关系，在小学与初中之间架起汉字学习的桥梁，以实现汉字教学的总目标；第二，小学汉字教学识写分流，先识后写，识字教学是写字教学的基础，是汉字教学的重要内容；第三，小学高段识字量将达到3000字左右，汉字教学的目标是培养学生具有较强的独立识字能力。

由上可见，要想实现"汉字教学"新理念，小学高段汉字教学是其重要的一环，它在小学汉字教学和初中汉字教学中处于桥梁地位，具有承上启下的重要作用。"识字"是小学汉字教学的重点，为此汉字学理与小学高段汉字教学其研究视角仍将聚焦在小学高段汉字的"识字"教学方面。

小学高段汉字教学是小学汉字教学的重要组成部分，在义务教育阶段汉字教学中起着承上启下的重要作用，理应重视。故此，以"小学高段汉字教学"为研究内容，既为小学汉字教学扩大了研究范围，也凸显了研究的现实意义和价值。

识字不是一个静止的状态，而是一个不断深入的动态过程。学生从最初识字到最终掌握3500个常用字，是一个不断深入发展的过程。目前，小学高段汉字教学没有真正达成巩固提升的目标，一个重要原因就是教师在学理知识上的不精透和不丰富，难以承担起巩固常用字汉字学理知识的重任。因此，站在学理的高度，遵循汉字自身的规律，建立一套以渗透学理为目标的教学基本范式有着非常重要的理论意义和实践意义。

汉字教学是语文教学的基础，小学高段汉字教学是义务教育阶段汉字教学的重要组成部分，起着承上启下的重要作用。从学理的高度对小学高段汉字教学进行深入探究，不仅有助于加强小学高段汉字教学的研究，扩大小学汉字教学的研究范围，而且有助于建立健全义务教育阶段汉字教学的理论体系，提升汉字教学的科学性，为"汉字教育"新理念的最终实现保驾护航。

在科学的汉字学理论指导下，明确小学高段汉字教学的目标，规范小学高段汉字教学的内容，使小学高段汉字教学实践有理可依、有章可循，提升小学高段汉字教学效率和质量的同时促进小学高段汉字教学科学性的实现。

　　汉字教学是汉字本身的教学，小学高段是小学识字的后期积累阶段，在此阶段汉字教学到底讲哪些字、不讲哪些字、如何讲字，这些都是由小学高段汉字本身决定的。因此，汉字学理与小学汉字教学主要研究内容是小学高段识字表与写字表中的896个不重复生字。具体做法是先对小学高段896个汉字进行文字学属性分析，由此了解小学高段896个汉字所蕴含的各方面学理知识，在对小学高段汉字整体把握的基础上，科学合理地确定小学高段汉字教学内容及教学方法。

第一节 小学高段汉字教学材料的梳理

一、小学高段汉字教学材料的确定

汉字教学是汉字本身的教学,小学高段汉字教学到底讲哪些字,不讲哪些字,如何讲字,这些都是由小学高段汉字本身决定的。在《课标》强调"识写分流"的要求下,统编版小学语文教材将所需掌握的汉字分别为"识字表"和"写字表",这就是小学高段汉字教学材料的重要来源。本书侧重从"识字教学"的角度展开讨论,故无论是识字表还是写字表中的汉字,"会识"都是最基本的要求。为此,小学高段汉字教学材料是明确而具体的,即统编小学语文五、六年级识字表、写字表中的所有生字(见表3-1)。

表3-1 统编小学语文五、六年级不重复生字

	五年级上册不重复生字(360)
1	鹭 嫌 黛 嵌 匣 嗜 宣 鹤 朱 框 哨 恩 韵
2	亩 吩 榨 便 榴 矮 播 浇 咐 亭 慕
3	笋 杭 懂 兰 婆 糕 饼 浸 缠 茶 捡
4	蔓 幽 悉 雏 哟 柜 享 陪 待 趴 脸 眸
5	汛 间 谴 惰 衡 协 绰 访 鞋 挽 隔 懒 稳
6	璧 臣 蔺 强 诺 划 罪 廉 抵 御 辞 辱 擅 削 袍 召 议 宫 献 典 抄 怯 拒 荆
7	鸵 赢 冠 瀚 俯 喷 枚 箭 筒 束 赤 圈 置
8	侵 略 垒 任 丘 掴 陷 拐 岔 筑 堡 党 妨 蔽
9	酬 誓 谎 牺 珍 叮 嘱 塌 焦 延 悔 扶
10	嫂 恳 筛 歹 罕 梭 狱 酿 瞄 拘 落 郎 爹 辆 纱 妻 赵 托 泳 婚 辈 挨
11	俭 皇 偎 衰 泰 珊 瑚 礁 筐 拗
12	乃 熏 亥 恃 撼 祭 哀
13	泻 鳞 惶 胎 履 哉 潜 试 疆

续表

14	估 煌 殿 珑 剔 澜 陵 宏 奉 烬 毁 拱 辉 览 境 唐 闯 统 销
15	瞒 域 艇 矛 盾 炊 哼 喉 咙 勺 搅 舀
16	摄 殖 炭 疗 氏 粮 区 杀 菌
17	驯 矫 歇 权 薛 狭 勉 锥 鼠 秀 玲 窝 滑 拾 梳
18	魄 抑 颓 纫 噪 褐 惫 耽 兜 龟 权 碌 吊 脊 竟 哇 忍 酸
19	茧 栈 冤 柱 惚 跷 僻 迪 嫁 缴 榜 兼 嘲 枕 蚕 考 疼 席 糖 屑 启 钉 毕 暑 煮
20	眷 励 篇 版 祥 歧 谨
21	榆 畔 更 聒 孙 泊 愁 寺
22	旷 怡 凛 冽 逸 黎 晕 漆 幕 愈 免
23	桨 桩 暇 榕 纠 涨 塔 梢 眉 抛
24	悄 累 袅 嫦 娥 嫉 妒 瓷
25	耻 识 矣 岂 诲 谓 诵 恒 窥 皆 缺
26	舅 斩 凯 葛 浒 传 着 鲁 煞 寇 贾 卷 刊 琐 栩 呻 某 津 限 述 朴
27	喻 差 瘾 奔 籍 饥 偿 甸 馈 磁 委 酵 皎 鉴 沥
五年级下册不重复生字（296）	
1	昼 耘 供 稚 漪 桑 晓
2	蚱 晃 啃 樱 蚌 割 嘟 倭 拴 啰 逛 蝴 蚂 嚓 拔 瞎 铲 锄 承 瓢
3	徘 徊 渺 篝 萌 澄 澈 旖 旎 瑞 莱 垠 顷 峨 燕 缀
4	葬 腮 虬 玷 郑 秉 飕 码 撩 绢 眷
5	瑜 忌 督 幔 寨 擂 呐 弩 丞 曹 遮 插
6	倚 箸 碟 斤 俺 杖 擒 勿 肋 踉 跄 呵 胯 霹 雳 咆 哮 锤 冈 申 拖 坠 膛 截
7	芝 遂 进 涧 獐 猕 猿 耶 挈 瞑 窈 楷 镌 挠 劣
8	恰 屉 嫣 讳 晦 墩 钗 敞 雯 袭 喇
9	仞 岳 蓟 涕 裳 襄 摩 遗 巫
10	彭 拟 谋 赴 殊 蹄 踏 黯 革 损 锻 炼 搞 尊 签
11	沃 匪 绷 衷 堪 庆 诊 龄 审 剂 施 吭 崭 慈 荣
12	筹 羚 俘 镯 吓 挡 企 彼 褂 坞
13	嘎 绊 揪 扳 腕 铸 颧 疤 监 任 痰 挡 跤 搂 仗 鞭 欺 剃
14	浆 傅 袱 蘸 馅 诈 怔 桶 障 圣 犯 轰 傻 捏

续表

15	吾 弗 夫 誉
16	策 荐 拳 擦
17	肆 桅 撕 唬 龇 咧 瞄 艘 舫 帽 逗 钩 扭 舱 鸥
18	尼 斯 艄 翘 姆 袴 雇 哗 纵 垫 帘 簇 笼
19	毡 牦 眺 膘 驰 爵 噜 吆 哞 畜 仪 骏 辽 绵 凳 铃 铛 罐 恢 踢 牲
20	译 愧 熠 遏 黏 刃 埃 滥 淤 湛
21	诣 禽 梁
22	拇 弦 揿 搔 窃 窕 秒 轧 拧 纽 仓 薄 庸 憎 痒 螺 扣 貌
23	胚 祸 患 赋 痴 绞 嘿 伊 娜 窖
六年级上册不重复生字（147）	
1	毯 陈 虹 蹄 腐 稍 微
2	雅 案 拙 糊 蕾 襟 恍 怨
3	德 鹊 蝉
4	/
5	律 崖 渡 索
6	副 弹 抡 贯 棋 悬 沸 雹 屹 悦 屈
7	政 宾 盏 栏 汇 爆 宣 帜 阅 制 坦 距 隆 射
8	/
9	豁 疙 瘩 棍 栽 橡 雕 跺 沮
10	谜 尚 氧 倾 揭 斑 燥 漠 素 盗 培
11	/
12	嗓 淌 哑 废
13	汹 涌 澎 湃 熄 掀 困 唉 淋 糟 嘛 皱
14	/
15	棚 苔 坪 蔗 瀑 增 缝 谚
16	袖 篷 缩 疯 瓦 喧 甩 嚷 酱 唇 蹦 梯
17	涯 莺
18	莹 裹 篮 蔼 资 矿 慷 慨 贡 基 睹
19	/
20	/

续表

21	巍 轴 锦 曝
22	谱 茵 盲 纯 键 缕 陶
23	/
24	拜 租 厨 羞 撒 缚 猸 伶 俐 窜
25	综 萍 藻 漾 焰 瞬 凝 骤 掷 陡
六年级下册不重复生字（92）	
1	蒜 醋 饺 摊 拌 眨 宵 燃 贩 贺 轿 骆 驼
2	腊 粥 腻 咽 匙 稠 肿 熬 缸 脏
3	侯 章 泣 盈 脉 栖 鸦
4	/
5	惧 凄 寞 宴 霉 聊 乏 栅 控 贷 毙 覆
6	/
7	/
8	藏 挪 蒸 裸
9	娟 砖 蚁 叨 揉 绽 搓 吻
10	络 凿 焚
11	避 峻 啪 瞪 瞅 靴 魔 刑 绑 执
12	彻 迂 迫 批 标
13	/
14	援 辫
15	惯 圃 盐 溅 蕊 魏 搜 蚯 蚓 阶
16	脆 拦 玻 璃 恶 怖 蟋 蟀

表 3-2 为统编小学语文高段识字表、写字表中的生字及数字统计。

表 3-2 统编小学语文五、六年级识字表、写字表的生字数量

年级	册数	识字表生字数/个	写字表生字数/个	识字表、写字表生字合计/个
五年级	上册	220	220	440
	下册	214	180	394
六年级	上册	/	180	180
	下册	/	120	120
总计/个			1134	

由表 3-2 可知，统编小学语文高段识字表、写字表共计 1134 个生字❶，但是部分生字不仅有会认的要求，还有会写的要求，因此会重复出现在识字表与写字表中。为了生字数的不重复计算，需要对这 1134 个生字进行对照梳理，从而确定小学高段汉字教学的实际生字量。

通过排除课内重复字（如"匣"在同一课的识字模块、写字模块中都出现，需删去其中一个），课间重复字（如"杭"在五年级上册第 3 课识字模块中出现，在五年级上册第 12 课写字模块中也出现，需删去其中一个），册间重复字（如"矛"在五年级上册识字模块中出现，在五年级下册写字模块中也出现，需删去其中一个），最终确定小学高段汉字教学材料不重复生字的数量总计为 896 个，见表 3-3。

表 3-3　统编小学语文五-六年级生字数量

册数	识字表、写字表生字总数量/个	课内重复字数量/个	课间重复字数量/个	册间重复字数量/个	不重复字数量/个
五年级上册	440	71	8	/	361
五年级下册	394	72	9	17	296
六年级上册	180	/	/	33	147
六年级下册	120	/	/	28	92
合计/个	1134	143	17	78	896

据此，小学高段汉字教学材料即 896 个不重复汉字。通过对这 896 个单字进行梳理，将探究归纳出小学高段汉字教学的学理知识点，再以此为据制定汉字教学的目标及教学内容。

二、小学高段汉字教学材料的梳理

陆宗达先生在回顾自己的学、教、研生涯时曾说过："中国'小学'的重要传统是'为实'，也就是严格地从文献语言材料出发，不事空谈，不做空泛的推论。"❷ 可见，只有从文献语言材料本身出发进行分析、归

---

❶ 识字表与写字表中的生字数未排除多音字数。
❷ 陆宗达. 我的学、教与研究工作生涯[J]. 文献,1986(10):86.

纳，得出的结论才有证可循，才不失为一种语言文字研究。有鉴于此，小学高段汉字教学材料的梳理就显得尤为重要。

（一）小学高段汉字教学材料的文字学属性测查

汉字"属性"是全面了解一个汉字的形音义所涉及的各个方面，也是比较多个汉字异同所涉及的各个方面。为了全方位、多角度地了解并认识小学高段汉字材料的文字学属性，以年级和教材为顺序，从汉字的结构类型、历代字形演变、造字法、汉字构形模式、语境等方面对小学高段汉字进行了文字学属性测查，并完成了"小学高段汉字属性测查表"。"小学高段汉字属性测查表"能够帮助快速查找并了解个体汉字的文字学属性，同时比较汉字在属性方面的异同，为进一步探求小学高段汉字的特点和规律打下了坚实的基础。

（二）小学高段896个汉字构形模式的分类与归纳

汉字的本体是字形，汉字的字源、字用、风格和它所携带的文化信息等都是基于汉字的构形规律，因此只有"把字形作为汉字的中心来探讨，才能从理论上研究其内在的规律"[1]。王宁先生吸取小篆构形系统的成功经验，把"六书"的结构—功能分析法与系统论方法有机结合，对甲骨文、金文、战国文字、小篆、隶书、楷书等不同时代的汉字构形进行分析，总结出能够涵盖古今汉字的构形模式。

构件是汉字构形单位，王宁先生通过分析整理历代汉字的构形特点，归纳出构件的功能：表形功能、表义功能、示音功能和标示功能，此外还有一部分丧失构意的记号构件。据此，王宁先生共归纳出11种汉字构形模式，见表3-4。[2]

---

[1] 王宁.系统论与汉字构形学的创建[J].暨南学报（哲学社会科学），2000（2）.
[2] 王宁.汉字构形学导论[M].北京：商务印书馆，2018：139.

表 3-4　汉字构形模式表及与"六书"对照

	构件	合成字	造形
1	全功能构件+0	零合成字	象形（独体字）
			指事（独体字）
2	表形构件+标示构件	标形合成字	指事（采用标示构件的字）
3	表义构件+标示构件	标义合成字	
4	示音构件+标示构件	标音合成字	形声（采用示音构件的字）
5	表形构件+示音构件	形音合成字	
6	表义构件+示音构件	义音合成字	
7	示音构件+各类构件	有音综合合成字	
8	表形构件+表形构件	会形合成字	会意（没有示音构件的字）
9	表形构件+表义构件	形义合成字	
10	表义构件+表义构件	会义合成字	
11	各类构件（无示音）	无音综合合成字	

从表 3-4 可以看出，11 种汉字构形模式"体现了'六书'的基本原理，避免了'六书'的局限，也能涵盖前四书"❶，因此，汉字构形理论无论是在理论上还是在分析汉字构形的操作上都是极具指导作用的。

1. 小学高段 896 个汉字构形模式的基础分类

对于中小学语文教师来说，汉字教学应当是科学的、符合汉字构形规律的，汉字构形学能够"为基础教学中的汉字教育提供简明而通俗的科学理论原则"❷，因此，"在普及方面，首先就是应用在各层次的汉字教育上"。❸ 据此，我们依据汉字构形模式对小学高段 896 个汉字进行了归类，整理出 5 种汉字构形模式以及半理据和无理据字（见表 3-5）。

---

❶ 王宁.汉字构形学导论[M].北京:商务印书馆,2018:140.
❷ 王宁.汉字构形学导论[M].北京:商务印书馆,2018:19.
❸ 李节.再谈汉字教育的科学性——北京师范大学教授王宁访谈[J].语文学习,2015(3):9.

表 3-5　小学高段汉字构形模式测查

构型模式	册数	汉字
义音合成字（777，86.7%）	五年级上册（291）	鹭嫌黛嵌匣嗜鹤框哨恩韵吩榨榴矮播 浇咐亭慕笋杭懂婆糕饼浸缠茶捡蔓幽 雏哟柜陪待趴脸眸汛遣惰衡绰访鞋挽 隔懒壁蔺强诺罪廉抵御擅削袍召议抄 怯拒荆鸵赢瀚俯喷枚箭筒圈置略任搁 陷拐筑堡党妨蔽酬誓谎牺珍叮嘱塌焦 延悔扶嫂恳筛罕梭酿瞌拘落郎爹辆纱 趟托泳婚辇挨俭偎珊瑚礁筐拗恃撒哀 泻鳞惶胎哉潜试疆估煌珑剔澜陵宏烬 毁拱辉觉境唐统销瞒域艇炊哼喉咙搅 摄殖炭疗菌驯矫歇权藓狭勉锥秀玲窝 滑拾梳魄抑颊纫噪褐怠耽碌哇忍酸栈 柱惚跷僻迪缴榜嘲枕考疼糖屑钉暑煮 励篇版祥歧谨榆畔聒泊愁寺旷怡凛冽 黎晕漆幕愈桨桩暇榕纠涨塔梢抛悄袅 嫦娥嫉妒瓮耻识矣岂诲谓诵窥缺舅凯 葛浒传贾卷刊琐楒呻津限述朴喻瘾奔 籍饥偿句馈磁醉皎鉴沥稳献赤妻茧 蚕毕眷累
	五年级下册（265）	耘供稚漪晓昨晃唷樱蚌割啷倭拴啰逛 蝴蚂嘀拔瞎铲锄瓢徘徊渺篱萌澄澈篙 旎瑞莱垠顷峨缀腮玷飕码撩绢侨眷瑜 忌督蟆寨搔呐弩遮插倚箸碟俺杖擒肋 跟跄呵胯霹雳咆哮锤拖坠膛截芝遂进 涧獐猕猿耶挈瞑窍楷镌挠恰屉嫣讳晦 墩钗敞雯袭喇彻蓟涕裳摩遗彭拟谋赴 殊蹄蹭黯损锻炼搞签沃匪绷哀堪诊龄 审剂施吭崭慈荣筹矜俘镯吓档彼褂坞 嘎绊揪扳腕铸颧疤侄痰揩跤搂仗鞭欺 剃浆傅袂蘸馅诈怔桶障犯傻捏吾策荐 拳擦肆桅撕龇咧瞄艘航帽逗钩扭舱鸥 艄翘姆裤哗斯纵垫簇笼毡犊眺膘驰 噜吆哞仪骏辽绵凳铃铛罐恢踢牲译愧 熠煺黏埃滥淤湛诣梁拇弦揪摇窈窕秒 轧拧纽薄庸憎痒螺扣貌胚祸患赋痴绞 嘿娜窘昼虬郑帘伊誉

200

续表

构型模式	册数	汉字
义音合成字（777，86.7%）	六年级上册（136）	毯陈虹蹄腐稍微雅案拙糊蕾襟恍怨德鹊蝉律崖渡副弹抡贯棋悬沸雹屹悦屈政宾盏栏爆宣帜阅坦距隆豁疙瘩棍裁橡雕跺沮谜氧倾揭燥漠培嗓淌哑废泅涌澎湃熄掀唉淋糟嘛皱棚苔坪蔗瀑增缝谚袖篷缩疯喧嚷酱唇蹦梯涯莺莹裹篮蔼资矿慷慨贡基睹巍轴锦曝谱茵盲纯键缕陶租厨羞撒缚猬伶俐窜综萍藻漾焰瞬凝骤掷陡汇
	六年级下册（85）	蒜醋饺摊拌眨宵燃贩贺轿骆驼腊腻咽匙稠肿熬缸脏泣栖鸦惧凄寞宴霉聊栅控贷毙覆藏挪蒸裸媚砖蚁叨揉绽搓吻络避峻啪瞪瞅靴魔刑绑彻迁迫批标援辨惯囤溅蕊魏搜蚯蚓阶脆拦玻璃恶怖蟋蟀侯章凿
会义合成字（60，6.7%）	五年级上册（39）	便悉间协划辞辱典侵坌岔狱皇祭履闯舀兜吊脊竞冤席启孙逸皆斩鲁寇某委亩冠粮区杀嫁恒
	五年级下册（12）	葬秉丞劣岳尊虢畜巫企尼
	六年级上册（6）	制射斑盗困拜
	六年级下册（3）	盈焚脉
全功能零合成字（11，1.2%）	五年级上册（7）	臣丘歹矛盾鼠龟
	五年级下册（3）	申斤燕
	六年级上册（1）	瓦
	六年级下册（0）	/
形义合成字（2，0.2%）	五年级上册（2）	宫束
	五年级下册（0）	/
	六年级上册（0）	/
	六年级下册（0）	/

续表

构型模式	册数	汉字
标义合成字 (4,0.4%)	五年级上册（1）	享
	五年级下册（3）	刃 轰 夫
	六年级上册（0）	/
	六年级下册（0）	/
半理据和无理据字 (42,4.7%)	五年级上册（21）	宜 朱 煞 衰 泰 熏 殿 奉 勺 权 眉 氏 兼 更 免 着 差 兰 卿 乃 亥
	五年级下册（13）	桑 承 曹 襄 庆 监 爵 禽 弗 革 仓 冈 勿
	六年级上册（4）	索 素 尚 甩
	六年级下册（4）	粥 执 盐 乏

从汉字构形模式的分类来看，小学高段896个汉字共有5种构形模式，分别是义音合成式、会义合成式、全功能零合成式、形义合成式和标义合成式，还有一小部分汉字由于构意丧失被纳入半理据和无理据式类型中。其中，义音合成字（777个）数量最多，占比高达86.7%；会义合成字（60个）和全功能零合成字（11个）次之；形义合成字（2个）和标义合成字（4个）都较少；半理据和无理据字有42个。

从汉字构形模式的分布来看，5种汉字构形模式在五年级上册均有分布，且五年级上册的会义合成字、全功能零合成字、形义合成字占据了相应构形模式汉字总数的一半以上。相较之下，汉字构形模式在六年级分布的较少，六年级下册仅分布了2种构形模式，为义音合成式和会义合成式，六年级上册也只分布了义音合成式、会义合成式、全功能零合成式3种，且各构形模式下的汉字数量都较少。五年级下册分布的汉字构形模式仅次于五年级上册，为4种，其中标义合成字是小学高段中最多的。

2. 小学高段896个汉字构形模式的特点

小学高段896个汉字从构形来看共有5种构形模式，不同构形模式其构形特点各不相同。

（1）全功能零合成字的构形特点。

全功能零合成字"是由一个单独的成字构件也就是一个形素构成的，

或者说，它从一开始就无法再行拆分"。❶ 从构件的数量上看，全功能零合成字是"单独的成字构件构成"而不是构件的组合，所以是"零合成字"；从构件的功能上看，这个单独的成字构件既表形义又表音，所以是"全功能"的。"全功能零合成字"这个名称就由此而来。全功能零合成字的构意是直接通过自身形象展示出来的，突出体现汉字构形的表意性，如"鼠"字像张口吃小东西的兽类的象形，全功能零合成字将鼠类的尖嘴、利齿、弓背、短腿、长尾等主要特征都展示了出来。

零合成字是独体字，无法再进行拆分，但从字形的变化角度看，还可以对其进行进一步分类。王宁先生在《汉字构形学导论》中将其分为两类：一类是传承式全功能零合成，即由古文字中的独体象形字直接演变而来，从古至今都是独体象形字，如斤、矛、盾等字；另一类是黏合式零合成，即由古文字阶段的合体字经过隶变、楷化后，字形发生变化而无法再拆分的字，如兼、更、免等字，构意需要追溯才能看清，理据部分丧失。还有一类不确定式零合成没有在《汉字构形学导论》中出现，之所以被称为"不确定式"，是因为它既不是传承的结果也不是黏合的结果，而是因为字形的简化造成的，如兰（蘭），繁体字形中能见其构意，经过简化，构意就看不清。楷书简化是人为的结果，属于汉字形体中的特殊情况，会造成理据的丧失。

全功能零合成字类型仍然存在争议。2020年7月份，由北京师范大学研制的"汉字全息资源应用系统"❷ 进行了更新，其中变化较大的地方就是构形模式一栏。凡是全功能零合成模式的汉字没有再进行类型的划分，统称为全功能零合成字，且一部分原属于黏合式全功能零合成的汉字被改成了"半理据和无理据字"，如"朱""承"等字。我们认为全功能零合成字与半理据和无理据字的最大区别是构意的延续，构件变化不大、理据未丧失的独体字肯定是全功能零合成字，构件黏合或重构、理据部分丧失

---

❶ 王宁.汉字构形学导论[M].北京:商务印书馆,2018:123.
❷ "汉字全息资源应用系统"是国家语委重大基础资源建设项目"通用汉字全息数据库建设"的标志性成果,其在新型汉字学理论的指导下,充分运用当前的数据库技术、信息挖掘技术、可视化技术等现代化手段,从形、音、义、用、码五大维度,较为全面地呈现古今汉字的属性体系,构建一个科学、系统、实用的汉字全息应用平台,有效满足不同领域汉字应用的多元化需求。

或完全丧失的字则是半理据和无理据字。因此，为了汉字教学的科学性，无论全功能零合成字的类型如何改变，我们在此仅把今文字与古文字一脉相承的全功能零合成传承式汉字作为全功能零合成字的研究对象。在本书中，即指小学高段的 11 个全功能零合成字传承式。小学高段的全功能零和成字数量较少，教师在讲解这批字时要充分利用其直观形象性向学生展示汉字的表意性特点。

（2）会义合成字的构形特点。

会义合成字"用两个以上的表义构件组合在一起，表示一个新的意义"。❶ 从构件的数量上看，会义合成字是"两个以上表义构件的组合"，所以是"合成字"；从构件的功能上看，会义合成字的构件都表义，两个以上的表义构件组合，所以是"会义"。"会义合成字"这个名称就由此而来。

会义合成字是合体字，可以拆分出两个及以上的表义构件，这些表义构件都是成字构件，即全功能零合成字，突出体现汉字构形的表意性。但会义合成字和全功能零合成字在表意方式上还有所不同。传承式全功能零合成字是直接通过自身形象展示其构意，而会义合成字则是通过构件作为全功能零合成字所具有的字义及其字义间的相互关系来表现构意的，二者的本质区别是构件的功能作用方面。传承式全功能零合成字既表形义又表音，而会义合成字的构件体现的是表义功能。因此，从表意结果来看，传承式全功能零合成字的表意更为直接，会义合成字的表意则需要通过分析才能确定构意，会义合成字的构意不是两个构件字面意义的简单相加，而是需要分析构件之间所体现出的逻辑关系，通过推理判断其所产生出的综合抽象的意义结果。会义合成字这种构形模式比传承式全功能零合成字的表意复杂，理解难度要大许多，不适合在低段过多渗透，而在中高段利用"字理"讲授会义合成字是非常有效的方法。小学高段 896 个汉字中，有 60 个会义合成字，其数量仅次于义音合成字，是小学高段数量第二多的汉字构形模式类型，就可以通过"字理"讲解会义合成字。

（3）义音合成字的构形特点。

义音合成字"用表义构件与示音构件组合"。❷ 义音合成字中的表义构

---

❶ 王宁.汉字构形学导论[M].北京:商务印书馆,2018:131.

❷ 王宁.汉字构形学导论[M].北京:商务印书馆,2018:134.

件和示音构件都为成字构件,即全功能零合成字。构件体现的功能不同,有体现构意的表义功能构件,也有提示语音的示音功能构件,如"斧"字中,"斤"是表义功能构件,"父"是示音功能构件。同一字样的成字构件既可以在此字中充当表义构件,又可以在彼字中充当示音构件,如"近"字中,"斤"在此处就充当示音功能构件,和在"斧"字中体现的功能不同。因此,义音合成字在形素的使用上十分经济,成为今文字的主体。小学高段896个生字中,义音合成字数量最多,总计777个,占比高达86.7%。

义音合成字的构意主要取决于表义功能构件体现出的义类,如以"讠(言)"充当表义构件的义音合成字都与"言语行为"有关。但"言语行为"这个类别下还有许多更细致的意义,此时就需要通过示音构件进行区别,于是义音合成字逐渐"形成了同类字以音区别,近音字以义区别的格局"❶,因此可以从声符、义符角度对义音合成字进行进一步划分。但随着时空变化,语音已经发生了重大变化,义音合成字读音往往和示音构件读音不同,示音构件在义音合成字中的示音作用降低,因此没有必要对读音相近的声符进行划分。而表义构件在义音合成字中表示的义类繁多,但也有穷尽,可以对相近义类进行划分,以便于记忆和比较。

经过整理,小学高段义音合成字共涉及123个表义构件,其中75个表义构件能系联两个及以上的汉字,系联总数达744个,占义音合成字总数的94%,其余44个表义构件只能系联一个汉字,每个表义构件平均系联约6.45个汉字;小学高段义音合成字涉及的示音构件多达506个,其中141个示音构件能系联到两个及以上的汉字,系联总数达358字,占义音合成字总数的41.0%;其余365个示音构件只能系联到一个汉字,每个示音构件平均系联约1.41个汉字。

我们把系联汉字多的构件称为构字能力强的构件,从平均系联字数量来看,小学高段义音合成字中,示音构件的构字能力较弱,只起到提示语音的作用,与示音构件在义音合成字中的示音作用降低相吻合,不具有进一步分类的条件。而表义构件的构字能力较强,可以根据体现出的义类进行进一步的归类划分。小学高段义音合成字的构字能力主要集中在构字能

---

❶ 王宁.汉字构形学导论[M].北京:商务印书馆,2018:134.

力较强的75个表义构件上，根据义类的相近程度对这75个表义构件进行再分类。

通过梳理可知，777个义音合成字中有75个表义构件能系联两个及以上的汉字，这75个表义构件又根据义类相近程度进一步划分为14类（见表3-6），分别是与"整体人形"相关、与"动物"相关、与"植物"相关、与"自然现象"相关等。

表3-6 小学高段义音合成字75个表义构件归类

	整体人形（6个表义构件，共54个字）
人（25）	俯 任 俭 偎 估 僻 传 偿 供 倭 侨 倚 俺 仞 俘 侄 仗 傅 傻 仪 伊 倾 伶 俐 侯
女（14）	嫌 婆 妨 嫂 婚 嫦 娥 嫉 妒 妻 嫣 姆 娜 媚
疒（9）	疗 疼 瘾 疤 痰 痒 痴 疙 瘩
尸（2）	屑 屉
大（2）	衡 赤
欠（2）	歇 欺
	人体部位（10个表义构件，共124个字）
手（64）	播 捡 挽 抵 擅 抄 拒 掴 拐 扶 拘 托 挨 拗 擞 拱 搅 摄 拾 抑 抛 拴 拔 撩 擂 插 擒 拖 挠 拟 损 搞 揪 扳 揩 搂 捏 拳 擦 撕 扭 拇 揪 搔 拧 扣 拙 抢 揭 掀 撒 掷 摊 拌 控 挪 揉 搓 批 援 搜 拦 挈 摩
肉（14）	胎 腮 肋 胯 膛 腕 膘 胚 腐 腊 腻 肿 脏 脆
辶（13）	迪 述 逛 遮 遂 迸 遗 逗 辽 退 避 迁 迫
足（12）	趴 跷 跟 跄 踌 躇 跤 踢 蹄 距 跺 蹦
彳（9）	待 御 徘 徊 彼 微 德 律 彻
攴（3）	枚 敞 政
页（3）	颓 顷 颧
走（2）	趟 赴
齿（2）	龄 龇
力（2）	勉 励

续表

	人体器官（5个表义构件，共131个字）
口（50）	嗜 哨 吩 咐 哟 召 喷 叮 嘱 哀 哉 唐 哼 喉 咙 噪 哇 嘲 呻 喻 啃 啷 啰 嗡 呐 呵 咆 哮 喇 吭 吓 嘎 吾 咧 哗 噜 吆 哗 嘿 嗓 哑 唉 嘛 喧 嚷 唇 咽 叨 吻 啪
心（35）	恩 慕 懂 惰 怯 悔 恳 恃 惶 怠 忍 惚 愁 怡 愈 悄 忌 恰 慈 怔 恢 愧 憎 患 恍 怨 悬 悦 慷 慨 惧 惯 恶 怖 懒
言（25）	谴 访 诺 议 誓 谎 试 谨 识 诲 谓 诵 誊 讳 谋 诊 诈 译 诣 誉 谜 谚 谒 谱 辩
目（16）	睑 眸 瞌 瞒 瞎 眷 督 瞑 瞄 眺 睹 盲 瞬 眨 瞪 瞅
耳（5）	耽 聒 耻 耶 聊
	动物形体、部位（10个表义构件，共59个字）
虫（16）	强 茧 蚕 蚱 蚌 蝴 蚂 螺 虬 虹 蝉 蚁 蚯 蚓 蟋 蟀
贝（9）	赢 贾 赋 贯 资 贡 贩 贺 贷
鸟（7）	鹭 鹤 鸵 鸥 鹊 莺 鸦
犬（7）	狭 献 獐 猕 猿 犯 猾
马（6）	驯 驰 骏 骆 驼 骡
隹（4）	雏 雇 雅 雕
牛（3）	牺 犊 牲
革（3）	鞋 鞭 靴
羊（2）	羞 氧
毛（2）	毡 毯
	植物（3个表义构件，共78个字）
木（35）	框 榨 榴 杭 柜 枚 梭 权 梳 栈 柱 榜 枕 榆 桨 桩 榕 梢 栩 朴 杖 楷 桶 桅 梁 案 棋 栏 棍 橡 棚 梯 栖 栅 标
艹（26）	茶 蔓 蔺 荆 蔽 落 菌 藓 葛 萌 莱 芝 蓟 荣 蘸 荐 薄 蕾 苔 蔗 茵 藻 蒜 藏 蒸 蕊
竹（17）	笋 箭 筒 筑 筛 筐 篇 籍 簿 箸 签 筹 策 簇 笼 篷 篮

续表

自然现象（11个表义构件，共125个字）	
水（46）	浇 浸 汛 瀚 泳 泻 潜 澜 滑 泊 漆 涨 浒 津 沥 漪 渺 澄 澈 涧 涕 沃 浆 滥 淤 湛 梁 渡 沸 沮 漠 淌 汹 涌 澎 湃 淋 瀑 涯 萍 藻 漾 凝 汇 泣 溅
土（18）	堡 塌 疆 毁 境 域 塔 垠 坠 墩 堪 坞 垫 埃 坦 培 坪 增
火（16）	焦 煌 烬 辉 炊 炭 煮 赤 炼 熠 爆 燥 熄 焰 燃 熬
阜（10）	陪 隔 陷 陵 限 障 陈 陶 陡 阶
日（9）	暑 旷 晕 暇 晓 晃 晦 昼 曝
石（7）	礁 碌 磁 码 碟 矿 砖
山（6）	嵌 幽 峨 崭 屹 峻
雨（5）	霹 雳 雯 雹 霉
冫（4）	凛 冽 凝 凄
囗（2）	圈 圃
邑（2）	郎 郑
衣服（4个表义构件，共46个字）	
糸（25）	缠 绰 纱 统 纫 缴 纠 累 缀 绢 绷 绊 纵 绵 纽 绞 缝 缩 纯 缕 缚 综 绽 络 绑
衣（14）	袍 褐 袅 袭 裳 衷 裆 褂 袄 襟 裁 袖 裹 裸
巾（5）	幕 幔 帽 帘 帜
帛（2）	锦 绵
饮食（5个表义构件，共21个字）	
禾（7）	秀 稳 稚 秽 稍 租 稠
食（5）	饼 饥 馈 馅 饺
米（4）	糕 糖 糊 糟
田（3）	略 畔 甸
黍（2）	黎 黏
住（4个表义构件，共20个字）	
宀（8）	宏 寨 审 宾 宣 宵 寞 宴
穴（7）	窝 窥 窍 窈 窕 窘 窜
广（3）	廉 废 厨

续表

几（2）	凯 凳
行、饰物或用于武器（4个表义构件，共16个字）	
车（5）	辆 辈 轧 轴 轿
舟（5）	艇 艘 航 舱 艄
认（3）	旖 旎 施
黑（3）	黛 党 黯
用具（3个表义构件，共12个字）	
酉（6）	酬 酿 酸 酵 酱 醋
匚（3）	匣 筐 匪
缶（3）	缺 罐 缸
工具（2个表义构件，共11个字）	
刀（8）	削 剔 刊 割 副 剂 剃 刑
网（3）	罪 置 罕
武器（3个表义构件，共9个字）	
矢（4）	矮 矫 矣 侯
弓（3）	弩 弦 弹
匕（2）	顷 匙
文化用品（5个表义构件，共42个字）	
金（16）	销 锥 钉 鉴 铲 锄 锤 镌 钗 锻 镯 铸 钩 铃 铛 键
玉（13）	璧 珍 珊 瑚 珑 玲 琐 瑞 玷 瑜 莹 玻 璃
鬼（4）	魄 魔 魏 愧
示（3）	祥 祷 祸
音（2）	韵 章

通过这样的分类与梳理，相同义类的汉字可以类聚在一起，相近义类的汉字又可以相互比较，从而强化对义音合成字特点和规律的感受。教师在认识小学高段义音合成字时抓住这14类，并进一步了解每个类别下的表义构件的构意，小学高段的大部分义音合成字都能迎刃而解。

（4）标义合成字的构形特点。

标义合成字指"新字与旧字在语言意义上相关，而用简单的符号区别,也就是一个表义成字构件加上标示构件,以标示二者的区别"。❶ 标义合成字是合体字,可以拆分出表义构件和标示构件,其中表义构件是成字构件,即全功能零合成字,标示构件是非字构件,只是简单的符号。标义合成字的构意主要取决于表义构件,表义构件的作用是表示义类,标示构件仅仅表示区别而不指事。小学高段896个汉字中,标义合成字数量较少,仅有4个,分别是"亨、刃、轰、夫"。以"刃"为例,"刃"由表义构件"刀"和标示构件"丶"组成,表义构件"刀"表示和刀相关,标示构件"丶"指示刀刃之所在,"刃"即指"刀刃"。

(5)形义合成字的构形特点。

形义合成字是"用表义与表形构件组合在一起,表示一个新的意义"❷。形义合成字是合体字,可以拆分出表义构件和表形构件,其中表义构件是成字构件,即全功能零合成字,表形构件是非字构件,具有直观的构意功能。形义合成字的构意是表义构件和标示构件提供的信息共同表示的。小学高段896个汉字中,形义合成字的数量最少,仅有2个,分别是"宫、束"。"宫"下半部分的两个"口"以及"束"中间部分的"口"都并非唇口之口。"宫"的表义构件"宀"表示和屋宇相关,两"口"像方形的表示宫室的建筑物,"宫"即指"宫室";"束"的表义构件"木"表示和树木相关,"口"像捆着树枝的绳子,"束"即指"捆绑"。

(6)半理据和无理据字的构形特点。

汉字在发展过程中,不是所有的构件都保留了构意,一部分构件在演变中丧失了构意的功能,变得难以解释,这些构件被称为"记号构件"。

半理据字指现代楷书字形中有一个记号构件而造成的理据部分丧失的字;无理据字指现代楷书字形中构件都是记号构件而造成的理据完全丧失的字。无论是半理据字还是无理据字,都不能界定汉字构形模式,因此,被排除在11种汉字构形模式之外。

但是半理据字和无理据字的构意并不是从古至今一直部分丧失或完全丧失的,在隶变或楷化之前,这些汉字的古文字形是可以看清理据的。王宁先生强调:"科学的汉字讲解,就是要在不违背汉字构形规律和演变规

---

❶ 王宁.汉字构形学导论[M].北京:商务印书馆,2018:126.
❷ 王宁.汉字构形学导论[M].北京:商务印书馆,2018:129.

律的前提下,对构意直接、明确的字加以准确讲解;或对需要经过推源再来讲解的汉字,推源后再来讲解。"❶ 半理据和无理据字就是需要经过推源才能讲解的汉字,小学高段的半理据和无理据字共有 42 个,因此要想了解这批字的构形特点,就需要通过溯源重新确定它们的构形模式。以"庆"为例,简化字无法看清理据,被认定为无理据字,追溯其繁体字形"慶"能确定其构形模式,即会义合成字,从"心"表示心意,从"鹿省"从"夊",表示手拿鹿皮来庆贺,古代在祝贺别人的时候,常常用鹿皮来表示心意。

小学高段 896 个汉字中,有 36 个半理据字和无理据字能够通过溯源重新确定构形模式(见表 3-7),其中溯源后构形模式是义音合成式的汉字有"兰""宜""泰""殿""奉""权""更""监""盐""禽""冈""尚""粥""襄""卿"15 字,溯源后构形模式是会义合成式的汉字有"熏""兼""差""承""曹""庆""甩""索""素""执""弗""桑"11 字,溯源后构形模式是形义合成式的汉字有"仓""乏""衰""眉""兔""爵"7 字,溯源后构形模式是标形合成式的汉字是"勺""革",溯源后构形模式是标义合成式的汉字是"朱"。

表 3-7 半理据和无理据字推源

古文字形构形模式	例字	古文字形
义音合成式(15)	兰(香艸也。从艸闌聲)	蘭
	宜(所安也。从宀之下,一之上,多省聲)	宜
	泰(滑也。从廾从水,大聲)	泰
	殿(擊聲也。从殳屍聲)	殿

---

❶ 王宁.汉字教学的原理与各类教学方法的科学运用(下)[J].课程·教材·教法,2002(11).

续表

古文字形构形模式	例字	古文字形
义音合成式（15）	奉（承也。从手从廾，丰聲）	
	权（黃華木。从木藋聲。一曰反常）	
	更（从攴丙聲）	
	襄（漢令：解衣耕謂之襄。从衣𩰬聲）	
	禽（走獸總名。从厹，象形，今聲）	
	冈（山骨也。从山网聲）	
	尚（曾也。庶幾也。从八向聲）	
	粥（鍵也。从鬲米聲）	
	盐（鹹也。从鹵監聲。古者，宿沙初作煮海鹽）	
	监（臨下也。从臥，衉省聲）	
	卿（章也。六卿：天官冢宰、地官司徒、春官宗伯、夏官司馬、秋官司寇、冬官司空。从卯皂聲）	
会义合成式（12）	熏（火煙上出也。从屮从黑。中黑，熏黑也）	
	兼（并也。从又持秝。兼持二禾，秉持一禾）	
	差（貳也。差不相值也。从左从巫）	

续表

古文字形构形模式	例字	古文字形
会义合成式（12）	承（奉也。受也。从手从卩从収）	
	曹（獄之兩曹也。在廷東。从棘，治事者；从曰。昨牢切。徐鍇曰："以言詞治獄也。故从曰。"）	
	庆（行賀人也。从心从夂。吉禮以鹿皮爲贄，故从鹿省）	
	索（艸有莖葉，可作繩索。从宋、糸。杜林說：宋亦朱木字）	
	素（白緻繒也。从糸、巫，取其澤也）	
	执（捕罪人也。从丮从㚔，㚔亦聲）	
	桑（蠶所食葉木。从叒、木）	
	弗（撟也。从丿从乁，从韋省）	
	甩（从冂从手，冂是开口朝下的器物，表示将开口朝下的器物抛出）	
形义合成式（6）	衰（艸雨衣。秦謂之萆。从衣，象形）	
	眉（目上毛也。从目，象眉之形，上象額理也）	
	爵（禮器也。象爵之形，中有鬯酒，又持之也。所以飲。器象爵者，取其鳴節節足足也）	
	乏（《春秋傳》曰："反正爲乏。"）	

续表

古文字形构形模式	例字	古文字形
形义合成式（6）	仓（穀藏也。倉黃取而藏之，故謂之倉。从食省，口象倉形）	
	免（下面是"人"，上面象人头上戴帽形，是冠冕的"冕"本字。由于假借为"免除"义，另造"冕"字。假借义：免除，避免）	
标义合成（1）	朱（赤心木。松柏屬。从木，一在其中）	
标形合成（2）	勺（挹取也。象形，中有實，與包同意。凡勺之屬皆从勺）	
	革（獸皮治去其毛，革更之。象古文革之形）	
形义不明（6）	氏、亥、煞、勿、乃、耆	

除溯源后能够确定构形模式的汉字之外，小学高段半理据和无理据字中还有6字形源较为复杂，推源时迂曲困难，不符合小学高段学生的认知心理，不能乱加分析，则放弃不讲。

3. 汉字构形模式的系联与归纳

通过分析5种汉字构形模式的特点，可以发现全功能零合成字既可以在义音合成字、会义合成字、形义合成字、标义合成字中作表义功能构件，又可以在义音合成字中作示音功能构件。因此，全功能零合成字是汉字构形的基础，我们把小学高段全功能零合成字系联到的小学高段汉字整理成表格，见表3-8。

表3-8　小学高段全功能零合成字系联

无构件	充当表义构件（7）		充当示音构件（4）
全功能零合成字（7）	义音合成字（5）	会义合成字（2）	义音合成字（4）
丘	/	岳	蚯
歹	殖、殊	/	/
矛	矜	/	/

续表

无构件	充当表义构件（7）		充当示音构件（4）
全功能零合成字（7）	义音合成字（5）	会义合成字（2）	义音合成字（4）
斤	斯	斩	/
勿	/	/	吻
申	/	/	呻、审
瓦	瓷	/	/

由表3-8可知，小学高段14个全功能零合成字中共有7字体现出其是汉字构形基础的特点，其中作表义功能构件时共能系联到7个汉字，作示音功能构件时共能系联到4个汉字。教师在讲解全功能零合成字时，可以系联出这些汉字以让学生了解全功能零合成字的汉字构形基础地位。

再看义音合成字、会义合成字、形义合成字和标义合成字，这些汉字经过拆分后都还会出现表义功能构件，各种构形模式下的表义功能构件是否都在参构汉字中起到完全相同的作用，有没有区别？我们把不同构形模式的表义构件进行对照，见表3-9。

表3-9　小学高段表义功能构件系联

表义功能构件（44）	义音合成字（367）	会义合成字（67）	形义合成字（2）	标义合成字（3）
口（53）	喈 哨 吩 咐 哟 召 喷 叮 嘱 哀 哉 唐 哼 喉 咙 噪 哇 嘲 呻 喻 唷 嘟 啰 噙 呐 呵 咆 哮 喇 吭 吓 嘎 吾 唎 哗 噜 吃 咩 嘿 嗓 哑 唉 嘛 喧 囔 唇 咽 叨 吻 啪	唬 吊 启	/	/
木（42）	框 榨 榴 杭 柜 枚 梭 权 梳 栈 柱 榜 枕 榆 桨 桩 榕 梢 栩 朴 杖 楷 桶 桅 梁 案 棋 栏 棍 橡 棚 梯 栖 栅 标	某 因	束	/

续表

表义功能构件 (44)	义音合成字 (367)	会义合成字 (67)	形义合成字 (2)	标义合成字 (3)
心(37)	恩 慕 懂 惰 怯 悔 恳 恃 惶 愈 忍 惚 愁 怡 愈 悄 忌 恰 慈 怔 恢 愧 憎 患 恍 怨 悬 悦 慷 慨 惧 惯 恶 怖 懒	悉 恒	/	/
人(29)	俯 任 俭 偎 估 僻 传 偿 供 倭 侨 倚 俺 仞 俘 侄 仕 傅 傻 仪 伊 倾 伶 俐 侯	便 侵 竞 企	/	/
言(26)	谴 访 诺 议 誓 谎 试 谨 识 诲 谓 诵 誊 讳 谋 诊 诈 译 诣 誉 谜 谚 谒 谱 辩	狱	/	/
土(19)	堡 塌 疆 毁 境 域 塔 垠 坠 墩 堪 坞 垫 埃 坦 培 坪 增	垒	/	/
肉(17)	胎 腮 肋 胯 膛 腕 膘 胚 腐 腊 腻 肿 脏 脆	祭 脊 脉	/	/
火(17)	焦 煌 烬 辉 炊 炭 煮 赤 炼 熠 爆 燥 熄 焰 燃 熬	焚	/	/
女(16)	嫌 婆 妨 嫂 婚 嫦 娥 嫉 妒 妻 嫣 姆 娜 媚	委 嫁	/	/
辶(14)	迪 述 逛 遮 遂 迸 遗 逗 辽 遏 避 迁 迫	逸	/	/
玉(14)	璧 珍 珊 瑚 珑 玲 琐 瑞 珐 瑜 莹 玻 璃	斑	/	/
刀(11)	削 剔 刊 割 副 剂 剃 刑	划 制	/	刃

续表

表义功能构件（44）	义音合成字（367）	会义合成字（67）	形义合成字（2）	标义合成字（3）
彳（10）	待 御 徘 徊 彼 微 德 律 彻	履	/	/
贝（10）	赢 贾 赋 贯 资 贡 贩 贺 贷	败	/	/
宀（9）	宏 寨 审 宾 宣 宵 寞 宴	/	宫	/
禾（9）	秀 稳 稚 秽 稍 租 稠	委 秉	/	/
山（8）	嵌 幽 峨 崭 屹 峻	岔 岳	/	/
马（7）	驯 驰 骏 骆 驼 骤	闯	/	/
车（7）	辆 辈 轧 轴 轿	斩	/	轰
巾（7）	幕 幔 帽 帘 帜	席 吊	/	/
耳（6）	耽 聒 耻 耶 聊	圣	/	/
舟（6）	艇 艘 航 舱 艄	恒	/	/
米（5）	糕 糖 糊 糟	粮	/	/
攴（攵）（5）	枚 敞 政	寇 败	/	/
寸（5）	寺	辱 冠 尊 射	/	/
田（5）	亩 畜	略 畔 甸	/	/
示（4）	祥 祷 祸	祭	/	/
匚（4）	匣 筐 匪	区	/	/
又（4）	妻	侵 祭 秉	/	/
门（3）	阅	间 闯	/	/
尸（3）	屑 屈	履	/	/
音（3）	韵 章	竟	/	/
口（3）	困	圈 圃	/	/
力（3）	勉 励	劣	/	/
皿（3）	盏	盗 盈	/	/
大（3）	衡 赤	/	/	夫
十（2）	章	协	/	/
戈（2）	截	划	/	/

续表

表义功能构件 （44）	义音合成字 （367）	会义合成字 （67）	形义合成字 （2）	标义合成字 （3）
册（2）	栅	典	/	/
止（2）	歧	企	/	/
白（2）	皎	皆	/	/
斤（2）	斯	斩	/	/
死（2）	毙	葬	/	/
卩（2）	卷	丞	/	/

由表 3-9 可知，小学高段共有 44 个文字学部首在两个及以上的汉字构形模式中充当表义功能构件，这些表义功能构件系联到的义音合成字数量最多，会义合成字其次，标义合成字及形义合成字最少。以这些表义功能构件为纽带，能够将不同构形模式的汉字有机地系联在一起，向学生充分展示汉字之间的有序关系。

再对具有相同表义构件的汉字进行分析，以系联汉字数量最多的"口"为例，义音合成字中的"口"表示人和动物的口发出的除具体言语行为外的其他行为的类别表义功能，如"嗜"表示喜好的味口，"哨"表示撮口而吹，而会义合成字中的"口"被限定了意义，因为另外一个表义构件的加入，汉字构意更加具体化，而不流于类别，如"唬"表示的是老虎的叫声，"启"表示的是开门时说话。这表明表义构件虽然在不同构形模式中都体现出表意性，但表意结果有区别。义音合成字、形义合成字、标义合成字中的表义构件表示的是义类，会义合成字中的表义构件表示的则是某种逻辑的关联，是具体化的意义。教师在讲解各种构形模式的表义构件时，要有区分的意识和能力。

（三）中小学汉字教学材料的对照

1. 300 基础字与小学高段汉字教学材料对照

《课标》选择 300 基础字的一个重要条件是"构字频度高，特别是做表义构件的构字频度高"。❶ 构字率的重要性不仅在于它再现可能多,不易遗忘,还在于它能培养学生在符号不断重复的情况下的归纳概括能力,进而推进后续阶段的学习。因此,300个基础字直接为小学高段汉字教学打下了坚实的基础,而300个基础字全部都出现在小学低段,因此,300个基础字有效衔接了小学高段与小学低段的汉字教学。通过将300个基础字与高段汉字教学材料进行对照,能够明确300个基础字为高段汉字教学材料做好了哪些铺垫,应充分利用这些铺垫提升高段汉字教学。

300个基础字中有82个传承式全功能零合成字,其中有44个传承式全功能零合成字充当表义构件系联到小学高段的449个义音合成字,占小学高段义音合成字总数的57.8%,也就是说小学高段有一半以上义音合成字体现的义类在小学低段已经接触过;有33个传承式全功能零合成字充当示音构件系联到小学高段的39个义音合成字,可见传承式全功能零合成字作为成字构件有示音的功能,是汉字构形的基础;有26个传承式全功能零合成字充当表义构件系联到小学高段的41个会义合成字,占会义合成字总数的68.3%,即小学高段大部分会义合成字的表义构件已经在小学低段学习过。表3-10是在小学高段作表义构件、示音构件的传承式全功能零合成字。

表3-10 在小学高段充当表义构件、示音构件的
传承式全功能零合成字

义音合成字								会义合成字		
充当表义构件（44个）					充当示音构件（27个）			充当表义构件（26个）		
手	口	水	木	心	也	我	了	人	口	又
人	土	竹	目	衣	牙	刀	朋	白	门	山
虫	火	鸟	马	刀	马	工	方	刀	田	心
日	山	牛	车	巾	白	文	生	巾	木	月
米	页	耳	毛	田	王	己	回	车	王	火
雨	网	羊	广	气	高	力	八	鱼	册	力

---

❶ 王宁.科学地选择识字教学中的初期积累字——谈小学识字教学的科学性之一[J].江苏教育,2010(2):9.

续表

义音合成字		会义合成字
充当表义构件（44个）	充当示音构件（27个）	充当表义构件（26个）
片 鱼 白 册 羽	鸟 几 云	工 马 身
瓜 又 高 厂 生	西 口 来	米 土 子
门 大 几 力 ／	衣 五 竹	自 文 ／

正是这些构字频度高的传承式全功能零合成字为小学高段汉字教学做好了充分的铺垫，教师在讲解带有这些传承式全功能零合成字的汉字时，应该调动起学生的已有经验，巩固这些传承式全功能零合成字的字理和学理知识，为学习其他构形模式的汉字提供意义和读音。

2. 小学低段、中段与高段汉字教学材料对照

按照王宁先生的划分，小学高段汉字教学处于后期积累阶段，即"识字的巩固阶段"。❶可见，小学高段汉字教学是在小学中低段汉字教学的基础上进行的，学生在这两个学段学习到的大量汉字现象、汉字知识亟须在这一阶段进行巩固。同时小学高段的单字也在增加，小学高段不仅要巩固前两个学段的汉字教学内容，还要在此基础上有所提升，以实现阶段层级递进性的目标。据此，需要了解小学高段巩固哪些字，新学哪些字，做到统筹规划、合理安排。

小学低段共有1628个不重复汉字，通过小学低段与小学高段汉字材料的对照梳理，可以发现小学低段与高段共重复219个字，具体见表3-11。

表3-11　小学低段与高段重复字

小学低段与高段共重复219个字	小学低段与五上重复字（94）	义音合成字（76）
		哟 待 削 任 落 悄 累 识 传 奔 哨 播 浇 亭 慕 懂 糕 饼 茶 捡 鞋 隔 稳 议 献 抄 荆 喷 箭 圈 筑 堡 蔽 珍 叮 焦 悔 扶 郎 辆 纱 趟 托 泳 挨 哀 试 疆 毁 览 境 统 销 秀 窝 滑 拾 梳 哇 酸 考 疼 糖 钉 毕 暑 煮 泊 寺 幕 涨 塔 海 缺 津 限

❶ 王宁.汉字教学的原理与各类教学方法的科学运用（上）[J].课程·教材·教法，2002（10）：5.

续表

小学低段与高段共重复219个字	小学低段与五上重复字（94）	会义合成字（10）	便 间 祭 闯 竟 席 孙 冠 粮 区
		全功能零合成字（1）	龟
		形义合成字（1）	束
		半理据和无理据字（6）	朱 眉 氏 更 免 着
	小学低段与五下重复字（47）	义音合成字（41）	割 吓 晓 蝴 蚂 拔 铲 瓢 遮 插 拖 截 摩 损 锻 炼 诊 龄 审 慈 荣 仗 鞭 傻 擦 艘 航 帽 逗 钩 舱 帘 笼 骏 绵 铃 恢 踢 梁 螺 彼
		全功能零合成字（1）	燕
		标义合成字（2）	夫 轰
		半理据和无理据字（3）	桑 曹 冈
	小学低段与六上重复字（50）	义音合成字（47）	毯 虹 腐 微 案 德 蝉 律 崖 渡 弹 棋 悬 悦 盏 爆 坦 棍 裁 橡 漠 嗓 涌 唉 淋 嘛 棚 坪 蔗 瀑 缝 酱 蹦 梯 莺 莹 裹 篮 锦 茵 纯 厨 羞 撒 窜 萍 陡
		会义合成字（2）	制 射
		半理据和无理据字（1）	甩
小学低段与高段共重复219个字	小学低段与六下重复字（28）	义音合成字（26）	饺 拌 宵 轿 骆 驼 腊 腻 稠 熬 鸦 寞 聊 控 藏 挪 蒸 蚁 魔 迁 标 辩 脆 拦 玻 璃
		半理据和无理据字（2）	粥 乏

由表3-11可知，小学低段与小学高段共重复了219字，占小学高段总数比的24.4%。从各年级各册数重复字数量来看，小学低段与五年级上册重复字数最多，为94字，与六年级下册重复字数最少，为29字，与五

年级下册、六年级上册重复字数相当，五年级下册重复47字，六年级上册重复50字，可见小学高段各年级各册数都承担着巩固低段汉字教学内容的任务，且各年级各册数巩固量有差异。从构形模式及其数量来看，重复字涉及了小学高段的所有构形模式，其中义音合成字重复数量最多，为190个字；会义合成字、半理据和无理据字数量其次，为12个字；全功能零合成字、标义合成字、形义合成字重复数量较少，均不超过2个字。可见在小学低段，学生已经接触了小学高段各种构形模式的汉字，小学低段确实为小学高段的汉字教学做了铺垫。

同理对照梳理小学中段与小学高段汉字教学材料，小学中段共有1495个不重复汉字，与小学高段共重复273个字，具体见表3-12。

表3-12 小学中段与高段重复字

小学中段与高段共重复273个字	小学中段与五上重复字（70）	义音合成字（56）	待 强 任 篇 悄 传 卷 奔 框 恩 韵 呐 婆 浸 缠 访 挽 召 怯 拒 俯 枚 简 赤 置 党 妨 嘱 塌 延 爹 妻 婚 辈 潜 拱 辉 唐 菌 碌 忍 屑 愁 黎 晕 漆 愈 榕 纠 梢 谓 通 窥 述 朴 哼
		会义合成字（10）	划 典 吊 脊 启 皆 冠 竟 杀 恒
		形义合成字（1）	宫
		半理据和无理据字（3）	差 宜 兰
	小学中段与六上重复字（90）	义音合成字（81）	陈 雅 拙 糊 蕾 襟 恍 怨 副 抢 贯 沸 屹 屈 政 宾 栏 汇 宣 帜 阅 距 隆 豁 疙 瘩 雕 跺 沮 谜 氧 倾 揭 燥 培 淌 哑 废 汹 澎 湃 熄 掀 皱 苔 增 谚 袖 缩 疯 喧 唇 梯 涯 蒿 资 矿 慷 慨 贡 基 睹 巍 轴 曝 谱 盲 键 缕 陶 租 缚 伶 俐 综 漾 焰 瞬 凝 骤 挪
		会义合成字（5）	制 斑 盗 困 拜
		全功能零合成字（1）	瓦
		半理据和无理据字（3）	索 素 尚

续表

小学中段与高段共重复273个字	小学中段与"六下"重复字（61）	义音合成字（56）	蒜 醋 摊 眨 燃 贩 贺 咽 匙 肿 缸 侯 章 泣 栖 惧 凄 宴 霉 贷 毙 覆 裸 媚 砖 叼 揉 绽 搓 吻 络 凿 避 峻 啪 瞪 瞅 靴 刑 绑 彻 迫 批 标 援 辩 惯 囤 溅 蕊 魏 搜 阶 怖 蟋 蟀
		会义合成字（3）	盈 脉 焚
		半理据和无理据字（2）	执 盐

由表 3-12 可知，小学中段与小学高段共重复了 273 字，占小学高段总数比的 30.5%，略高于小学低段。从各年级各册数重复字来看，小学中段与六年级上册重复字数量最多，为 91 个字，与五年级下册重复字数量最少，为 51 字，与五年级上册、六年级下册重复字数相当，五年级上册为 70 个字，六年级下册为 60 个字。可见小学高段各年级各册数也确实承担着巩固中段汉字教学内容的任务，且各年级各册数巩固量有差异。从构形模式及其数量来看，重复字较集中在义音合成式（236 个字）、会义合成式（21 个字）、半理据和无理据式（11 个字）以及全功能零合成式（4 个字）这几种构形模式上，这几种构形模式也几乎涵盖了小学高段的全部构形模式，可见小学中段也在为小学高段汉字教学打基础。

综合对照这些重复字在小学高段和中低段教材中分别出现的位置，发现这些重复字在中低段多出现在"识字表"中，强调会读会认这些汉字，而到了高段，这些重复字多出现在"写字表"中，强调汉字的书写正确。从识字表到写字表，这是"识写分离"导致的必然结果。本书侧重学理的汉字教学，每个学段的汉字教学材料不同，学生的认知心理不同，需要渗透的汉字学理知识就不同。因此，本书的视角聚焦在小学高段的"识字"教学方面，重复字的出现是书写的要求，更是深刻认识汉字特点和规律的要求。

再综合对照这些重复字的构形模式，发现无论是低段还是中段，重复字中都以义音合成字、会义合成字、半理据和无理据字、全功能零合成字这 4 种构形模式居多，这些重复字能够作为小学高段讲解这些构形模式的切入点，带动学生回顾已有的汉字教学内容，将中低段与高段汉字教学衔接起来，为汉字认识的提升做准备。

小学低段、中段与高段重复字超过高段总字数半数以上，足以见得小学高段巩固的重要性。小学高段汉字教学要充分回顾中低段汉字内容的同时，做好迁移和提升工作。那么小学高段在中低段基础上又新学哪些字呢？通过排除高段与低段、中段的重复字，能够得到表3-13。

表3-13 小学高段新学字

小学高段共新学418个字	五年级上册（203）	义音合成字（164）	鹭 嫌 黛 嵌 匣 嗜 鹤 吩 榨 榴 矮 箩 杭 蔓 幽 雏 柜 陪 趴 睑 眸 汛 谴 惰 衡 绰 懒 璧 菡 诺 罪 廉 抵 御 擅 袍 鸵 赢 瀚 略 捆 陷 拐 酬 誓 谎 牺 嫂 恳 筛 罕 梭 酿 瞌 拘 俭 偎 珊 瑚 礁 筐 拗 恃 撒 泻 鳞 惶 胎 哉 估 煌 珑 剔 澜 陵 宏 烬 瞒 域 艇 炊 喉 咙 搅 摄 殖 炭 疗 驯 矫 歇 权 薛 狭 勉 锥 玲 魄 抑 颓 纫 噪 褐 愈 耽 栈 柱 惚 跷 僻 迪 缴 榜 嘲 枕 励 版 祥 歧 谨 榆 畔 聒 旷 怡 凛 洌 桨 桩 暇 抛 袅 嫱 娥 嫉 妒 瓷 耻 矣 岂 舅 凯 葛 浒 贾 刊 琐 栩 呻 喻 瘾 籍 饥 偿 甸 馈 磁 醇 皎 鉴 沥 茧 蚕 眷
		会义合成字（21）	悉 协 辞 辱 侵 仝 岔 狱 皇 履 舀 兜 冤 逸 斩 鲁 寇 某 委 亩 嫁
		全功能零合成字（6）	臣 丘 歹 矛 盾 鼠
		标义合成字（1）	享
		半理据和无理据字（11）	煞 衰 泰 熏 殿 奉 勺 权 兼 乃 亥

续表

小学高段共新学418个字	五年级下册（201）	义音合成字（185）	耘 稚 漪 蚱 啃 樱 蚌 嘟 倭 拴 啰 逛 徘 徊 渺 篝 萌 澄 潋 旃 旎 瑞 莱 垠 顷 峨 缀 腮 砧 飕 码 撩 绢 侨 耷 瑜 忌 督 幔 塞 摇 呐 弩 倚 箸 碟 俺 杖 擒 肋 跟 跄 胯 霹 雳 咆 哮 锤 芝 遂 进 润 獐 猕 猿 耶 挈 瞑 窍 楷 镌 挠 恰 屉 嫣 讳 晦 墩 钗 敞 雯 袭 仞 蓟 涕 彭 拟 谋 赴 殊 踌 踮 黯 沃 匪 绷 衷 堪 筹 矜 俘 镯 档 彼 褂 坞 嘎 绊 揪 扳 腕 铸 颧 疤 佐 痰 揩 浆 傅 袂 蘸 馅 诈 怔 桶 捏 吾 策 荐 肆 桅 撕 龇 咧 瞄 艄 翘 姆 裤 雇 哗 斯 毡 牺 眺 瞟 驰 嚕 讫 哞 译 愧 熠 遢 黏 埃 滥 淤 湛 诣 拇 弦 搬 搔 窈 窕 秒 轧 拧 纽 庸 憎 胚 祸 患 赋 痴 绞 嘿 娜 窨 昼 虬 郑 伊
		会义合成字（9）	葬 秉 丞 劣 岳 晓 畜 企 尼
		标义合成字（1）	刃
		半理据和无理据字（6）	襄 爵 禽 弗 革 勿
	六年级上册（9）	义音合成字（9）	蹄 稍 鹊 鼋 糟 篷 嚷 猬 藻
	六年级下册（5）	义音合成字（5）	脏 栅 蚯 蚓 恶

由表 3-13 可知，小学高段除了需要巩固中低段汉字以外，还新增了 418 个字，这 418 个新字是小学高段区别于中低段字表的地方，是小学高段层级性体现的关键点，应该作为汉字教学的重点。从新字的分布来看，这 418 个新字主要集中在五年级，其中五年级上册 203 个字，五年级下册 201 字，总数达到 414 字，而六年级新增字数较少，两册字数总和仅有 14 个字。从新字的构形模式及其数量来看，新学的 418 字中义音合成字数量最多，为 363 个字；会义合成字其次，为 30 个字；半理据和无理据字、全

功能零合成字数量相当，分别为 17 个字、6 个字；标义合成字数量最少，为 2 个字。

综合新字的分布及构形模式数量来看，五年级是学习各种构形模式新字的关键阶段，其中义音合成字、会义合成字、全功能零合成字这几种构形模式又是五年级教学的重点，而这些构形模式在小学中低段汉字教学中均有涉及，教师要充分利用中低段汉字教学内容巩固学生已有的学理知识，带领学生学习这些新字，使学生对汉字特点和规律产生更深刻的认识。到了六年级，仍然有少量新字出现，新字均为义音合成字，教师不能忽略，教师要以这些义音合成字为出发点，带领学生演绎出一批字，巩固五年级已学的汉字学理知识。

3. 初中阶段与小学高段汉字教学材料对照

汉字教学的重要发展阶段在小学，要想初中阶段汉字教学效果有所改善，就需要先改进小学阶段的汉字教学，再建立起小学阶段和初中阶段汉字教学的良性联系。小学高段作为小学阶段的最高学段，学生已经积累了大量的汉字，汉字认知水平也有所提高。同时小学高段作为义务教育阶段的第三学段，其汉字教学质量将直接影响到初中阶段。因此，要想改进初中阶段的汉字教学，从小学高段的汉字教学入手有其可行性和必然性。小学高段汉字教学不仅是识字写字的巩固阶段，而且是学习用字的储备阶段，学生们在初中阶段学习到的汉字知识需要在这一阶段埋下伏笔。据此，我们对照梳理小学高段和初中阶段的汉字教学材料。❶ 表 3-14 为两个学段的重复字字表。

---

❶ 《义务教育语文课程标准（2022 年版）》要求初中阶段学生累计认识常用汉字 3500 个左右，但初中阶段没有设立专门的识字表、写字表，因此没有明确初中阶段具体要认识的汉字。本书初中阶段的汉字材料主要源于两个部分的内容，一部分是 3500 字表中没有在小学阶段识字表、写字表中出现过的汉字，为 631 个字，另一部分是没有在 3500 字表中出现过的初中教材注释中的字，为 102 个字，由此初中阶段汉字材料共有 703 字。因为 631 个字是 3500 字表排除小学阶段后的汉字，因此这 631 个字不会和小学阶段汉字材料重复，而 102 个字是 3500 字表以外的字，可能会和小学高段 3500 字表以外的字重复，因此小学高段和初中阶段汉字材料的对照主要是这部分字的对照。

表 3-14　小学高段与初中阶段重复字字表

小学高段与初中阶段 共重复 6 个字	义音合成字（5 个字）	冽 簝 弩 矜 诣
	半理据和无理据字（1 个字）	襄

由表 3-14 可知，小学高段和初中阶段共重复 6 字，这 6 字均为初中阶段教材注释中的汉字，这 6 个汉字可以作为小学高段与初中阶段汉字教学的衔接内容，为初中阶段汉字教学作铺垫。对这 6 个汉字的构形模式进行分类，可以发现其中有 5 个汉字是义音合成字，1 个汉字是半理据字，由此可以确定"义音合成字"是小学高段汉字教学内容的重点，教师就要在小学高段用力讲好这几个义音合成字，便于学生进入初中年级理解注释的意义，更好地阅读文言文本。

第二节　小学高段汉字教学材料的探究

通过梳理小学高段汉字材料并分别令其与各学段汉字材料对照，我们获得了丰富的数据信息，如小学高段识字表、写字表中共有 896 个不重复字、5 种构形模式，这其中有 478 个字已经在小学中低段中出现过，418 个字是小学高段的新学字等，这些数据信息背后潜在的意义需要我们进一步挖掘，而探究的最终目的就是要归纳小学高段汉字教学涉及的学理知识点，明确小学高段汉字教学内容，制定小学高段汉字教学目标，最终指导小学高段汉字教学实践。基于上述目的，对小学高段汉字教学材料的探究主要着重在以下三个方面。

第一，归纳小学高段相关汉字学理知识点。本章对小学高段的汉字属性进行了测查，并对 896 个汉字的构形模式进行了分类与系联，以此为依据归纳小学高段的汉字学理内容。

第二，确定小学高段汉字教学内容。首先要明确小学高段汉字教学的基本内容是 896 个汉字的形音义讲解；其次要明确小学高段汉字教学内容的重点是能够巩固提升小学中低段所学并为初中阶段作铺垫的汉字讲解；最后要明确小学高段汉字教学所需渗透的汉字特点和规律。

第三，制定小学高段汉字教学目标。小学高段汉字教学内容的确定为教学目标的制定提供依据。首先是小学高段汉字教学的总目标，其次是小学高段汉字教学的阶段性分目标。

一、小学高段汉字学理相关知识点归纳

"汉字学理知识"就是指以汉字构形学理论为指导，探究出的能够体现汉字表意性和系统性相关的特点和规律。小学高段语文教师要想科学地进行汉字教学，就需要将"汉字学理知识"渗透到汉字教学中去，以使学生对汉字产生符合学理的系统认识。那么小学高段的"汉字学理知识"是什么、有多少，就需要有一个较为明确的归纳，否则就容易出现主观随意的倾向，不利于小学高段的汉字教学。而第三章中的"小学高段汉字教学材料的文字学属性测查"和"小学高段896个汉字构形模式的分类与归纳"都是以科学汉字学为指导梳理出的材料，其中得出的信息能够为小学高段"汉字学理知识"的归纳提供事实依据。

（一）汉字学理基本知识

对"小学高段汉字属性测查表"进行深入分析，发现其所涉及的学理知识包括以下几点：①汉字的历史；②汉字的演变；③汉字的性质；④汉字的特点（表意性和构形的系统性）。这几个方面属于汉字学理的共性知识，即汉字学理的基本知识点。

（二）汉字构形学相关知识

对"小学高段896个汉字的构形模式基础分类和构形特点"作进一步分析，发现其所涉及的学理知识包括以下几点：①汉字的构形与构意；②汉字的构形单位——构件；③汉字的构形模式。这几个方面属于汉字构形学方面的相关知识，即汉字构形特点和规律所体现的学理知识。

二、小学高段汉字教学内容的确定

本节是以识字表、写字表为媒介，把汉字学理知识渗透到汉字教学中去，因此小学高段汉字教学到底"教什么"显而易见，就是小学高段896个汉字本身及小学高段896个汉字体现出的相关学理知识。

（一）小学高段896个生字

汉字教育是汉字本身的教育，小学高段汉字是识字表、写字表当中所列的生字，去掉字表中重复出现的字，共有896个生字，小学高段汉字教学的基本内容就是讲解896个汉字的形音义。

《课标》要求小学高段学生"累计认识常用字3000个左右，会写2500个左右"[1]，说明小学高段汉字教学内容不仅仅是896个汉字本身，还要巩固小学中低段汉字教学内容，使学生真正做到积累汉字。同时，语文课程按照九年一贯整体设计，各个学段相互联系，在小学汉字教学的基础上，只有完成初中阶段的汉字教学，才能最终全面达成义务教育阶段汉字教学的总目标。因此，小学高段汉字教学内容的重点应该在能够体现小学高段承上启下的内容方面，即突出小学高段与中低段及初中阶段汉字教学内容的关联与衔接方面。

300个基础字表中共有82个传承式全功能零合成字，将82个传承式全功能零合成字与小学高段汉字教学材料进行对照，发现高段"义音合成字"的"表义功能构件"有44个是在低段以"传承式全功能零合成字"出现的，"会义合成字"的"表义功能构件"也有26个是在低段以"传承式全功能零合成字"出现的，这些传承式全功能零合成字作为表义功能构件构字能力强，能系联到高段半数以上的义音合成字、会义合成字。因此，这些传承式全功能零合成字既可以在高段汉字教学中作为巩固"全功能零合成字"的教学内容，突出汉字的表意性特点，又可以在讲授"义音

---

[1] 中华人民共和国教育部.义务教育语文课程标准(2011年版)[S].北京:北京师范大学出版社,2012:12.

合成字"与"会义合成字"时,把"全功能零合成字"在合成字中可以充当"表义功能构件"的知识作为提升的教学内容,强调全功能零合成字是汉字构形的基础,带领学生演绎出一批汉字,使学生感受汉字构形的系统性。

将小学中低段与高段汉字教学材料对照,发现小学低段与小学高段重复 219 个字,小学中段与小学高段重复 273 个字,这些重复字中义音合成字、会义合成字、全功能零合成字、半理据和无理据字居多,这些重复字能够作为小学高段讲解这些构形模式的切入点,带动学生回顾已有的汉字教学内容,将中低段与高段汉字教学有效衔接起来。

将初中阶段与小学高段汉字教学材料对照,发现小学高段与初中阶段共重复 6 个汉字,这 6 个汉字可以作为小学高段与初中阶段汉字教学的衔接内容,为初中阶段汉字教学作铺垫。对这 6 个汉字的构形模式进行分类,发现其中有 5 个义音合成字,1 个半理据字,由此可以确定"义音合成字"是小学高段汉字教学内容的重点。

(二) 小学高段 896 个生字所需渗透的汉字学理知识

对小学高段汉字学理知识进行归纳,发现其包括两类知识。

一类是汉字学理的共性知识,即汉字学基本知识,具体内容包括以下方面。

(1) 汉字的起源与发展。在讲解汉字的起源时,要明确汉字的历史悠久,最早起源于图画。在讲解汉字的发展时,要明确汉字在不同历史时期的形体特征,使学生感受汉字形体的演变是由象形到符号的过程。

(2) 汉字的表意性。在讲解汉字的表意性时,要从象形性强的古文字形出发,使学生感受全功能零合成字及其充当表义功能构件时体现出的构意,同时帮助学生明确部首和表义功能构件的关系。部首是形体的类聚,既可能是表义功能构件,又可能是示音功能构件,如"彡"是部首,它在"影"中作表义功能构件,在"衫"中作示音功能构件,表义功能构件是构意的类聚,只有在汉字中都起到意义功能的部首才是表义功能构件。即部首并不都是表义功能构件,表义功能构件基本上都是部首。

(3) 汉字的系统性。在讲解汉字的系统性时,要充分利用全功能零合成字的汉字构形基础地位系联不同构形模式的汉字，同时比较相同构件在不同构形模式中的功能作用，使学生感受到汉字与汉字之间是呈有序关系的，汉字是一个符号系统。

另一类是汉字构形特点和规律体现的学理知识，即汉字构形学相关知识，具体内容包括：

（4）构形、构意。在讲解汉字的构形时，要明确汉字构形的最大特点是根据所记录汉语词的意义来构形，汉字形体总是携带着可供分析的意义信息，因此汉字的形体是可分析的，分析汉字构形不可缺少两个方面：构形、构意。

（5）构件。在讲解汉字的构件时，要明确汉字的构形单位是构件，构件在汉字组合中起到不同的功能作用，主要是表形功能、表义功能、示音功能和标示功能，还有一部分构件在演变中丧失了构意功能，被称为记号构件。

（6）汉字构形模式及其特点。在讲解汉字构形模式时，要明确汉字构形模式是依据构件功能划分的，要明确作为小学高段汉字教学内容的重要构形模式及其特点。

从"小学高段 896 个汉字构形模式的分类"一节中可知，小学高段 896 个汉字中共有 5 种汉字构形模式外加一部分半理据和无理据字，能被确定为小学高段汉字教学内容的有传承式全功能零合成字、会义合成字、义音合成字和部分半理据和无理据字，主要有以下原因。

从各构形模式的汉字数量上看，小学高段传承式全功能零合成字（11 个字）、会义合成字（60 个字）、义音合成字（777 个字）这 3 种构形模式的汉字共计 848 个字；部分半理据和无理据字虽然从现代楷书简化字形来看是理据丧失之字，但字形经过溯源是能够重新确定构形模式的。在 42 个半理据和无理据字中，有 27 个字经过溯源可以确定构形模式为义音合成式或会义合成式的，使之构形理据得以恢复。因此，小学高段全功能零合成式、会义合成式、义音合成式这 3 种构形模式的汉字共计 875 个字，占小学高段总字数的 97.7%，教学这 3 种构形模式的汉字，基本能覆盖小学高段的全部汉字。而标义合成字（2 个字）、形义合成字（4 个字）这两种类型的字总计 6 个字，数量少，复现率低，不具有典型性和代表性。可以不讲这些汉字。从教学示范原则来讲，这些字无法满足教学过程中对汉字构形模式进行归纳演绎的需要，无法做到举一反三，不具备知识迁移的作用，故可以不设定为教学的主要内容。从学生的心理认知特点来说，部分半理据和无理据字通过溯源仍然无法确定其构形模式的，即属于形义关系不明的字，对于这些字从学习掌握的情况来看，不太符合小学高段学生的心理认知特点，故不宜作为教学内容进行过多的渗透。因此，小学高段的义音合成字、会义合成字、全功能零合成字及一部分通过溯源可以确定构形模式的半理据和无理据字，因其数量较多，所占比例较大，构形构意关系清晰，理应作为小学高段汉字教学的重要内容。以下对这几种汉字构形模式的特点进行分别阐述。

传承式全功能零合成字是直接由古文字的独体象形字和部分独体指事字演变而来，象形性强，构形充分体现构意，突出汉字的表意性特点，其因构意明确往往是参构其他合成字构形的构件，因此是汉字构形的基础。

会义合成字由两个及以上的表义功能构件组合而成，构意不是构件正面意义的简单相加，而是诸多意义信息共同体现的逻辑关系，区别于传承式全功能零合成字的直观构意，突出汉字的表意性质。

义音合成字由表义功能构件和示音功能构件组合而成，表义功能构件体现义类范畴，示音功能构件提示读音，形成同类字以音区别，近音字以义区别的格局，虽然表意不如全功能零合成字、会义合成字具体，但作为符号其区别度大，是汉字构形的主要模式，作为今文字主体也是汉字构形系统的最好体现。

半理据和无理据字是演变过程中构件发生变异或黏合而丧失了部分理据或全部理据的汉字，部分半理据和无理据字经过溯源能够重新确定构形模式，推源的过程，是汉字字形演变的再现，是汉字文化历史悠久的良好体现。

据此，小学高段汉字教学既需要渗透汉字学理的基本知识，又需要渗透汉字构形特点和规律体现的学理知识，这些汉字学理知识就是王宁先生所说的汉字教学要遵循的普遍学理。只有在小学高段渗透这些汉字学理知识，才能在讲解汉字时不违背汉字构形规律和演变规律，才能在人讲错汉字时运用汉字构形学的原理指出其错误所在，才能是在符合汉字学科特点和规律的前提下科学地讲解汉字。

三、小学高段汉字教学目标的制定

在小学高段汉字教学内容的基础上,制定小学高段汉字教学目标。小学高段汉字教学目标既有与义务教育阶段各学段汉字教学一致的目标,又有区别于其他学段的专属于小学高段的阶段性分目标,总目标和分目标都为小学高段汉字教学实践提供了依据,以下具体阐述。

(一) 小学高段汉字教学的总目标

小学高段汉字教学是小学汉字教学的重要组成部分,所以高段汉字教学的总目标与小学汉字教学的总目标是一致的。王宁先生对小学汉字教学的总目标提出了具体而明确的阐述:①积累一定数量的汉字,达到形音义全面把握;②在符合汉字表意性构形系统性的教学方法强化下,产生掌握汉字的科学方法,以达到不教而终身识字;③在对汉字有正确认识的前提下,强化民族文化意识,增进爱国主义情操。❶

(二) 小学高段汉字教学的分目标

依据王宁先生提出的小学汉字教学的总目标,结合高段汉字教学材料梳理与探究的结果,拟制定高段汉字教学的分目标为:①正确掌握896个汉字的形音义;②通过"义音合成字"及"会义合成字"表义功能构件的学习,巩固表义功能构件作为低段全功能零合成字所学的内容;③通过低段全功能零合成字在高段"义音合成字"及"会义合成字"充当表义功能构件内容的学习,提升"全功能零合成字"具有汉字构形基础特点的认识,通过演绎积累汉字;④领会汉字的表意性特点和系统性特点;⑤深刻体会汉字构形的特点与规律。

---

❶ 王宁.汉字教学的原理与各类教学方法的科学运用(上)[J].课程·教材·教法,2002(10).

第三节　小学高段汉字教学的实践与策略

小学高段汉字教学内容及目标确定后，汉字教学实践得以开展。小学高段汉字教学实践的最终目的是通过对 896 个生字的教学"渗透"汉字学理知识。因此，小学高段汉字教学的实践实际上就是"渗透汉字学理知识，讲解汉字形音义"的过程。本节解决的主要问题是"如何渗透"和"渗透策略"的问题。本节内容分为两大部分，一部分是渗透汉字学理知识于小学高段汉字教学的实践，另一部分是渗透汉字学理知识于小学高段汉字教学的策略。前者主要解决"渗透汉字学理知识的原则""渗透汉字学理知识的过程"问题，后者主要解决"渗透汉字学理知识的策略"问题。

一、小学高段汉字教学实践的理论原则

如何渗透汉字学理知识于小学高段汉字教学？这是本节论述的核心内容，这个内容阐述清楚了，就能够解决目前小学高段汉字教学现状所存在的根本问题，就能实现汉字教学的科学化。汉字既是小学语文的重要教学内容，又是一门独立的学科。作为学科，汉字自有其独特的学科特点和规律，所以讲解汉字必须遵循汉字自身所体现出的规律——汉字学理。故此通过汉字学理知识讲解汉字可谓是实现汉字教学科学性的唯一正确而有效的手段，也是落实王宁先生提出的"理由定则，勿离勿违"和"教无定法，殊途同归"原则最有利的举措。

（一）小学高段汉字教学实践的总体原则

渗透汉字学理知识于小学高段汉字教学的实践，既要考虑汉字教学内容的科学性，又要考虑汉字教学主体对象的心理认知水平。要想在实践过程中使汉字教学内容选择具有科学依据，就必须以汉字学理论为指导；要

想在实践过程中使汉字教学主体对象顺利掌握汉字教学内容，就必须符合学生的心理认知特点。

1. 必须以汉字学理论为指导

小学高段汉字学理知识的"渗透"，要有科学的汉字构形理论作支撑，如此，教师才能科学地讲解汉字，汉字教学才能符合科学性的要求。"汉字构形学"作为研究汉字的基础学科，为教师讲解汉字字形及字与字之间的有序关系提供了理论依据。如果有人讲错了汉字，教师就可以运用"汉字构形学"的相关原理指出问题所在，这是汉字教学应该遵循的普遍学理。因此"汉字构形学"的相关原理至关重要，是科学讲解汉字必须遵循的原理。

王宁先生在《汉字教学的原理与各类教学方法的科学运用（下）》中明确指出汉字教学五个必须遵循的原理。

（1）不可讲错构件的形音义。汉字是由构件组合而成的，每一个组成字的成字构件，都已有确立的形、音、义，讲错了构件的形、音、义，就会使整个字的讲解发生错误。

（2）不可曲解构件体现构意的功能。汉字的构件在进入构字后，就具有了或表形、或示音、或表义、或区别标示的功能，解释汉字必须依据它们的客观功能。讲错了或曲解了构件的功能，就会使整个字的讲解发生错误。

（3）不要把层次结构讲成平面结构。由基础元素组构成汉字，大部分是依层次逐级组构的，构意是逐级生成的。小部分是一次性平面组构的，以集合的方式产生构意。在讲解汉字时，既不能把层次结构讲成平面结构，也不能把平面结构讲成层次结构，否则就会发生错误，而人们常犯的错误是不懂得汉字构意依层次生成的道理，见一个构件讲一个构件。

（4）对黏合、省简、变形、错讹而变得无理据的字不可乱编理据。

（5）用汉字构形系统成批或类推讲解汉字构意时，要进行有理归纳，不可仅因形体相同而认同。汉字构形是成系统的，现代汉字 90% 以上是形声字，讲解汉字可以利用形声字的声符系统和义符系统通过归纳和演绎成批地进行。❶

因此，科学地讲解汉字必须要正确讲解构件的形音义及体现构意的功

---

❶ 王宁.汉字教学的原理与各类教学方法的科学运用(下)[J].课程·教材·教法,2002(10).

能，必须搞清楚构件之间的组合关系，对形义不明的汉字不可乱编理据，对形义明晰的汉字要进行有理归纳，据此可以综合为以下三个必须遵循的重要原则：

（1）不违背汉字构形规律和演变规律；

（2）对构意直接、明确的字加以准确讲解；

（3）对需要经过推源再来讲解的汉字，推源后再来讲解。❶

教师遵循了这三个重要的汉字讲解原则，就能够明确汉字在整个汉字构形系统中所处的位置，就能够对汉字进行科学讲解，不至于讲错一个，乱了一片，更不会随意联想、胡编乱造理据。

据此，若要将这三个原则顺利落实到小学高段汉字教学中去，就需要明确下面两个问题。首先需要明确的是小学高段896个汉字在构形系统中所处的位置，以便能够正确地讲解896个汉字的形音义。其次，需要明确本节研究的内容是渗透学理知识于小学高段汉字教学，既然如此，就需要明确在汉字教学中哪些字能够渗透学理知识，哪些字不能渗透学理知识，这都是由汉字自身所体现的学理所决定的。对构意直接明确的字，推源后形义关系明晰的字，就能够渗透学理知识进行讲解；对构形无法直接体现构意的字，推源后形义关系仍然不明晰的字，即无理据可渗透的字就尊重事实不乱讲，这正是不违背学理的表现。

小学高段构意直接明确字有义音合成字、会义合成字、全功能零合成字传承式、形义合成字、标义合成字，一部分半理据和无理据字，经过推源形义关系明晰，这些字都属于可以渗透汉字学理知识讲授的字。

2. 必须遵循高段学生的心理认知特点

根据第一章文献综述，小学高段学生的心理认知特点主要体现在以下三个方面：第一，摆脱了具体事物的束缚，但仍具有很大成分的具体形象性，能够进行假设性思维，采用逻辑推理、归纳或演绎的方式来解决问题；第二，感觉、知觉、注意、记忆等变得有意识且有目的性；第三，心理词典中已经储存了大量的字形、字音和字义。

王宁先生根据学生的认知规律、思维特点对各阶段教学重难点、应采用

---

❶ 王宁.汉字教学的原理与各类教学方法的科学运用(下)[J].课程·教材·教法,2002(10).

的教学手段进行了分析。她将小学汉字教学划分为初期积累阶段、中期积累阶段和后期积累阶段三个阶段,这三个阶段分别对应着小学汉字教学的三个学段,王宁先生对小学高段汉字教学进行了分析与说明,见表3-15。

表3-15 小学高段汉字教学内容阶段递进性要求

阶段	教学重点	教学难点	速度	识字	手段
后期积累阶段	在用字过程中,语言环境对汉字识别作用日益增大,汉字在聚合中见其形义系统,又在组合中见其音义系统	识字巩固	不断加快	识字进入字用阶段,形音义是并重的	新字的积累主要采用演绎的方法

资料来源:王宁. 汉字教学的原理与各类教学方法的科学运用(下)[J]. 课程·教材·教法,2002(10).

小学高段汉字教学要注重汉字的形音义讲解,主要通过演绎的方法学习新字。同时,需要巩固小学中低段的已学汉字,最终实现《课标》累计识字达3000字左右的要求。

"通过演绎方式积累新字"符合小学高段学生的心理认知特点,具体到小学高段896个生字的教学,形义合成字、标义合成字因为数量少,知识迁移作用低,难以实现通过演绎方式积累新字的学习,故在汉字教学实践中不作为渗透汉字学理知识的教学展示。

据此,小学高段汉字教学实践中符合学生心理认知特点且能够渗透学理知识的汉字可以确定为"传承式全功能零合成字""会义合成字""义音合成字"这三种构形模式和一部分通过溯源形义关系明晰的"半理据和无理据字",共计875个字,占小学高段汉字总数的97.7%,具体见表3-16。

表3-16 小学高段汉字教学的识字总表(875个字)

功能构件	册数	汉字
传承式全功能零合成字(11)	五年级上册(7)	臣 丘 歹 矛 盾 鼠 龟
	五年级下册(3)	申 斤 燕
	六年级上册(1)	瓦
	六年级下册	/

续表

功能构件	册数	汉字
会义合成字（60）	五年级上册（39）	便 悉 间 协 划 辞 辱 典 侵 垒 岔 狱 皇 祭 履 闯 昏 兜 吊 脊 竞 冤 席 启 孙 逸 皆 斩 鲁 寇 某 委 宙 冠 粮 区 杀 嫁 恒
	五年级下册（12）	葬 秉 丞 劣 岳 尊 圣 唬 畜 巫 企 尼
	六年级上册（6）	制 射 斑 盗 困 拜
	六年级下册（3）	盈 焚 脉
义音合成字（777）	五年级上册（291）	鹭 嫌 黛 嵌 匣 嗜 鹤 框 哨 恩 韵 昐 榨 榴 矮 播 浇 咐 亭 慕 箩 杭 懂 婆 糕 饼 浸 缠 茶 捡 蔓 幽 雏 哟 柜 陪 待 趴 睑 眸 汛 遣 惰 衡 绰 访 鞋 挽 隔 懒 璧 茵 强 诺 罪 廉 抵 御 擅 削 袍 召 议 抄 怯 拒 荆 鸵 赢 瀚 俯 喷 枚 箭 筒 圈 置 略 任 搁 陷 拐 筑 堡 党 妨 蔽 酬 誓 谎 牺 珍 叮 嘱 塌 焦 延 悔 扶 嫂 恳 筛 罕 梭 酿 监 拘 落 郎 爹 辆 纱 趟 托 泳 婚 辇 挨 俭 俱 珊 瑚 礁 筐 拗 恃 撅 哀 泻 鳞 惶 胎 哉 潜 试 疆 估 煌 珑 剔 澜 陵 宏 烬 毁 拱 辉 览 境 唐 统 销 瞒 域 艇 炊 哼 喉 咙 搅 摄 殖 炭 疗 菌 驯 矫 歇 权 薛 狭 勉 锥 秀 玲 窝 滑 拾 梳 魄 抑 颓 纫 噪 褐 愈 耽 碌 哇 忍 酸 栈 柱 恢 跷 僻 迪 缴 榜 嘲 枕 考 疼 糖 屑 钉 暑 煮 励 篇 版 祥 歧 谨 榆 畔 聒 泊 愁 寺 旷 怡 凛 冽 黎 晕 漆 幕 愈 桨 桩 暇 榕 纠 涨 塔 梢 抛 悄 枭 嫦 娥 嫉 妒 瓷 耻 识 矣 岂 涵 谓 诵 窥 缺 舅 凯 葛 浒 传 贾 卷 刊 琐 栩 呻 津 限 述 朴 喻 瘾 奔 籍 饥 偿 甸 馈 磁 醉 皎 鉴 沥 稳 献 赤 妻 茧 蚕 毕 誊 累
	五年级下册（265）	耘 供 稚 漪 晓 蚱 晃 哨 樱 蚌 割 嘟 倭 拴 啰 挺 蝴 蚂 嘀 拔 瞎 铲 锄 瓢 徘 徊 渺 篝 萌 澄 澈 旖 旎 瑞 莱 垠 顷 峨 绶 腮 玷 飓 码 撩 绢 侨 眷 瑜 忌 督 幔 寨 搞 呐 鸾 遮 插 倚 筈 碟 俺 杖 擒 肋 跟 呛 呵 胯 霹 雳 咆 哮 锤 拖 坠 膛 截 芝 遂 进 润 獐 猕 猿 耶 挚 瞑 窍 楷 镂 挠 恰 屉 嫣 讳 晦 墩 钗 敞 雯 袭 喇 仞 蓟 涕 裳 摩 遗 彭 拟 谋 赴 殊 蹄 蹋 黯 损 锻 炼 搞 签 沃 匪 绷 衷 堪 诊 龄 审 剂 施 吭 崭 慈 荣 筹 矜 俘 镯 吓 档 彼 褂 坞

续表

功能构件	册数	汉字
义音合成字（777）	五年级下册（265）	嘎 绊 揪 扳 腕 铸 颧 疤 侄 痰 揩 跤 搂 仗 鞭 欺 剃 浆 傅 袄 蘸 馅 诈 怔 桶 障 犯 傻 捏 吾 策 荞 拳 擦 肆 桅 撕 龇 咧 瞄 艘 航 帽 逗 钩 扭 舱 鸥 艄 翘 姆 祷 雇 哗 斯 纵 垫 簇 笼 毡 犊 眺 膘 驰 噜 吆 哞 仪 骏 辽 绵 凳 铃 铛 罐 恢 踢 牲 译 愧 熠 遏 黏 埃 滥 淼 湛 诣 梁 拇 弦 揪 搔 窈 窕 秽 轧 拧 纽 薄 庸 憎 痒 螺 扣 貌 胚 祸 患 赋 痴 绞 嘿 娜 窘 昼 虬 郑 帘 伊 誉
	六年级上册（136）	毯 陈 虹 蹄 腐 稍 微 雅 案 拙 糊 蕾 襟 恍 怨 德 鹊 蝉 律 崖 渡 副 弹 抡 贯 棋 悬 沸 雹 屹 悦 屈 政 宾 盏 栏 爆 宣 帜 阅 坦 距 隆 豁 疙 瘩 棍 裁 橡 雕 跺 沮 谜 氧 倾 揭 燥 漠 培 噪 淌 哑 废 汹 涌 澎 湃 熄 掀 唉 淋 糟 嘛 皱 棚 苔 坪 蔗 瀑 增 缝 谙 袖 篷 缩 疯 喧 嚷 酱 唇 蹦 梯 涯 莺 莹 裹 篮 蓠 资 矿 慷 慨 贡 基 睹 巍 轴 锦 曝 谱 茵 盲 纯 键 缕 陶 粗 厨 羞 撒 缚 猬 伶 俐 宰 综 萍 藻 漾 焰 瞬 凝 骤 掷 陡 汇
	六年级下册（85）	蒜 醋 饺 摊 拌 眨 宵 燃 贩 贺 轿 骆 驼 腊 腻 咽 匙 稠 肿 熬 缸 脏 泣 栖 鸦 惧 凄 寞 宴 霉 聊 栅 控 贷 毙 覆 藏 挪 蒸 裸 媚 砖 蚁 叨 揉 绽 搓 吻 络 避 峻 啪 瞪 锹 靴 魔 刑 绑 彻 迂 迫 批 标 援 辩 惯 圃 溅 蕊 魏 搜 蚯 蚓 阶 脆 拦 玻 璃 恶 怖 蟋 蟀 侯 章 凿
半理据和无理据字（27）	溯源后为义音合成字（15）	五年级上册（9）	宜 泰 殿 奉 权 更 着 兰 卿
		五年级下册（3）	监 禽 冈
		六年级上册（1）	尚
		六年级下册（2）	粥 盐
	溯源后为会义合成字（12）	五年级上册（3）	熏 兼 差
		五年级下册（5）	承 曹 庆 桑 弗
		六年级上册（3）	索 素 甩
		六年级下册（1）	执

据学界对学生心理认知特点的研究，经过中低段的汉字教学，学生心

理词典中已经储存了各种构形模式的汉字，高段汉字教学是在此基础上进行的。因此，要充分调动学生的已有知识，深化小学中低段对各种构形模式汉字形成的感性认识，同时要利用其假设、推理、归纳、演绎的思维能力，促进感性认识向理性认识的转化。

小学中低段学习了大量的全功能零合成字，能够调动学生已有的经验整体感知全功能零合成字的相关特点。同时全功能零合成字的最大特征在于它的象形性，古文字形的图画意味很浓，小学高段仍要从古文字形出发进行教学，以符合学生思维的具体形象强的思维特点。

会义合成字由全功能零合成字充当的表义功能构件组合而成，300个基础字中的全功能零合成字能系联高段半数以上的会义合成字。相较于能够直观构意的传承式全功能零合成字来说，表意复杂，需要判断推理其诸多意义信息之间的逻辑关系。高段学生的心理认知特点表明它们已经能够理解会义合成字的学理知识，在汉字教学实践中，要鼓励学生大胆假设、判断推理会义合成字的构意，最终积累一定量的汉字学理知识。

义音合成字由全功能零合成字充当的表义功能构件和示音功能构件组成，300个基础字中的全功能零合成字能系联高段半数以上的义音合成字。义音合成字虽表意不如传承式全功能零合成字、会义合成字具体，但作为符号其区别度大，声同以义别，义同以声别，突出体现汉字构形的系统性，对相同义类进行成批演绎，符合学生的思维认知特点，其理解能力为完全能够达到对所渗透汉字学理知识的把握。

半理据和无理据字因部分构件或全部构件无法直接体现构意，需要溯源确定理据。高段学生已经具有主动知觉比较复杂事物的能力，能够感受汉字字形的演变过程，领会和理解因汉字悠久的历史所产生的形体变化结果。

综上，875个汉字的选取结合了学生的心理认知特点，小学高段的汉字教学完全能够通过这875个汉字渗透学理知识正确讲解其形音义，使学生对汉字的表意性和系统性规律产生科学的认识，同时能够对小学中低段已学的汉字起到巩固的作用，完成《课标》使学生积累识字达到3000字左右的要求。

（二）小学高段汉字教学实践的具体原则

王宁先生在《汉字教学的原理与各类教学方法的科学运用》一文中明确指出："根据不同教学阶段和汉字不同的属性，选择不同的教学策略。识字教学是分阶段进行的，每到一个阶段，教学方法和策略都要因积累的不同而发生变化。例如，教传统独体字、黏合独体字、会义合成字、义音合成字等，教学策略应当不同。在初期积累阶段、中期积累阶段、后期积累阶段，都应采用不同的教学方法。"[1] 即不同学段不同构形模式的汉字要采用不同的教学方法。鉴于此，就需要分别明确在小学高段进行"全功能零合成字""会义合成字""义音合成字""部分半理据和无理据字"教学实践时所应遵循的具体原则。

1. 传承式全功能零合成字的教学实践原则

（1）整体感知传承式全功能零合成字"不可拆分"和"全功能"的特点，学习新字的相关特点。

从结构上看，传承式全功能零合成字是独体字，不可拆分。在楷书阶段，虽然从字形看，还有相离和相接的部分，但从构意看，已经不能拆分。从功能上看，传承式全功能零合成字的功能是全面的，既表形义又表音。

小学中低段共学习 191 个传承式全功能零合成字，直接观察这批传承式全功能零合成字的结构和功能特征，能够整体感知传承式全功能零合成字是"功能全面的独体字"，带动小学高段传承式全功能零合成字相关特点的学习。具体如下。

小学一、二年级学习了 141 个传承式全功能零合成字，三、四年级学习了 50 个传承式全功能零合成字，小学中低段一共学习了 191 个传承式全功能零合成字。字表见表 3-17 和表 3-18。

---

[1] 王宁.汉字教学的原理与各类教学方法的科学运用(下)[J].课程.教材.教法，2002(10).

表 3-17　小学低段传承式全功能零合成字汇总

功能构件	册数	汉字
传承式全功能零合成字（141 个）	一年级上册（75）	人 我 四 五 口 耳 手 目 日 月 水 火 山 田 禾 云 雨 鸟 虫 六 八 九 马 土 不 子 文 白 小 儿 车 羊 也 气 了 片 大 飞 南 鱼 西 女 来 黄 牛 刀 力 木 心 升 么 午 它 朋 巴 长 伞 兔 要 方 自 己 衣 又 弟 竹 牙 几 乌 高 久 回 工 厂 生
	一年级下册（35）	入 王 互 电 井 毛 主 士 面 京 门 广 非 册 身 单 羽 米 豆 肉 夕 之 能 首 角 斗 丁 已 瓜 弓 燕 干 鹿 象 巾
	二年级上册（16）	龟 壶 辛 止 术 由 丑 川 其 巨 且 龙 辰 乎 而 穴
	二年级下册（15）	求 术 齐 民 舟 乞 甲 易 乎 卤 母 克 页 匆 户

表 3-18　小学中段传承式全功能零合成字汇总

功能构件	册数	汉字
传承式全功能零合成字（50 个）	三年级上册（14）	互 曲 丰 离 羽 而 未 亚 乎 匆 申 乙 要 瓦
	三年级下册（14）	燕 止 其 鹿 术 录 册 且 斗 丁 克 幻 宁 示
	四年级上册（9）	卵 穴 丑 凡 虎 鼎 丹 韭 巫
	四年级下册（13）	率 斤 尸 壶 身 焉 丫 兆 予 甫 禹 易 首

这些传承式全功能零合成字都是独体字，不可拆分。比如"日"字拆分出来的"一竖、横折、两横"都是笔画，笔画不具备体现"日"的构意功能。"明"字拆分出的"日""月"都是构件，"日"具备体现"明亮"的构意功能。说明汉字的构件是体现构意的，笔画不具有体现构意的功能，传承式全功能零合成字不可能拆分出构件。

再如"燕"字，从构形上看，楷书"燕"字上像镊子一样的口，中像燕身及两翅，下像分叉的尾，不能因为上中下相离就错误拆分为"口""灬""北"这些不成字的形体，从构意上看，"燕"字已经不能拆分。说明不能因为汉字中有像构件的形体，就认定它可拆分，不是传承式全功能零合成字。

这些传承式全功能零合成字都是全功能的，既表形义又表音。如

"口"字,写作"口",读作"kǒu",表示嘴巴,形音义具备,功能全面。

对小学中低段传承式全功能零合成字进行整体感知后,小学高段11个传承式全功能零合成字"龟""臣""丘""歹""矛""盾""鼠""燕""斤""申""瓦"的结构和功能就很好判断,即都是独体字,不可拆分,都形音义具备,功能全面。

(2)溯源感知传承式全功能零合成字"表意性强"和"传承"的特点,学习新字的相关特点。

传承式全功能零合成字是表意性最突出的一类构形模式,它的古文字形抓住事物主要特征进行描绘,图画意味浓厚,象物性强。同时它在演变中一直没有发生结构模式的变化,今文字与古文字一脉相承。

小学高段11个传承式全功能零合成字"龟、臣、丘、歹、矛、盾、鼠、燕、斤、申、瓦"中,"龟、燕、瓦"3个字在小学中低段都学习过,象物性强,"目"和"臣"字古文字形、"山"和"丘"字古文字形相似,可以从这5个字中选取例字溯源古文字形,感知传承式全功能零合成字"表意性强"的特点,进而学习小学高段传承式全功能零合成字的相关特点。具体如下。

"龟"的古文字形就像一只乌龟,有头、甲壳、尾巴、四脚,甲骨文字形是侧视的形状,金文字形是正视的形状;"山"的古文字形就像起起落落的山峰的样子;"目"的古文字形就像人的眼睛的样子,有眼眶有瞳孔。汉字起源于图画,"龟""山""目"这些传承式全功能零合成字的古文字形就是早期的汉字,抓住事物的主要特征进行描绘,图画意味浓厚,表意性很强。

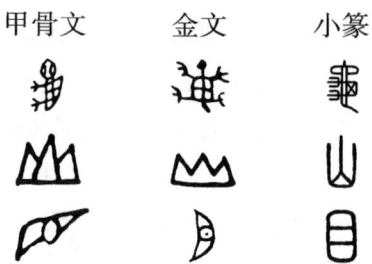

像"龟""山""月"这样表意性强的传承式全功能零合成字还有"鼠""丘""臣""斤""矛""盾""歹""申"等字,字形演变如下。

| 甲骨文 | 小篆 | 隶书 | 楷书 |

"鼠"字甲骨文字形像老鼠的样子，有尖嘴、锐齿、长尾巴、短腿。

| 甲骨文 | 金文 | 小篆 | 隶书 | 楷书 |

"丘"字甲骨文字形和"山"字甲骨文字形相似，都是平地上的山，不同的是"山"字画了三个峰头，"丘"字只画了两个峰头。在古代，"三"表示数量多，三人为"众"，表示人多，三林为"森"，表示树木多，三峰为"山"，表示起起伏伏的山峰。"丘"字只有两个峰头，说明山数量少，表示小土丘。会义合成字"岳"由"丘"和"山"组成，山峰上还有小土山，表示"高山"。从高度上看，"岳"比"山"高大，"山"比"丘"高大。"山"与"丘"的不同，说明古人在面对相似事物时，有区分的意识，具体体现在传承式全功能零合成字造字时某些形体的数量变化上。

| 甲骨文 | 金文 | 小篆 | 隶书 | 楷书 |

"臣"字甲骨文字形和"目"字甲骨文字形相似，都是人的眼睛的样子，不同的是，"臣"字直立表现，"目"字水平表现。"臣"字表示某种特定状态下的眼睛。当人低下头时，眼睛看起来成了竖立的样子，古人就用眼睛的这个状态造了"臣"字，表示受人牵制只能屈服听命的奴隶，后引申为受命于上司的官吏。说明古人在面对特定状态时，有区分的意识，具体体现在传承式全功能零合成字造字时某些形体的位置变化上。

| 甲骨文 | 金文 | 小篆 | 隶书 | 楷书 |

"斤"字甲骨文字形像一把曲柄大斧的形象，"箭头"形就是斧头的侧面形象。

金文　小篆　隶书　楷书

"矛"字金文字形像头带尖锋的长柄武器，柄的一侧有扣环。

甲骨文　金文　小篆　隶书　楷书

"盾"字甲骨文字形像一个抵御刀箭、护身蔽体的器具，金文字形像手持挡牌的形象。

甲骨文　小篆　隶书　楷书

甲骨文字形像死人的残骨，"歹"旁的字一般多与死亡、坏有关。

甲骨文　金文　小篆　隶书　楷书

甲骨文、金文字形都像电光舒展闪烁之形，古人认为闪电是神的显现，所以常以"申"来称呼"神"，"申"是"神"的本字。后"申"又多引申为舒展、陈述等意思，或借为地支名称，于是造出从雨，申声的"電"字，现简化作"电"。

传承式全功能零合成字从古文字形到今文字形，是象形到符号的过程。今文字形的符号又是从象形的古文字形基础上演变而来，今文字形与古文字形一脉相承，因此传承式全功能零合成字是"传承"的。

（3）感受传承式全功能零合成字"汉字构形基础"的特点。

传承式全功能零合成字可以充当表义构件、示音构件参构合体字，是汉字构形的基础。300基础字中的传承式全功能零合成字构字能力强，体现汉字的系统性。

小学高段11个传承式全功能零合成字"龟、臣、丘、歹、矛、盾、鼠、燕、斤、申、瓦"中，除"龟、鼠、燕"3字外，都能充当表义功能构件或示音功能构件系联到小学阶段的汉字，选取这些字为例字，理解全

245

功能零合成字是"汉字构形基础"的特点。300 基础字中的 82 个传承式全功能零合成字构字能力强，部分传承式全功能零合成字能系联小学各学段的合体字，选取这样的字为例字，体会传承式全功能零合成字"构字能力强"的特点，具体如下。

小学高段 11 个传承式全功能零合成字中有 8 字能够充当表义功能构件或示音功能构件，系联到小学阶段的合体字见表 3-19。

表 3-19　小学高段全功能零合成字系联

全功能零合成字	充当表义构件		充当示音构件
	义音合成字	会义合成字	义音合成字
臣	臧	卧、宦	/
丘	/	岳	蚯、邱
歹	殖、殊	死	/
矛	矜	/	/
斤	斯	斩、匠	近、听、芹、欣、昕、靳、祈
盾	/	/	循、遁
申	/	/	呻、审
瓦	瓷、瓶、瓮	/	/

如传承式全功能零合成字"臣"在义音合成字"臧"中充当表义构件，在会义合成字"卧""宦"中充当表义构件。义音合成字"臧"从臣戕声，表示臧获即奴仆。会义合成字"卧"从臣（竖目）从人，表示伏身休息。会义合成字"宦"从宀（房屋）从臣（奴仆），表示在别人家里当臣仆，引申为宫内侍奉的官，后作官吏的统称。"臣""戕""人""宀"都是全功能零合成字，说明这些义音合成字、会义合成字是由传承式全功能零合成字充当的构件组成的。

再如全功能零合成字"斤"在义音合成字"斯"中充当表义功能构件，"近""听""芹""欣""昕""靳""祈"中充当示音功能构件，在会义合成字"斩""匠"中充当表义功能构件。义音合成字"斯"从斤（斧头）其声，表示劈开。会义合成字"斩"从车（车裂）从斤（斧头），表示古代死刑的一种，斩首或腰斩。会义合成字"匠"从匚（方形盛物器）从斤（斧头），表示木工，引申为各种门类的匠人。这其中出现的"斤""其""车""匚""辵""口"等也都是全功能零合成字，说明传承式全功能零合成字是汉字构形的基础。

300 基础字中有 82 个传承式全功能零合成字，其中 44 个充当表义功能构件系联到小学高段的 449 个义音合成字，占高段义音合成字总数的 57.8%，26 个充当表义功能构件系联到小学高段的 41 个会义合成字，占高段会义合成字总数的 68.3%。即高段半数以上的义音合成字、会义合成字都以 300 个基础字中的传承式全功能零合成字构字，都因为小学低段传承式全功能零合成字的学习，变得可讲解。这也充分说明 300 个基础字中的传承式全功能零合成字相较小学高段的来说，构字能力更强。300 个基础字中的传承式全功能零合成字及系联到的小学高段字见表 3-20。

表 3-20　300 基础字中的传承式全功能零合成字系联到的小学高段字

	系联到的义音合成字（449 个字）
手（64）	播 捡 挽 抵 擅 抄 拒 搁 拐 扶 拘 托 挨 拗 撒 拱 搅 摄 拾 抑 抛 拴 拔 撩 擂 插 擒 拖 挠 拟 损 搞 揪 扳 捐 搂 捏 拳 擦 撕 扭 拇 揪 搔 拧 扣 拙 抡 揭 掀 撒 掷 摊 拌 控 挪 揉 搓 批 援 搜 拦 挈 摩
口（50）	嗜 哨 吩 咐 哟 召 喷 叮 嘱 哀 哉 唐 哼 喉 咙 噪 哇 嘲 呻 喻 晴 嘟 啰 嗡 呐 呵 咆 哮 喇 吭 吓 嘎 吾 咧 哗 噜 吆 哞 嘿 嗓 哑 唉 嘛 喧 囔 唇 咽 叨 吻 啪
水（46）	浇 浸 汛 瀚 泳 泻 潜 澜 滑 泊 漆 涨 浒 津 沥 滴 渺 澄 澈 润 涕 沃 浆 滥 淤 湛 梁 渡 沸 沮 漠 淌 泅 涌 澎 湃 淋 瀑 涯 萍 藻 漾 凝 汇 泣 溅
木（35）	框 榨 榴 杭 柜 枚 梭 权 梳 栈 柱 榜 枕 榆 桨 桩 榕 梢 栩 朴 杖 楷 桶 桅 梁 案 棋 栏 棍 橡 棚 梯 栖 栅 标
心（35）	恩 慕 懂 惰 怯 悔 悬 恃 惶 意 忍 恍 愁 怡 愈 悄 忌 恰 慈 怔 恢 愧 憎 患 恍 怨 悬 悦 慷 慨 惧 惯 恶 怖 懒
人（25）	俯 任 俭 偎 估 僻 传 偿 供 倭 侨 倚 俺 仞 俘 佺 仗 傅 傻 仪 伊 倾 伶 俐 侯
土（18）	堡 塌 疆 毁 境 域 塔 垠 坠 墩 堪 坞 垫 埃 坦 培 坪 增
竹（17）	笋 箭 筒 筑 筛 筐 篇 籍 篝 箸 签 筹 策 簇 笼 篷 篮
虫（16）	强 茧 蚕 蚱 蚌 蝴 蚂 螺 虬 虹 蝉 蚁 蚯 蚓 蟋 蟀

续表

火（16）	焦 煌 炽 辉 炊 炭 煮 赤 炼 熠 爆 燥 熄 焰 燃 熬
目（16）	睑 眸 瞌 瞒 瞎 眷 督 瞑 瞄 眺 睹 盲 瞬 眨 瞪 瞅
衣（14）	袍 褐 袅 袭 裳 衷 裆 褂 袄 襟 裁 袖 裹 裸
日（9）	暑 旷 晕 暇 晓 晃 晦 昼 曝
刀（8）	削 剔 刊 割 副 剂 剃 刑
鸟（7）	鹭 鹤 鸵 鸥 鹊 莺 鸦
马（6）	驯 驰 骏 骆 驼 骤
山（6）	嵌 幽 峨 崭 屹 峻
车（5）	辆 辈 轧 轴 轿
巾（5）	幕 幔 帽 帘 帜
耳（5）	耽 聒 耻 耶 聊
雨（5）	霹 雳 雯 雹 霉
米（4）	糕 糖 糊 糟
页（3）	颓 顷 颧
牛（3）	牺 犊 牲
田（3）	略 畔 甸
网（3）	罪 置 罕
广（3）	廉 废 厨
毛（2）	毡 毯
羊（2）	羞 氧
大（2）	衡 赤
几（2）	凯 凳
力（2）	勉 励
气（1）	氧
片（1）	版
鱼（1）	鳞
白（1）	皎
册（1）	栅
羽（1）	翘
瓜（1）	瓢

续表

又（1）	妻羣（小篆）妻《说文解字》：妇与夫齐者也。从女从中从又。又，持事，妻职也。	
高（1）	亭	
厂（1）	侯	
生（1）	隆	
门（1）	阅	
系联到的会义合成字（41个字）		
人（4）	便 侵 竟 企	
口（3）	唬 吊 启	
又（3）	侵 祭 秉	
白（2）	皆 鲁	
门（2）	间 闯	
山（2）	岔 岳	
刀（2）	划 制	
田（2）	亩 畜	
心（2）	悉 恒	
巾（2）	席 吊	
木（2）	某 困	
月（1）	间	
车（1）	斩	
王（1）	皇	
火（1）	焚	
鱼（1）	鲁	
册（1）	典	
力（1）	劣	
工（1）	巫	
马（1）	闯	
身（1）	射	
米（1）	粮	
土（1）	垒	

续表

子（1）	孙
自（1）	皇
文（1）	斑

300 个基础字中的手、口、水、木、心、人等传承式全功能零合成字，构字能力很强，能演绎出一批义音合成字、会义合成字，而小学高段的 11 个传承式全功能零合成字也具有一定的构字能力，但构字能力相对较弱，说明传承式全功能零合成字之间有构字能力的差异。

2. 会义合成字的教学实践原则

（1）感受会义合成字"可拆分"的特点。

从结构上看，会义合成字是合体字，可拆分出两个及以上的构件。对构件构意直接、明确的会义合成字可以直接进行拆分，对构件构意不明确的会义合成字可以通过讲解或溯源再进行拆分。

小学高段共有 60 个会义合成字，每个学期都有小学中低段已经学过的会义合成字，以这部分汉字作为回顾的内容，能够巩固小学中低段已学，带动小学高段会义合成字相关特点的学习。具体如下：

五年级上册共有 39 个会义合成字，其中 18 个在小学中低段已经学习过，21 个是小学高段需要新学的会义合成字，具体见表 3-21。

表 3-21 小学高段会义合成字汇总

会义合成字（60）	五年级上册（39）	已学字（18）	便 间 祭 闯 竟 席 孙 冠 粮 区 划 典 吊 脊 启 皆 杀 恒
		新学字（21）	悉 协 辞 辱 侵 垒 岔 狱 皇 履 昏 兜 冤 逸 斩 鲁 寇 某 委 亩 嫁
	五年级下册（12）	已学字（3）	尊 圣 巫
		新学字（9）	葬 秉 丞 劣 岳 晓 畜 企 尼
	六年级上册（6）	已学字（6）	制 射 斑 盗 困 拜
	六年级下册（3）	已学字（3）	盈 焚 脉

小学中低段已经学过的 18 个会义合成字中，有构件构意直接、明确的

会义合成字，如便、启、闯等字，对这类字可以进行直接拆分。"便"拆分成"人"和"更"，"启"拆分成"户"和"口"，"闯"拆分成"门"和"马"。也有因字形变异而构件构意不明确的字，如"祭""席"等字，对这类字可以通过讲解再拆分。如"祭"中"又"字形变异，经过讲解明确为"又"，"祭"从肉从示从又；"席"中"庶"省略了"灬"无法明确，经过讲解明确为从庶省从巾。还有因构件变异或黏合而无法明确的字，如"区""典"等字，对这类字要进行溯源才能拆分。

甲骨文　金文　小篆　隶书　楷书　简体

"区"字在楷书繁体阶段，可以看出其从"品"（众多的器皿）从"匚"（收藏器物的地方），经过简化，"品"这个构件变成现在的样子。

甲骨文　金文　小篆　隶书　楷书

"典"字在小篆阶段，可以看出其从"册"（书籍）从"丌"（案几），后逐渐变成今天的样子。

以这17个会义合成字为基础，对小学高段需要新学的21个会义合成字进行合理拆分。"协""辞""辱""岔""狱""冤""逸""斩""某""鲁""委""嫁""寇"13字可以直接进行拆分，如"狱"从"二犬（犾）"从"言"，"冤"从"冖"从"兔"；"悉""侵""垒""皇""履""舀""寇""宙"8字可以通过讲解再进行拆分，如"侵"从"人"从"帚省"从"巾"，"舀"从"爪"从"臼"；"兜"字需要通过溯源再进行拆分。

小篆　楷书

小篆字形从"兜"（一种环护头部的护具，指古代头盔的一种）从"皃^{mào}省"（人的头），兜小篆阶段是成字的。

小学高段除五年级上册之外的会义合成字都可以按照这样分类的方式

进行合理的拆分。

（2）感受会义合成字"表意性强"的特点。

会义合成字由两个及以上的表义功能构件组成，突出体现汉字的表意性特点。

小学高段60个会义合成字中，对构件构意直接、明确的会义合成字，可以使学生直接根据构件构意进行假设性推理；对构件构意不明确的会义合成字，可以直接讲解不明确构件的字义帮助学生掌握字理。具体如下：

"唬""岳""闯""便""逸"这些会义合成字，它们的构件"口""虎""丘""山""人""更""辶（辶）""兔"构意都明确，学生可以直接进行假设性推理。"唬"从口从虎，会二者之意表示老虎的叫声，引申为吓唬、恐吓。"岳"从丘从山，山脉上还有山丘，会二者之意表示高大的山岭。"闯"从门从马，马经由门户外出，会二者之意表示猛冲。"便"从人从更，人更改不便使之方便，会二者之意表示方便。"逸"从辶从兔，奔跑的兔子，会二者之意表示快速移动，因为兔子善逃逸，引申为丢失之意，兔子逃逸出来后，安全又自由，又引申出安定、闲适的意思，"劳逸结合"中的"逸"就是一种自由舒服的状态。

"侵""席""悉""辱""尊""冠""冤"这些会义合成字，它们的构件"帚省、庶省、釆、辰、酋、冖"构意都不明确，需要直接讲解字义以把握字理。"侵"从人从帚省（扫帚）从又（手），一只手拿着扫帚给牛扫身，会三者之意表示循序渐进、侵占掠夺。"席"从庶省（众人）从巾（坐垫），会二者之意表示大众坐的坐垫。"悉"从釆（分离的兽指爪）从心（内心的状态），会二者之意表示详尽知悉、洞悉。"辱"从辰（农时）从寸（封疆上杀戮），会二者之意表示因农事失耕而遭杀戮，因而有耻辱之意。"冠"从冖（帽子）从元（人的头）从寸（古代长度单位，有标准尺度的含义，引申为礼法），会三者之意表示重要的礼帽，后引申出冠军之意，"冠军"是"名冠三军"的简称，指自己的名字在各个军队中传扬开来，这是特别勇武的战士才能获得的殊荣。把一个人的名字摆在很高的位置上，加以称颂，和戴在头上的冠有异曲同工之处。"尊"从酋（酒器）从寸（法制），会二者之意表示祭祀的仪器，给祖先和神灵敬酒时，要用两只手捧着酒尊，恭恭敬敬，又表示尊重肃敬，后引申出尊重、尊奉、尊贵的意思。"冤"从冖（覆盖）从兔，兔子被覆盖而不能屈伸，会二者之意表示冤枉，委屈。

会义合成字的构意，是由表义功能构件所提供的诸多意义信息共同表示的，体现的是各种意义信息之间的相互关系。

（3）会义合成字由全功能零合成字充当的表义构件组成，体会"汉字构形的系统性"。

会义合成字拆分出的构件都是表义功能构件，表义功能构件都是成字构件，即全功能零合成字。但会义合成字区别于全功能零合成字直接通过自身形象展示其构意，会义合成字通过构件作为全功能零合成字所具有的字义及其字义间的相互关系来表现构意的。

300个基础字中有26个全功能零合成字充当表义功能构件参构小学高段会义合成字，共能系联到41个会义合成字，占小学高段会义合成字总数的68.3%，这些全功能零合成字对理解会义合成字提供了很大的帮助。小学阶段共学习了191个传承式全功能零合成字，这些（传承式）全功能零合成字也有助于会义合成字的学习。具体如下。

全功能零合成字"门""月""马"都是300个基础汉字中的，"间"从门从月，取全功能零合成字"门"和"月"的表义功能，月从门中见，会二者之意表示门隙、空隙；"闯"从门从马，取全功能零合成字"门"和"马"的表义功能，马从门中出，会二者之意表示猛冲。全功能零合成字"丘""山""车""斤""少""力""人""止""户""口"等都在小学高段学习过，"岳"从丘从山，会二者之意表示高山；"斩"从车从斤，车裂，用斧头砍伐，会二者之意表示砍杀；"劣"从少从力，力少，会二者之意表示虚弱；"企"从人从止，会二者之意表示人踮起脚跟站立，引申为盼望、希求之意；"启"从户从口，边说话边开门，打开心灵的大门，会二者之意表示教导、启迪。还有一些如"采""辰""宀"等构件也都是全功能零合成字，只是因为构字能力相对较弱接触较少，可以直接讲解字义帮助学生理解字理。

会义合成字由全功能零合成字充当的表义功能构件组成，说明会义合成字是在全功能零合成字的基础上构形的，体现了汉字构形的系统性。

分析会义合成字的构意时，只知道全功能零合成字的字义还不够，还需要把握好字义与字义之间的关系，这是会义合成字和全功能零合成字表意方式不同的体现。

3. 义音合成字的教学实践原则

（1）感受义音合成字"可拆分"的特点。

义音合成字是合体字，可拆分出表义功能构件和示音功能构件。义音合成字的表义功能构件多为表类别义的功能，容易辨别。示音功能构件不用来标音，没有指读字音的功能，只是在义符表示的意义类别范围内，区别出文字表示的个体事物。

小学高段共有 777 个义音合成字，每个学期都有小学中低段已经学过的义音合成字，以这部分汉字作为回顾的内容，能够巩固小学中低段已学，带动小学高段义音合成字相关特点的学习。对结构层次明确的义音合成字，要辨别出声符和义符；对结构层次不清楚的义音合成字，依据义音合成字的构字理据，对义音合成字进行有理拆分，不能把层次结构按照平面结构拆分，不能按层次分析时，分析的顺序错误。具体如下：

五年级上册共有 291 个义音合成字，其中 127 个在小学中低段已经学习过，164 个是小学高段需要新学的义音合成字，具体见表 3-22。

表 3-22　小学高段义音合成字汇总表

| 义音合成字（777） | 五年级上册（291） | 已学字（127） | 哟 待 削 任 落 悄 累 识 传 奔 哨 播 浇
亭 慕 懂 糕 饼 茶 捡 鞋 隔 稳 议 献 抄
荆 喷 箭 圈 筑 堡 蔽 珍 叮 焦 悔 扶 郎
辆 纱 趟 托 泳 挨 哀 试 疆 毁 览 境 统
销 秀 窝 滑 拾 梳 唯 酸 考 疼 糖 钉 毕
暑 煮 泊 寺 幕 涨 塔 海 缺 津 限 强 篇
卷 框 恩 韵 咐 婆 浸 缠 访 挽 召 怯 拒
俯 枚 筒 赤 置 党 妨 嘱 塌 延 爹 妻 婚
辈 潜 拱 辉 唐 菌 碌 忍 屑 愁 黎 晕 漆
愈 榕 纠 梢 谓 诵 窥 述 朴 哼 |
| | | 新学字（164） | 鹭 嫌 黛 嵌 匣 嗜 鹤 吩 榨 榴 矮 箩 杭
蔓 幽 雏 柜 陪 趴 睑 眸 汛 遣 惰 衡 绰
懒 壁 蔺 诺 罪 廉 抵 御 擅 袍 鸵 赢 瀚
略 搁 陷 拐 酬 誓 谎 牺 嫂 恳 筛 罕 梭
酿 瞌 拘 俭 偎 珊 瑚 礁 筐 拗 恃 擞 泻
鳞 惶 胎 哉 估 煌 珑 剔 澜 陵 宏 烬 瞒
域 艇 炊 喉 咆 搅 摄 殖 炭 疗 驯 矫 歇 |

续表

义音合成字（777）	五年级上册（291）	新学字（164）	权 薛 狭 勉 锥 玲 魄 抑 颓 刎 噪 褐 恁 耽 栈 枉 惚 跷 僻 迪 缴 榜 嘲 枕 励 版 祥 歧 谨 榆 畔 聒 旷 怡 凛 冽 桨 桩 暇 抛 袅 嫦 娥 嫉 妒 瓷 耻 矣 崮 舅 凯 葛 浒 贾 刊 琐 枷 呻 喻 瘾 籍 饥 偿 甸 馈 磁 醛 皎 鉴 沥 茧 蚕 誊
	五年级下册（265）	已学字（80）	割 吓 晓 蝴 蚂 拔 铲 瓢 遮 插 拖 截 摩 损 锻 炼 诊 龄 审 慈 荣 仗 鞭 傻 擦 艘 航 帽 逗 钩 舱 笼 骏 绵 铃 恢 踢 梁 螺 供 晃 呵 喇 薄 嗡 瞎 锄 坠 膛 遗 搞 剂 施 吭 崭 跤 搂 欺 剃 障 犯 誉 拳 扭 鸥 纵 垫 帘 簸 仪 辽 凳 铛 罐 牲 痒 扣 貌 裳
		新学字（185）	耘 稚 漪 蚱 啃 樱 蚌 嘟 倭 拴 啰 逛 徘 徊 渺 篝 萌 澄 澈 筋 旎 瑞 莱 垠 顷 峨 缀 腮 玷 飕 码 撩 绢 侨 眷 瑜 忌 督 幔 塞 掂 呐 驽 倚 箸 碟 俺 杖 擒 肋 跟 跄 胯 霹 雳 咆 哮 锤 芝 遂 迸 涧 獐 猕 猿 耶 挚 瞑 窍 楷 镌 挠 恰 屉 嫣 讳 晦 墩 钗 敞 雯 袭 仞 蓟 涕 彭 拟 谋 赴 殊 畴 躇 黯 沃 匪 绷 衷 堪 筹 衿 俘 镯 档 彼 褂 坞 嘎 绊 揪 扳 腕 铸 颧 疤 侄 痰 揩 浆 傅 袄 蘸 馅 诈 怔 桶 捏 吾 策 荐 肆 桅 撕 龇 咧 瞄 艄 翘 姆 祷 雇 哗 斯 毡 犊 眺 膘 驰 噜 吆 哞 译 愧 熠 遐 黏 埃 滥 淤 湛 诣 拇 弦 撅 摇 窈 窕 秒 轧 拧 纽 庸 憎 胚 祸 患 赋 痴 绞 嘿 娜 窖 晷 虬 郑 伊
	六年级上册（136）	已学字（127）	毯 虹 腐 微 案 德 蝉 律 崖 渡 弹 棋 悬 悦 盏 爆 坦 棍 裁 橡 漠 嗓 涌 唉 淋 嘛 棚 坪 蔗 瀑 缝 酱 蹦 莺 莹 裹 篮 锦 茵 纯 厨 羞 撒 窜 萍 陡 陈 雅 拙 榈 蕾 襟

续表

义音合成字 (777)	六年级上册 (136)	已学字（127）	恍 怨 副 抢 贯 沸 屹 屈 政 宾 栏 汇 宣 帜 阅 距 隆 豁 疙 瘩 雕 踩 沮 谜 氧 倾 揭 燥 培 淌 哑 废 汹 澎 湃 熄 掀 皱 苔 增 谚 袖 缩 疯 喧 唇 梯 涯 蔼 资 矿 慷 慨 贡 基 瞎 巍 轴 曝 谱 盲 键 缕 陶 租 缚 伶 俐 综 漾 焰 瞬 凝 骤 掷
		新学字（9）	蹄 稍 鹊 鼋 糙 篷 嚷 猬 藻
	六年级下册 (85)	已学字（80）	饺 拌 宵 轿 骆 驼 腊 腻 稠 熬 鸦 寞 聊 控 藏 挪 蒸 蚁 魔 迁 标 辩 脆 拦 玻 璃 蒜 醋 摊 眨 燃 贩 贺 咽 匙 肿 缸 侯 章 泣 栖 惧 凄 宴 霉 贷 毙 覆 裸 媚 砖 叨 揉 绽 搓 吻 络 凿 避 峻 咱 瞪 瞅 靴 刑 绑 彻 迫 批 援 惯 囤 溅 蕊 魏 搜 阶 怖 蟋 蟀
		新学字（5）	脏 栅 蚯 蚓 恶

　　大部分义音合成字结构层次明确，容易拆分。如"懂"从心董声，"泳"从水永声，"叮"从口丁声，"哟"从口约声，"饼"从食并声，"议"从言义声，这批义音合成字的示音功能构件和汉字本身读音相似或相同，容易区分出声符和义符。再如"滑"从水骨声，"拾"从手合声，"哀"从口衣声，这批义音合成字的示音功能构件和汉字本身读音差别较大，要先根据汉字构意确定好义符，再明确示音功能构件不是用来指读字音的，而是在义符表示的意义类别范围内，区别出文字表示的个体事物，从而确定声符。

　　还有一部分义音合成字结构层次不够清楚，要注意有理拆分。如"荆"字属于层次结构，从"艹""刑"声，刑再进一步拆分为开、刀，如果将"荆"直接拆成"艹""开""刀"，就是把层次结构按照平面结构拆分，就是无理拆分，最主要的是"刑"这个声符不见了，"艹""开""刀"与"荆"的构意找不到关系。再如"落"也是先拆出"艹"和"洛"，"洛"再进一步拆分为"水"和"各"，不能直接拆成"艹""水""各"。还有小部分义音合成字，按照层次结构分析时要注意顺序问题，

"疆"字属于层次结构，从土彊声，彊再进一步拆分为弓和畺，将"疆"先拆成"畺"和"土、弓组成的形体"，再将"土、弓组成的形体"拆成"土"和"弓"，就是层次分析时出现顺序错误，也是无理拆分，因为"彊"这个声符不见了。因此，对结构层次不清的义音合成字，一定要以构字理据为依据，不可乱拆乱讲。小学高段义音合成字都可以按照这样分类的方式进行有理拆分。

(2) 感受义音合成字表义构件的类别义，体会"汉字的表意性"特点。

义音合成字的构意取决于表义功能构件体现的义类，示音功能构件只提示读音。义音合成字的表义功能构件表类别义，类别义只体现义类范围，不体现具体字义，明确具体字义需要从用字语境中判断。

巩固小学中低段已经学习过的义类，学习小学中低段未学过的义类，演绎出一批新字。具体如下。

小学中低段已经学过大量的义音合成字，"棋""桌""桥""树""桃""校""棵""架""杨""棍""椅""橙""棕""梨""柴""栽""材"这些义音合成字都有一个相同的表义功能构件"木"，说明这些义音合成字都和树木有关，"木"在这里就表示类别义，但这些字的具体字义无法通过类别义"木"明确。小学中低段学习过很多能在义音合成字中表示类别义的字，如"口""心""目""水"等。

对已学过的表类别义的表义功能构件，直接进行分析演绎。如"手"作义音合成字的表义功能构件，表示都和"手"有关，包括与"手本身"有关的，如"拳""拇"两个字，与"手的动作"有关的，如"播""捡""挽""抵""抄""拒""搁""拐""扶""拘""托"等字。再如"口"作义音合成字的表义功能构件，表示都和"口"有关，包括与"口本身"有关的，如"唇""嗓"，与"口的动作"有关的，如"嗜""哨""吩""咐""哟""召""喷""叮""嘱""哀""哉""咆""哮"等字。

对未学过的表类别义的表义功能构件，溯源后再进行演绎。如"左耳刀（邑）"，古文字形是𨙨，上为封地，下为人形（众民），会二者之意表示"人民的方国、人民的居住之地"，以"左耳刀（邑）"作表义功能构件的义音合成字有邻、郊、郭、郑、邦等字，都和"民众的居住地"有关。如"右耳刀（阜）"，古文字形是𨸏，像层层叠起的山坡，表示土山，以"右耳刀（阜）"作表义功能构件的义音合成字有"隔、陷、陵、障、陡、阶"等字，都与"土山"有关。如"匸"，古文字形是𝌀，表示方形的受物的器皿，以"匸"作表义功能构件的义音合成字的有"匪""筐"等字，都与"方形容器"有关；如"㫃"，古文字形是𠂉，表示飘扬的旗帜，以"㫃"作表义功能构件的义音合成字的有"旖""旋""施"，都与"飘扬的旗帜"有关。

（3）感受义音合成字的"同类字以音别，近音字以义别"的格局，体会"汉字构形的系统性"。

义音合成字由表义功能构件和示音功能构件组成，表义功能构件和示音功能构件均为成字构件，即全功能零合成字。表义功能构件体现义类，示音功能构件提示读音，形成了"同类字以音别，近音字以义别"的格局。

义音合成字是在全功能零合成字的基础上构形的，小学阶段尤其是300个基础字中的全功能零合成字为义音合成字的学习提供了很大的帮助。归纳义类一致或相近的义音合成字，便于演绎学习，体现汉字构形的系统性。具体如下。

300个基础字中有44个全功能零合成字充当表义功能构件参构小学高段义音合成字，共能系联到449个义音合成字，占小学高段义音合成字总数的57.8%。小学阶段共学习了191个传承式全功能零合成字，这些传承式全功能零合成字有助于义音合成字的学习。

如义音合成字"悄"由义符"心"和声符"肖"组成，"心"和"肖"都是全功能零合成字，"心"在高段作表义构件还能系联到"恩""慕""懂""恃""怯""悔"等34个义音合成字，这些字都和"心"有关，用"因""莫""董""寺""每"等全功能零合成字充当示音构件区别读音；"肖"在高段作示音功能构件还能系联到"哨""削""销""屑""梢"等8个义音合成字，起到提示读音的作用，用"口""刀""金""尸""木"等全功能零合成字充当表义构件区别意义。义音合成字形成了"同类字以音别，近音字以义别"的格局。全功能零合成字既能作义音合成字的义符，又能作声符，充分说明义音合成字是在全功能零合成字的基础上构形的，全功能零合成字是汉字构形的基础。

小学高段共学习了777个义音合成字，这些字共涉及123个表义构件，其中 75 个表义功能构件能系联两个及以上的汉字，系联总数达 744 个，占义音合成字总数的 94%。这 75 个表义功能构件根据义类的相近程度可以进一步划分为 14 类，主要是与人本身及人所处的自然社会相关，包括人的器官、部位，人的衣食住行用，人所处自然中的动植物等，如与"人体部位"相关的，有手、足、页、齿等；与"人体器官"相关的，有口、心、耳、目等；与"动物"相关的，有虫、鸟、马、隹等；与"植物"相关的，有木、艹、竹等；与"自然现象"相关的，有水、土、火、雨等；与"衣服"相关的，如糸、巾、帛等。这些大义类充分表明汉字与人类的生活息息相关。

对 14 类义音合成字有了整体感知后，每个义类都能成批演绎汉字，小学高段大部分义音合成字都能迎刃而解。

4. 半理据和无理据字的教学实践原则

（1）溯源探究半理据和无理据字。

从现代字形来看，半理据字中的部分构件的形体无法直接体现构意，无理据字的所有构件均无法直接体现构意，半理据和无理据字都需要溯源恢复理据，才能明确其构意。

如"泰"字，小篆字形是𠗕，从廾从水大声，小篆系统中应为义音合成字，但现代字形中上部分已经黏合为记号构件，看不清构意。再如"兼"字，小篆字形是𥝌，从又持秝，小篆系统中应为会义合成字，但现代字形也已经省减黏合为半理据字。

小学高段共 42 个半理据和无理据字，通过溯源，有 15 个可以确定为义音合成字，有 12 个可以确定为会义合成字，其余 17 个或溯源后仍形义不明，或为数量较少的形义合成字、会形合成字。下表为推源后被确定为义音合成字和会义合成字的字表，见表 3-23。

表 3-23　小学高段 27 个半理据和无理据字

半理据和无理据字（27）	溯源后为义音合成字（15）	五年级上册（9）	宜 泰 殿 奉 权 更 着 兰 卿
		五年级下册（3）	监 禽 冈
		六年级上册（1）	尚
		六年级下册（2）	粥 盐

续表

		五年级上册（3）	熏 兼 差
半理据和无理据字（27）	溯源后为会义合成字（12）	五年级下册（5）	承 曹 庆 弗 桑
		六年级上册（3）	索 素 甩
		六年级下册（1）	执

溯源过程也是向学生展示汉字字形演变的过程，要明确汉字形体演变是象形到符号的过程，有些构件从具有构意到丧失构意，是一个极其漫长的过程，也是历史发展演变的结果。

（2）按照溯源后构形模式讲解。

溯源后确定构形模式的半理据和无理据字，按照确定后构形模式的讲解原则，此处不再赘述。

二、小学高段的汉字教学实践

（一）全功能零合成字的教学实践

> **教学实践1**
>
> 1. 教学目标
> （1）整体感知传承式全功能零合成字"不可拆分"和"全功能"的特点；
> （2）溯源感知传承式全功能零合成字的象形表意特点；
> （3）了解汉字发展演变的过程，体会汉字的表意性质。
> 2. 教学过程
>
> 师：在小学一、二年级，我们学习了这样一批字（PPT出示），在小学三四年级，我们又学习了同样类型的一批字（PPT出示），请你们仔细观察表格中的字，找找看它们的共同特征。
>
> 生：这些字比较简单，比较好写，不像有些字还有上中下、左中右

结构。

师：你能举个具体的例子来说说你的意思吗？

生：能，比如说我们刚学过"嵌"字，这个字是上下结构，但是下部分还是左右结构，"山""甘""欠"三个字才组成一个"嵌"字，不像这个"山"字它就是一个单独的字。

师：哦，老师明白了，你是从结构角度来谈的，"山"是一个独立的字，而"嵌"是一个合成的字。像"山"这样的字，我们称它们是"独体字"，"嵌"这样的字，我们称他们是"合体字"。

师：老师发现一个问题，"独体"是这个表里汉字的共同特征吗？这个"燕"字，不是上中下结构吗？有没有同学和老师有相同的疑问，谁来试着帮我们解答？

（学生沉默）

师：这个问题有点难度，有没有人告诉我"燕"字到底是什么结构？

生1：不可拆分是上中下结构。

生2：老师好像没说过它有结构。

师：看来同学们对这个字的结构问题观点不一致，我们一起来看看它们的古文字形（出示古文字形）。

甲骨文　　小篆

师：这是"燕"字的甲骨文字形、小篆字形，甲骨文字形就像鸟张嘴展翅向上飞的形状，到了小篆，字形有些地方分离了，上像镊子一样的口，中像燕身及两翅，下像分叉的尾。这些共同组成了"燕"这个字，表示"燕子"的意思。现在有谁告诉我"燕"字是什么结构？

生：它是一个整体，应该是"山"一样是独体字，所以结构应该和"山"一样。

师：好，和"山"字一样就应该是独体结构，"燕"不能像"嵌"那样再拆分。【板书：独体字，不可拆分】字表里还有哪些像这样的独体字，找找看！

生：羽、韭、竹、壶……

师：对，和日、月、山、水、火一样，它们都是独体字，它们是一个整体。这些字有形体，有读音，有意义，形音义具备，我们就说它们是"功能全面"的。【板书：功能全面】同学们还有其他发现吗？

生：刚才老师举的"燕"的例子，让我想起了之前看过"日""月""山""水""火"那些字的古文字形，这些字应该都是象形字。

师：这位同学知道象形字，很好。你能说说你对象形字的理解吗？

生：就是一个字很像它的形状，一看到这个形状就知道它是什么字。

师：你们听明白什么是"象形字"了吗？别着急，我们一起来看看几个古文字形，就知道它要表达的意思了。

(古文字形一出示，学生们自由表达，气氛活跃)

师：同学们真厉害，一看到古文字形就知道是什么字了，你们是怎么做到的？

生1：这些古文字形很像它要表示的那个事物。

生2：这些古文字形就是把事物画出来了，很容易看出来的。

师：老师注意到他们用了"像""画"这两个字。没错，早期的文字就是画出事物本身的样子，而且要画得够像，造"山"字就画出起起落落的山峰，造"木"字就画出树枝树干树根，造"目"就画出眼睛的样子，造"人"就画出侧立的人，造"龟"就画出甲壳、四脚。造哪个字就要为了够"像"抓住事物的主要特征来"画"，这样我们看到这个"图画"就能自然而然想到它的"意义"，这就是象形字，古人可真有智慧啊！你们想想英语单词是画出事物图像表示意义的吗？

生：不是，它们是表示读音，我们汉字才是表示意义的。

师：没错，我们汉字是表意文字，古文字形抓住事物主要特征来构形，具有极强的象物性。【板书：象物性强】

师：汉字演变到今天，还是一个一个画出来的吗？

生：不是画出来的，今天的汉字是一笔一画地写出来的。

师：哦，我们今天是一笔一画地写，而不是去照着事物的样子去画，让我们来一起感受一下汉字的演变。谁来说说汉字怎么演变的？

生：我发现甲骨文、金文还是照着事物的样子去画，到小篆就不是了。

师：这个字读"zhuàn"，是金文后的一种字体。他发现得很好，从甲骨文到我们今天写的楷书简体，经历了金文、小篆、隶书、楷书不同的阶段，汉字到了小篆阶段，是不是已经不再照着事物的样子去画了？而是匀整圆劲的线条，讲究圆起圆收，所以看起来圆圆的。到了隶书，字形变圆为方，略微宽扁，彻底变成了一笔一画。楷书由隶书演变而来，更加强调横平竖直，有些楷书字体太难写了，国家还进行了一批字的简化，有了现在的楷书简体字。汉字演变到今天的样子，你们有什么感受。

生1：汉字的演变过程真漫长，汉字历史很悠久。

生2：现在我们写的汉字虽然不是画图案，但是还能联想到它本来的样子。

生3：古人真的很聪明，我们是站在巨人的肩膀上。

（学生踊跃发言）

师：同学们回答得非常好，汉字从线条逐渐变成笔画，从图案逐渐变成符号，从繁体逐渐变为简体，是一个不断规范化、简化的过程。我们今天写的汉字是在之前字体的基础上演变来的，今文字与古文字一脉相承，这就是"传承"。你们作为中国人，要做好汉字的"传承人"。【板书：传承】

师：好，我们一起总结出了这批字的四个特点，分别是：独体字，不可拆分；功能全面；传承；象物性强。"独体字"对应着"零合成字"，"功能全面"对应着"全功能"，"传承"对应着"传承式"，汉字专家给这批字取了一个名字，叫作"传承式全功能零合成字"，它们突出特点是象物性强，比"象形字"这个称呼更加严谨。请你们好好感受"传承式全功能零合成字"的特点，下节课我们一起学习新的传承式全功能零合成字。

3. 板书设计

(1) 独体字，不可拆分——零合成。

(2) 功能全面——全功能。

(3) 传承——传承式。

(4) 象物性强。

4. 教学反思

小学中低段已经学过大量的传承式全功能零合成字，专门用一堂课的时间进行回顾，主要有三个目的。第一，及时巩固小学中低段的汉字教学内容。传承式全功能零合成字主要集中在中低段学习，是中低段汉字教学的重点内容，相关特点体现得很明显。第二，奠定汉字构形基础的地位。传承式全功能零合成字是会义合成字、义音合成字的基础，小学高段会义合成字、义音合成字的教学实践，必然是在传承式全功能零合成字的基础之上的。帮助学生深刻感受传承式全功能零合成字的特点，后续阶段的学习就容易很多。第三，激发学生对汉字的兴趣和热爱。传承式全功能零合成字图画意味浓厚，直观性强，既能使学生理解汉字是表意文字的性质，又能感受到汉字背后积淀着悠久的历史文化，调动学生对汉字学习的积极性。

本堂课的内容比较丰富，教学起来要做到既让高段学生对汉字形成一定的理性认识，又让他们感受到汉字的魅力，因此必须"从汉字中来，到汉字中去"，有效使用各种梳理出的汉字材料。从实践情况来看，学生对传承式全功能零合成字已经有了一定的认识，再加上这些字比较简单形象，学生思维非常活跃，课堂氛围越来越好，不少学生课后还来和执教者交流，觉得汉字很有趣，想要了解更多的古文字形。因此，需要趁热打铁，及时学习新的传承式全功能零合成字。

教学实践 2

1. 教学目标

(1) 学习"丘、臣"的形音义；

(2) 判断"丘、臣"的构形模式，深刻体会传承式全功能零合成字的特点；

(3) 感受传承式全功能零合成字"汉字构形基础"的特点，演绎新字。

2. 教学过程

师：(出示"丘、臣"三字) 同学们认识这几个字吗？请位同学来读一读，组个词。

生：丘(qiū)，山丘；臣(chén)，大臣。

师：好，都是正确的。这两个字是传承式全功能零合成字吗？你们是如何判断的？

生：这两个字都是独体字，都形音义具备，都是从古文字传承过来的，所以我觉得是传承式全功能零合成字。

师：大家给这位同学掌声，复习得非常到位。她知道传承式全功能零合成字的三个特点，还能用这三个特点来判断其他字，会学习！你们也要有判断这类字的能力。让我们一起来看看"臣"字的甲骨文字形，看看有什么新的发现。

生："臣"的甲骨文字形和"目"的很像，是竖着放的"目"。

师：观察得非常仔细，还能联系上节课巩固过的传承式全功能零合成字，发现不同的地方，非常棒。那么明明已经有横放的"目"了，古人为什么还造出竖立的"目"呢？我们从图片中一探究竟。

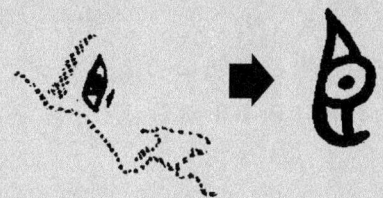

生：老师，我知道了！这个字是人低头向下看的眼睛。

师：非常好，同学们观察能力都很强，"臣"字就是一种特殊情形下的眼睛。人什么时候会低头还向下看？联系你们的生活经验说说看。

生1：害怕畏惧的时候。

生2：犯错面对老师的时候。

师：看来同学们的生活经验很丰富，人在面对自己害怕的人的时候就会一副战战兢兢的样子，小心翼翼地低下头，连眼睛都不敢抬起来。在古代封建社会，受人牵制只能屈服听命的奴隶就是这个样子，所以"臣"指"奴隶"，后来又引申为受命于上司的官吏，今天我们组词"大臣"就是这个意思。古人造字是不是非常神奇，位置摆放不同，表示的意义就不同了。【板书：摆放位置不同】

师：我们学过这两个字——"卧""宦"，说说你们对这两个字的理解。

生：这两个字里都有"臣"，"卧"和睡觉有关，"臣"在这里应该是眼睛的意思，"宦"是宦官，"臣"在这里应该是官吏的意思。

师：哦，这位同学发现这两个字都由传承式全功能零合成字"臣"组成，"卧"是"臣"和"人"组成，"臣"在这里指眼睛，表示人扶身休息，"宦"是"宀"和"臣"组成，"宀"指房屋，"臣"指奴隶，表示在别人家里当臣仆，引申作官吏的统称。【板书：卧、宦】相应地，你能想出由"目"组成的字吗？

生：眼、睑、眸、瞌、睡、瞎……

师：好，我们再看"丘"的古文字形，和什么字的古文字形很像？

生：这个字和"山"字的古文字形很像，但是它只有两个峰头。

师：上节课我们知道"山"字的古文字形有三个峰头，"三"在古代表示很多，三木为"森"，三人为"众"，三峰为"山"，说明是连绵起伏的群山，而这个字只有两个峰头说明山的数量变少了，一块土地上堆筑的很少的几座小山，我们会把这些小山叫作什么？

生：土丘。

师：很好，土丘是自然界形成的土堆，相较一般地势而言较高，但是和山脉相比，就是矮小的数量少的，画的数量不同，表示的意义也不同了。【板书：数量不同】

师：位置的摆放、数量的多少，都说明古人在造字时是有区分的意识的，在相似事物中、在特有情形下，古人会通过一些简单明了的方式区别意义，古人造字是不是非常有趣！

师：同学们还见过这个字——"岳"，山上还有丘，什么意思？

生：应该是更高大的山，我记得"五岳"就是五座高山。

师：没错，从高度上看，岳比山高大，山比丘高大；从构形上看，"丘"和"山"这两个传承式全功能零合成字组成了"岳"字。你还能找出由"丘""山"组成的字吗？

生：和"丘"有关的还有蚯、邱；和"山"有关的还有嵌、崭、峻、峭、灿、仙。

师：请同学们小组合作，先找出一个传承式全功能零合成字，再去演绎一批字。

小组1：鸟——鹭、鹤、鸵、鸥、鹊、莺、鸦。

小组2：竹——笋、箭、筒、筑、筛、筐、篇、签。

小组3：米——糕、糖、糊、糟。

……

师：小组讨论就先进行到这里，同学们还能找出很多很多这样的字。只要你去找一个传承式全功能零合成字，就能演绎出成批的字，因为合体字就是在传承式全功能零合成字的基础上造字的。

3. 板书设计

摆放位置不同

（眼、睛、睑、眸、瞧、瞎）目——臣（卧、宦）

数量不同

（嵌、崭、峻、峭、灿、仙）山——丘（岳、蚯、邱）

4. 教学反思

小学高段的传承式全功能零合成字的象物性特点没有小学中低段的强，通过"山、目"和"丘、臣"的比较，更能使学生站在古人的角度理解造字意图，从而产生汉字与汉字之间是有联系的认识，同时在演绎中识字，明确全功能零合成字汉字构形的基础地位，能使学生体会到汉字构形的系统性特点。

在实践过程中，从古文字形出发，仍能调动起学生的积极性，尤其观察能力较强的学生能很快发现异同，回应执教者的问题，大部分学生都能理解"丘、山、岳"三者的关系问题。在演绎环节，学生们能积极地进行小组讨论，正确找出传承式全功能零合成字例字，再去找例字系联到的高段汉字，既明确了传承式全功能零合成字是汉字构形的基础，又巩固了高段学习的汉字。

（二）会义合成字的教学实践

1. 教学目标

（1）正确拆分"冠""冤""逸"三字，感受会义合成字是由全功能零合成字组成的；

（2）学习三字的形音义，感受会义合成字的表意性强特点。

2. 教学过程

师："闯""唬""岳"这些字你们都学过吧？谁来从构形角度说说它们的构意。

生1："闯"由"门"和"马"组成，马从门里出来，表示猛冲。

生2："唬"就是老虎的叫声，表示吓唬。

生3："岳"就是山脉上还有山丘，表示高山。

师：哦，"闯"由"门"和"马"组合而成，"唬"由"口"和"虎"组合而成，"岳"由"丘"和"山"组合而成，且这些全功能零合成字都起到表义功能的作用，这种由全功能零合成字充当的表义功能构件组成的字就是会义合成字。

师：（出示一批字）你认识这几个全功能零合成字吗？试着给这些字组词。

元、寸、兔、冖

生：元（yuán），元首；寸（cùn），尺寸；兔（tù），兔子；第四个不太会。

师：好，前三个的读音和组词都对了，我们先说前三个字。她组的这个词很好，"元"即"首"，就是指人的头，头是身体的领袖，也是身体的顶端、开端，其地位很重要，所以有国家功臣称为"元勋"，每年的第一个月和第一个月的第一天称为"元月""元旦"。

师：再看"寸"，"寸"是长度单位，中医把手腕上边用手按时可以觉察到脉搏的地方叫"寸口"，这部分离手掌约一寸，约三厘米左右。"兔"就是兔子的意思。

师：第四个字冖，其实就是我们常说的"秃宝盖"，表示"覆盖"的意思。"宀"表示"房屋"的意思，"穴"是一种建在地下的住所，这些同学都应该积累下来。"冖""宀"在古文字形中是一个完整的字，但是在演变过程中已经不能算是一个字了，我们这里就是要了解它们的形和义就可以了。

师：把这几个全功能零合成字组合在一起，得出了"冠""冤"这两个字，谁能根据老师刚才说的东西推断出这几个字的意思？

生1："冠"由"元""冖""寸"组成，头上有覆盖的东西，应该是"帽子"。

师：那"寸"呢？"帽子"和"长度单位"有什么关系？

（学生沉默）

师："冠"确实是帽子，但不是普通的帽子，"寸"是长度单位，有标准尺度的汉字，引申出礼法的内涵，因此"冠"和古代的法制、礼仪密不可分。古代男子二十岁左右要将头发拢成发髻，然后"加冠"，表示迈入成年。"冠"又不单纯指帽子，还有"冠军"的内涵，头顶上戴的"冠"和第一名都是很高的位置。还有哪些字里有"寸"？

生：尊、射、封、村、忖。

师：前三个字里"寸"都是取表义功能，后两个字"寸"都是取示音功能。想一想前三个字是不是都和礼法有关？课后有兴趣的同学可以再去了解。再来说说"冤"的意思。

生2："冤"由"冖""兔"组成，兔子被覆盖住了，就很"冤枉"。

师：你这个直接从词开始推的呀，古人可不是这么造字的，先有字再有词，这里兔子被覆盖住了，不能屈伸，手无缚鸡之力，"不能屈伸"这样的状态后来引申为"冤枉"。那"辵（辶）"加个"兔"呢？谁来说说什么意思？

生3："辵（辶）"加"兔"是"逸"字，表示兔子跑了，兔子跑得很快，所以是"飘逸"；兔子挣脱了束缚，所以是"逃逸"；兔子跑了过上了舒服的生活，所以是"安逸"。

师：给这位同学掌声！联想能力很强，他都是抓住"兔子"的特征来说的吧，兔子跑步快，引申出"飘逸"；兔子比较狡黠，引申出"逃逸、安逸"。

师：我们在推理会义合成字的构意时，用充分发挥我们的联想想象能力，但是也不能乱推理，要抓住事物的特征来推理。

3. 教学反思

会义合成字是两个及以上的表义功能构件组合而成，表义功能构件都是成字构件，即构意明确的全功能零合成字，表意性强。学生学习会义合成字，更能感受到汉字的表意性特点。同时，会义合成字中是由全功能零合成字充当的表义功能构件组成，全功能零合成字是会义合成字的基础，能够使学生体会到汉字构形的系统性。但会义合成字区别于全功能零合成字的直观体现构意，其构意需要通过逻辑推理确定表义功能构件之间的关系，即仅仅理解会义合成字中表义功能构件的构意还不够，还需要一定的推理能力。

从中低段学习过的会义合成字入手，能使学生感受会义合成字的特点，同时为学习新的会义合成字提供了字理。小学高段会义合成字之间具有字形上的关联，从这些字入手，既巩固了全功能零合成字是汉字构形基础的认识，又锻炼了学生推理字理的能力。

（三）义音合成字的教学实践

1. 教学目标

（1）合理拆分义音合成字，能区分声符和义符；

（2）自由组合，拼出义音合成字。

2. 教学过程

师：义音合成字，顾名思义，就是义符和声符组成的字。下列这些字中，你能区分出哪个作声符，哪个作义符吗？

第一组：懂、叮、饼、议、哟。

第二组：滑、拾、衰、疆、荆。

生1："懂"的声符是"董"，义符是"心（忄）"；"饼"的声符是"并"，义符是"食（饣）"；"议"的声符是"义"，义符是"言（讠）"；"哟"的声符是"约"，义符是"口"。

师：全部正确，这组很容易辨别，声符和义音合成字的读音非常相似，谁来挑战一下第二组？

生2："滑"的义符肯定是"水（氵）"，声符应该是"骨"；"拾"的义符肯定是"手（扌）"，声符应该是"合"。"疆"应该左边是声符，右边是义符，我不确定，是蒙的。"荆"的义符应该是"刀（刂）"，声符是右边的"艹"和"开"。"哀"是义音合成字吗？

师：这位同学有些是不确定的，有没有同学来帮帮他？

生3：我觉得"荆"他说错了，"荆"应该是"艹（艹）"作义符，"刑"作声符。

生4："哀"是义音合成字，应该是"口"作义符，"衣"作声符。

师：好，"疆"字还有问题，到底哪个作声符，哪个作义符？

生5：那个"土"应该是义符，因为疆域和土地有关，剩下的那个地方应该是声符，不知道怎么读。

师：好，第二组确实有难度，我们来一起看看。"滑"和"拾"生2都说对了，他思考的角度特别好，生2，你来说说你当时怎么想的。

生2：我觉得"骨"的声音和"滑"差别比较大，不知道它是不是作声符，但是"滑"应该和"水"有关，所以我先确定"水"是义符，再确定"骨"是声符。

师：非常好，他先从整个字的意义角度把义符找出来，然后再确定声符，声符一定和义音合成字的读音相似吗？从这几个字看出来，确实不一定。在古代，声符和义音合成字的读音可能确实是相似的，但由于语音的演变，声符与汉字之间的声音联系已经越来越远，大部分也只能相似。所以我们先确定义符是正确的做法，按照这个思路看看"哀"和"荆"。

生6："哀"组词"哀叹、悲哀"，应该和"口"有关，生4说的是对的。

生7："荆"是一种"荆棘"，应该和"艹"有关，"刑"是声符。

师：从意义出发，义音合成字的义符、声符很容易辨别出来。再看"疆"字，和"土地"有关，"土"应该是义符，为了构形的紧凑美观，它放在了里

271

面，不容易看出来，声符是"彊"，不太常见，注意字形是怎么写的。

师：（出示一批字）还记得这些字吗？它们都是传承式全功能零合成字，它们既可以作义音合成字的义符，又可以作义音合成字的声符。现在请你们小组合作讨论，把这些全功能零合成字自由组合，拼出正确的义音合成字，按要求完成如下表格。

心、言、口、木、水、刀、人、衣、示、月、草、病、荒、肖、方、义、包、羊

下表为各小组讨论的结果：

义符	声符	义音合成字
心	荒	慌
言	荒	谎
口	肖	哨
水	肖	消
刀	肖	削
口	刀	召
口	刀	叨
言	方	访
人	方	仿
人	义	仪
言	义	议
口	衣	哀
衣	包	袍
口	包	咆
刀	包	刨
言	羊	详
病	羊	痒
示	羊	祥

师：你们在找声符、义符的过程中有什么感受？

生8：有些全功能零合成字既可以作声符，又可以作义符，比如"衣""刀"；有些常作声符，比如"肖""荒"；有些常作义符，比如"心"

"言"。

生9："水""刀"那些字的变形容易看出来，"衣""示"就比较难看出来，不够熟悉。

生10：汉字与汉字之间是有联系的，义音合成字是在全功能零合成字基础上组合而成的。

生11：拼合完以后，发现里面有很多形近字、音近字，终于知道为什么我们总是会混淆了，一个义符有很多声符配，一个声符有很多义符配。

师：那你现在能区分这些形近字、音近字了吗？

生11：应该能，义符相同的时候看声符，声符相同的时候看义符。

师：同学们，给你们自己掌声，在小组合作过程中迸发出了很多思维的火花！汉字绝不是孤立的存在，它们之间相互联系，共同构成了一个汉字系统，仅仅是这些全功能零合成字两两组合，就能拼出这么多义音合成字来，可想而知，汉字系统有多庞大。你们总写错的形近字、音近字就是因为你们没有认清楚它们之间到底是什么联系。以你们总写错的"慌"和"谎"为例，谁来说说它们之间的区别？

生12："荒"是声符，一个和"内心"有关，"心"是义符，一个和"言语"有关，"言"是义符。

师：从构形上理解了汉字的构意，就不容易出错了。老师给大家布置个任务，请你们把这个表格继续往下填，到时候看谁填的多。

3. 教学反思

义音合成字由表义功能构件和示音功能构件组合而成，其构意主要取决于表义功能构件体现的类别义，合理拆分义音合成字，就是区分义符、声符，找出义符的过程。同时，义音合成字形成了同类字以音别，近音字以义别的格局，拼合义音合成字能够使学生感受到声符、义符的不同组合，体会到汉字构形的系统性。

在实践过程中，学生们认识到义音合成字是由全功能零合成字充当的表义功能构件和示音功能构件组成，且全功能零合成字既有示音功能，又有表义功能，开始在演绎中成批识字。一部分学生还能发现自己混淆形近字、音近字的原因，有意识地通过分析义符、声符区分形近字、音近字，在理解构形中减少错别字的产生。

（四）半理据和无理据字的教学实践

1. 教学目标

（1）溯源感知"兼"的构意；

（2）感受汉字字形的演变过程，领会和理解因汉字悠久的历史所产生的形体变化结果。

2. 教学过程

师：现代字形中还有一部分特别的汉字，比如"兼"字，我们先一起来看看它的字形演变。

金文　　小篆　　隶书　　楷书

师：一直追溯到哪个字形，我们能看出"兼"字的构意？

生：小篆能看出。

师：哦，小篆字形就像一只手同时握住两禾，表示同时具有几个事物，这是什么构形模式的字？

生：会义合成字。

师：好，小篆字形中"兼"能看出构意，到了隶书阶段，为了字形美观紧凑，第一个"禾"的捺和第二个"禾"的撇都被省去了，这一省，现代字形中我们都看不清它的构意了，但这也是汉字发展演变的必然结果，我们要想了解它的构意，就去推源它的古文字形。

3. 教学反思

随着汉字的发展演变，一部分汉字的理据已经部分丧失或完全丧失。教这样的字，能推源的汉字就推源讲，不能推源的汉字不能乱讲。"兼"是典型的因为构件黏合而变得理据丧失的字，但它的小篆字形构形模式非常直接明确。以它为例字，易于使学生感受汉字的黏、合、省、减，体会汉字的形体变化过程。

三、小学高段的汉字教学策略

遵循小学高段汉字教学的理论原则，结合小学高段汉字教学的具体实践过程和结果，得出渗透汉字学理知识于小学高段汉字教学的三条策略。

（一）专题识字，注重演绎

在小学中低段汉字教学的基础上，学生的心理词典中已经储存积累了各种构形模式的汉字，而小学高段汉字教学是在小学中低段汉字教学的基础上进行的，为了有效衔接小学中低段和小学高段汉字教学之间的关系，小学高段汉字教学应该及时巩固小学中低段所学过的各种构形模式的汉字，并在此基础上加强学生对汉字的系统认识，帮助学生进行理性的归纳和演绎。因此，按照构形模式分类进行专题识字教学，并运用演绎方法进行小学高段的识字教学，这是渗透汉字学理知识于小学高段汉字教学的基本策略。小学高段汉字教学按照构形模式的不同可以分为"全功能零合成字教学专题""会义合成字教学专题"及"义音合成字教学专题"。

在"全功能零合成字教学专题"中，一要充分利用传承式全功能零合成字的"象物性强"的特点渗透汉字的表意性，二要充分利用传承式全功能零合成字的"汉字构形基础地位"渗透汉字构形的系统性。相较小学高段的全功能零合成字，中低段的全功能零合成字象物性特点更加突出，构字能力也更强，汉字的表意性和系统性特点体现得十分明显。因此，高段"全功能零合成字专题"主要有两个任务：第一个任务是充分巩固小学中低段所学的全功能零合成字，引导学生理性认识传统独体字的主要特点；第二个任务是学习掌握小学高段的全功能零合成字，深化对其特点的认识，并据其"汉字构形基础"的特点充分利用演绎的方法成批的学习新字。

在"会义合成字教学专题"中，一要充分利用会义合成字中"表义构件之间的事理逻辑关系"渗透汉字的表意性规律，二要充分利用"会义合成字由全功能零合成字充当的表义功能构件组成"的特点，渗透汉字的系统性。高段"会义合成字识字专题"要巩固小学中低段已学的会义合成字，帮助学生认识会义合成字的表意性特点，在此基础上引导学生分析高段会义合成字的构意。

在"义音合成字教学专题"中，一要充分利用义音合成字"表义功能构件体现类别义"的特点，渗透汉字的表意性，二要充分利用义音合成字"同类字以音别，近音字以义别的格局"，渗透汉字的系统性。高段"义音合成字教学专题"要帮助学生提供演绎方法，系统地成批识字，使学生充分认识义音合成字在汉字发展过程中成为汉字主体的事实，感受义音合成字众多结构优势的同时充分认识汉字的系统性。

（二）追本溯源，体现文化

汉字形体的变化是由象形到符号的过程，其历史演变蕴含着丰富的文化内涵。小学高段学生虽然摆脱了具体事物的束缚，但其思维仍然还有较大成分的具体形象性特点。因此，追寻汉字的源头，体现中国传统文化是小学高段汉字教学的一大策略。

传承式全功能零合成字象物性强，表意性体现明显。通过追溯传承式全功能零合成字的古文字形，能够使学生通过古人的造字意图了解古人的思想及认识。

半理据和无理据字因为记号构件丧失了部分理据或全部理据，通过追溯其古文字形，能够还原其构意，重新确定它们的构形模式，使学生领会理解汉字在漫长的历史过程中所产生的形体变化情况。

（三）讲解字理，联系字词

汉字的形体总是携带着可供分析的意义信息，因而汉字构形体现构意，分析构形就要讲解构意。"字理"即汉字的构意，"渗透汉字学理知识"必须在科学地讲解汉字"字理"的基础上。讲解字理既能使学生认识到汉字的表意性质，又能帮助学生认识汉字构形是系统的体现。因此，科学地讲解汉字字理，联系字与字、字与词之间的关系是小学高段汉字教学的重要策略。

传承式全功能零合成字是汉字构形的基础，其因构意（字理）明确能够充当其他构形模式的表义功能构件,因此,讲解字理几乎都能够联系传承式全功能零合成字与其充当表义功能构件的汉字之间的关系。

会义合成字是由全功能零合成字充当的表义功能构件组合而成,但其构意不是两个构件意义的简单相加,而是需要分析构件之间所体现出的事理逻辑关系,此时需要进一步讲解字理,推理判断全功能零合成字充当的表义功能构件之间所要反映的关系。

义音合成字是由全功能零合成字充当的表义功能构件和示音功能构件组合而成,通过讲解字理,能使学生思考全功能零合成字的作用,认识到同类字、近音字的关系和差别。

根据各构形模式的汉字特点进行专题识字教学,是对小学高段汉字科学分类的教学方法,有助于学生在演绎中成批学习汉字;各专题识字教学还要适时分析字理,联系字与字、字与词之间的关系,使学生充分认识到汉字的表意性和系统性特点;在"全功能零合成字教学专题"及"半理据和无理据字教学专题"中追溯汉字的古文字形,帮助学生认识汉字与中华文化之间的密切关系。因此,这三条策略都有助于在小学高段渗透汉字学理知识的教学。

第四节 小学高段汉字教学建议

结合汉字教学实践过程及目前高段汉字教学存在的问题,拟从以下方面提出一些建议。

一、树立"汉字育人"的观念

小学高段语文教师要树立"汉字育人"的观念,重视小学高段汉字教学。小学到了高段,许多语文教师把本属于汉字教学的时间让位给阅读、写作教学,没有给予高段汉字教学应有的重视。针对小学高段汉字教学被忽视的问题,小学高段教师应该认识到"汉字教学"已经上升到"汉字教育"的高度,即学习汉字,不仅在于使学生掌握阅读的工具和书写的技能，更在于使学生产生对汉字的正确认识，增强对祖国语言文字的热爱。而"汉字教育"的关键阶段在"小学"，小学高段汉字教学是小学汉字教学的重要组成部分，是独立且重要的部分，不应该被弱化。

二、树立汉字教学的"全局"观念

小学高段教师要树立"全局"的观念，有效衔接小学高段汉字教学与上下学段之间的关系。小学高段 896 个字中，实际新学字只有 419 个字，其余的 477 个字都在小学中低段学习过，且低段 300 个基础字中的全功能零合成字能够系联高段半数以上的义音合成字、会义合成字，充分说明高段汉字教学是在中低段汉字教学的基础上进行的，高段汉字教学应该及时巩固中低段的汉字教学。同时，高段与初中阶段也有重复字，且重复字皆为义音合成字，说明义音合成字是高段汉字教学的重点。不少高段教师在进行汉字教学时，只注重高段汉字，没有巩固中低段汉字的意识，也没有为初中阶段汉字作铺垫的想法，学生难以完成"累计认识常用字 3000 字左右"的《课标》要求。针对这样的问题，教师应该认识到义务教育阶段的汉字教学是一个整体，各学段之间存在着相互联系，只有全面了解义务教育阶段汉字教学体系，才能明确各学段的汉字教学；只有充分了解各学段在内容上的相互联系，才能在教学中注重各学段汉字教学内容的层级性和衔接性，才能把义务教育阶段汉字教学统筹规划与合理安排落到实处。

三、提高教师的汉字学素养

小学高段语文教师要在汉字学理知识方面达到精透和丰富。不少高段语文教师仍然从汉字的形音义出发讲解高段汉字，没有及时巩固小学三个阶段的汉字，深化学生对汉字的科学理性认识，且讲解的汉字教学内容存在随机性和任意性，学生也无法获得系统科学的汉字学理知识。出现这些问题的主要原因是小学高段教师自身缺乏系统的汉字学理知识，难以从学理高度规范高段汉字教学，使高段汉字教学走向科学化道路。针对这样的问题，高段教师应该努力精透和丰富自己的汉字学理知识。可以通过阅读汉字构形学方面的著作及文献，如王宁的《汉字构形学导论》《汉字教学的原理与各类教学方法的运用》等，再结合本章归纳总结的高段汉字学理知识点，来弥补自己在汉字学理知识上的欠缺，解决汉字教学过程中渗透学理知识时的困惑，提高自己汉字教学的能力和水平。